ISLAM

伊斯蘭與基督教的
大同神話

CHRISTIANITY

張耀杰 著

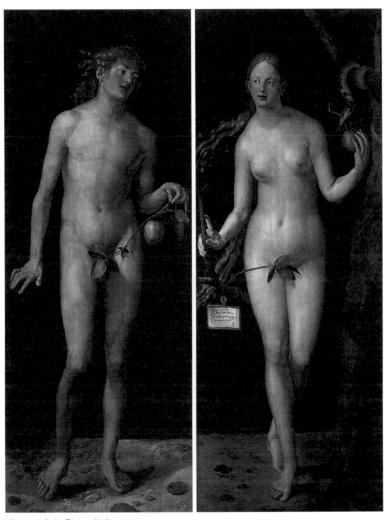

圖1　亞當和夏娃・杜勒

圖2　創造亞當・米開朗基羅

圖3　原罪與逐出樂園・米開朗基羅

圖4　摩西・米開朗基羅

圖5　摩西與十誡・倫勃朗布面油畫

圖6 路得拾穗，法蘭西
斯科・海耶茲布面
油畫

圖7 路得在波阿斯的麥田裡・Julius Schnorr von Carolsfeld

圖8　大衛‧米開朗基羅

圖9　大衛與拔示巴‧Jan Massys

圖10　所羅門會見示巴國女王・Giovanni Demin

圖11　聖告圖・達文西油彩畫布

圖12　三聖來朝・波提切利

圖13　聖母子與施洗者約翰・拉斐爾

圖14　粉色聖母・拉斐爾

圖15　聖母聖嬰圓形畫・米開朗基羅

圖16　聖家族・布隆
　　　津諾油彩畫板

圖17　聖家族・拉斐爾

圖18　持石榴的聖母・波提切利

圖19　基督受洗・達文西

圖20　耶穌釘刑圖・契馬布耶　　　　　圖21　耶穌釘刑圖・杜奇歐

圖22　耶穌卸下十字架・杜奇歐

圖23 古蘭經封面　　　圖24 清真寺禮拜殿內部的古蘭經文字

圖25 河南禹州始建於明代的磚橋坡清真寺

圖26　新疆哈薩克族婚禮

圖27　新疆維族父女

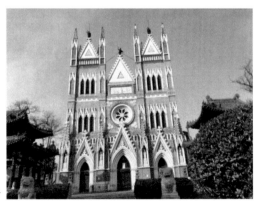

圖28　北京西什庫天主教堂

圖29　2008年2月26日，中國社會科學院于建嶸教授在河南嵩縣農村調查基督教，張耀杰攝影

圖30　2008年3月25日，于建嶸在浙江瑞安考察基督教家庭教會，張耀杰攝影

圖31　蘇州波特蘭小街美式小教堂德勝堂

圖32　蘇州波特蘭小街德勝堂內部

圖33　2008年11月1日，張耀杰在四川成都考察秋雨之福家庭教會

圖31　蘇州波特蘭小街美式小教堂德勝堂

圖32　蘇州波特蘭小街德勝堂內部

圖33　2008年11月1日，張耀杰在四川成都考察秋雨之福家庭教會

序言
化解宿怨歸於大同[1]

　　半個多世紀以來，伊斯蘭世界一直是人類社會多災多難的焦點地區，中東和平進程牽動著全世界所有熱愛和平人士的脆弱心弦。本書初稿動筆於2003年3月，最初的動因只是為大型紀錄片《宗教在中國》的伊斯蘭教部分撰寫前期腳本。2003年3月20日爆發的伊拉克戰爭的快速推行，以及新聞報導的不著邊際，直接促使我動筆寫作了這本註定不能順利出版的宗教人類學小冊子。

　　由時任中國藝術研究院宗教研究中心主任田青主持策劃、中國國家宗教事務局局長葉小文及安姓副局長領銜審稿的大型紀錄片《宗教在中國》的前期腳本，雖然經過將近兩年時間的反復醞釀和再三改稿，最終並沒有順利進入拍攝階段。在我的個人印象裡，曾經在貴州省社會科學院哲學研究所擔任過研究人員的葉小文，算得上是中共官場中一個有主見、有個性、有表達和執行能力的學者型官員。在由葉小文出面主持的《宗教在中國》前期腳本討論會上，他先是花費兩個小時的時間請我們觀摩經過刪改的遠志明牧師的紀錄片《十字架在中國》；明確要求《宗教在中國》的主要目標，就是要反擊和抵消《十字架在中

---

[1]　本書所說的大同，並不是指中國傳統儒學的「大道之行，天下為公」或者就是「存天理，滅人欲」的無私無產、無欲無爭、無家群居的原始共產，而是指人類社會的每一位個人都是自由自治並且相互交往的精神生命體的人類大同。這種人類大同是貫穿並且超越於地域、民族、國家、宗教、黨派之上的，並且是不可替代也不可抹殺的。

國》在國際社會所產生的所謂負面影響。接下來，葉小文很是得意地用一個小時的時間宣講了他已經宣講過無數遍的關於宗教政策的PPT，雖然其中有諸多強詞奪理之處，總體來講還是頗有感染力的。

　　儘管有關當局迫切希望推出一部主要用於境外宣傳的大型宗教紀錄片，以回應遠志明牧師風行世界的《十字架在中國》；但是，中國大陸地區的所謂宗教事業，實在是過於蒼白和貧乏，遠遠不足以支撐一部正面宣傳的大型紀錄片。而且宗教問題一直被政教合一的中共執政當局視為直接威脅其統一思想、塑造靈魂的話語主導權的禁臠所在；以葉小文的官位，實在不足以為這樣一部大型宗教紀錄片拍板定調，我們一干人等付出了許多心血的前期腳本，最後只能是胎死腹中、不了了之。

　　關於這本把伊斯蘭教的《古蘭經》故事與猶太教和基督教的《聖經》故事對照閱讀的小冊子，我曾經與葉小文局長私下溝通過，時間是2003年10月9日，地點是北京市宣武區南橫西街103號的中國伊斯蘭協會，當時在場的有時任伊斯蘭協會會長的陳廣元大阿訇，還有該協會的兩名專家余振貴、張廣麟。我希望宗教局直屬的宗教出版社能夠提供網開一面的出版機會，其結果自然是沒有結果。2004年3月，我還曾經把這部書稿連同專門購置的幾本很是精美的聖經題材世界名畫的畫冊，專程送到當時的工人出版社編輯部主任郝宏麗女士手中，其結果依然是沒有結果。

　　隨著這部紀錄片的中途夭折以及伊拉克戰爭出人意料地迅速結束，我個人的興趣點逐漸轉移到了民國時期的人文法政歷史的研究考據之中。十多年過去，當我重新翻檢一直被雪藏擱置的這部書稿時，竟然發現其中的相關內容不僅沒有過時，反而更加切合於當今世界和當下中國社會的精神焦慮、價值混亂的信仰

危機。

伊拉克戰爭結束後，中東地區並沒有實現平穩過渡。2006年，極端恐怖組織在伊拉克宣布成立「伊拉克伊斯蘭國」（阿拉伯語：الدولة الإسلامية，英語：Islamic State，縮寫：IS）。2013年4月9日，該組織宣布與敘利亞反對派的武裝組織「勝利陣線」聯合，稱為「伊拉克和黎凡特伊斯蘭國」，又稱「伊拉克和大敘利亞伊斯蘭國」（Islamic State of Iraq and al Shams，縮寫為ISIS）。「al Shams」的意思是「大敘利亞」，即敘利亞、黎巴嫩、約旦、以色列和巴勒斯坦。該組織的目標是消除二戰結束後現代中東的國家邊界，並在這一地區創立一個由基地全面控制的酋長國。2014年6月29日，該組織的領袖人物阿布·貝克爾·巴格達迪自稱哈里發，將其政權更名為「伊斯蘭國」，並宣稱對於包括中國新疆地區在內的歷史上曾經被阿拉伯帝國統治過的整個穆斯林世界擁有統治權威，從而把自己置於與全世界為敵的孤立地位。2014年9月，美國組建了一個包括英國、法國等54個國家和歐盟、北約以及阿盟等地區組織在內的國際聯盟以打擊ISIS。

在以美國為首的國際聯盟針對ISIS的圍剿打擊陷入僵局的情況下，俄羅斯總統普京為了力挺其戰略盟友、敘利亞總統巴沙爾·阿薩德而施出霹靂手段。2015年9月30日，由俄羅斯空軍司令親自指揮的首次俄敘空軍聯合行動，在霍姆斯打掉了敘利亞反政府軍的三個規模較大據點及指揮部，被圍困的敘利亞政府軍因此解圍；中東局勢再一次陷入國際性的混戰較量之中。

撇開一直處於戰爭動盪之中的中東地區不論，紮根在中國大陸的穆斯林，與發源於中東地區的早期穆斯林相比，已經基本上喪失了開疆拓土的世界性胸懷；他們只是侷限在本民族內部開展

相關的宗教活動。中國大陸的伊斯蘭教，也因此固化為少數幾個民族共同體的民族宗教。

　　與基督教和伊斯蘭一樣屬於外來文化的佛教，由於高度本土化而佔據了幾乎所有的名山大川，近年來又受到中共執政當局的刻意扶持。以河南嵩山少林寺為標誌的整個佛教界，也因此與中共執政當局高度同構，中共官場所有的等級森嚴、思想僵化、拉幫結派、腐敗墮落的非正常現象，在佛教界都有集中體現。圈佔了大量公共土地和公共資源的古剎名寺，從來沒有向全社會公示過相關的收支帳目，也很少積極主動地面向社會舉辦各種公益慈善活動。曾經連任第九、十、十一、十二屆中國全國人大代表的少林寺方丈、中國佛教協會副會長、河南省佛教協會會長釋永信，是一個典型的半官半佛、半僧半俗的官員和尚。領銜向最高檢察院等部門實名舉報釋永信存在私生女和經濟問題的釋延魯，此前一直以釋永信大弟子、武僧團總教頭自居；他與師傅釋永信之間的爭執，歸根到底是世俗社會中的財色名利之爭。換句話說，已經擁有河南省政協委員、河南省武術協會副會長等官方職務的釋延魯，不再甘心與釋永信分享由他控制的登封市嵩山少林寺武僧團培訓基地教育集團的巨額財富。

　　在基督教、佛教、伊斯蘭教這三大世界性宗教中，與現代工商契約及民主憲政社會息息相關的基督教教會，尤其是奉行平等博愛、政教分離的現代文明準則的基督教新教的教堂和教會，是門檻較低並且具有社會關懷和組織動員能力的宗教團體。在真正意義上的NGO（Non-Governmental Organizations）不被允許獨立存在的情況下，基督教尤其是沒有被賦予合法地位的遊離於所謂「三自體系」之外的基督教家庭教會，無形之中就成了中國民間社會最為活躍的NGO。在最近幾年的群體性事件當中，一直

活躍著一些基督徒尤其是基督徒律師的身影。在中共執政當局眼裡，基督教尤其是沒有被賦予合法地位的遊離於所謂「三自體系」之外的基督教家庭教會，一直被視為需要高度警惕、嚴密防範的一種敵對勢力。

浙江省是中國大陸的現代工商企業最為發達的一個省份，同時也是基督教根基最為深厚、基督徒人口最為密集的一個省份。據傳說，中共浙江省委書記夏寶龍陪同某位最高領導人的老母親去普陀山拜佛；這位早年在革命聖地延安打拼過的紅色老太，看到沿途有許多新建教堂，便隨口感慨了一句：「怎麼到處都是十字架呢？」夏寶龍把此事默記在心，浙江全省隨後便在所謂「三改一拆」──自2013年至2015年在全省深入開展舊住宅區、舊廠區、城中村改造和拆除違法建築三年行動。通過三年努力，舊住宅區、舊廠區和城中村改造全面推進，違法建築拆除大見成效，違法建築行為得到全面遏制──的旗號下，展開了一場轟轟烈烈拆除基督教堂及其十字架的社會化政治運動，有許多基督徒因為聚眾抵制該項運動，而被抓捕關押。在抵制浙江省大規模拆除基督教堂及其十字架的過程當中，冒險代理該項案件的北京市新橋律師事務所的基督徒律師張凱，表現得最為引人注目。

從2014年8月代理溫州救恩堂黃益梓牧師案開始，37歲的張凱表示要代理一切和強拆十字架有關的案件，並且常駐溫州。他說自己「心知肚明」，這是一個非常危險的境地。

溫州救恩堂在拆除十字架過程中發生多人流血事件，該堂牧師黃益梓被警方認定為這起抗爭事件的組織者。作為黃益梓的代理律師，張凱在訴訟程式上較真死磕，將黃益梓案拆分成4個案子、前後發動11個律師參與代理。

其一，法律規定犯罪嫌疑人在48小時內有會見律師的權利，

黃益梓超過70個小時才見到律師，張凱因此提出「國家賠償」訴訟。

其二，在依照法定程式無法給看守所裡的黃益梓送達《聖經》的情況，張凱的律師團隊再次提出訴訟，聲稱「這是中國全國首起看守所讀經案」。

其三，基督徒給浙江省政府官網的「省長信箱」寫信，就黃益梓牧師被無辜羈押提出質疑，「省長信箱」在回信中提到「黃益梓行為違法」。張凱律師團隊認為這是「未審先判」，為此提出名譽侵權訴訟。

黃益梓被捕後，張凱的律師團隊還徵集上千人簽名用來遞交遊行申請書，在張凱看來，這些都是「博弈的過程」，「啟動和啟動了不受理是兩回事」。

據和張凱一起代理浙江教案的張培鴻律師介紹，張凱是用「別出心裁」的方式代理教案，他不放過任何一種法律關係。強拆十字架是違法行為，糾正違法行為就應該是重立十字架。「這一切都是根據法律程式，按部就班。」這種無窮無盡的法律博弈方式，讓地方當局極為惱怒又無可奈何：政府機關如果不規範自己任意妄為的行政手段，隨時都有可能成為被告。

三個月後，不勝其煩的地方當局提出交換條件，說是只要黃益梓解除與張凱的法律代理關係，一個月後就會獲得釋放。但是，張凱退出該案後，黃益梓並沒有被如期釋放，面對地方當局的食言，張凱重新成為黃益梓的代理律師。2015年3月，黃益梓因聚眾擾亂社會秩序罪獲刑一年。

2014年11月，張凱成為溫州下嶺教堂的代理律師，他沿用黃益梓案的套路，再度提出一連串訴訟。在此期間，張凱組織來自中國全國各地的基督徒律師30多人，組成「強拆十字架」維權律

師團介入浙江教案，他同時還寫作大量的文章、微博開展輿論宣傳，並且主動與浙江各地的基督徒及基督教「兩會」（基督教協會和三自愛國運動委員會）的官方人士，保持頻繁接觸。

2015年7月9日，在公安部統一指揮下，中國全國各地展開了一場抓捕維權律師、上訪維權人士以及基督教家庭教會成員的維穩行動。

2015年7月10日，中國全國又有上百名維權律師、上訪維權人、異議人士以及基督教家庭教會成員，被警方傳喚及抓捕。一度在北京鋒銳律師事務所兼職調研的我本人，是其中之一。當晚九點鐘，專門負責監控我的某北京警員開車來到我家樓下，極其嚴峻地告訴我說：公安部的傅政華副部長專門點了兩個人的名字，第一個就是你張耀杰，要求我們今天晚上必須找到你，你必須書面保證：第一，刪除所有與北京鋒銳律師事務所主任周世鋒被抓捕一事有關的網路資訊；第二，不支持與聲援周世鋒有關的任何言論和行動。否則，後續警員馬上會帶著傳喚證趕來。我為了減少不必要的麻煩，坐在警車裡面當場書寫了一份保證書算是過關。

同樣是在2015年7月10日，張凱原本要在溫州舉辦法律講座，講座題目是《法律和律法》。按照他的說法：「律法」就是基督教中的Law，是指上帝創造的規則。「基督教講順服，但是我們應該順服的是憲法，是道德，而不是違法的人和行動。法律代理不一定能夠阻止強拆，但至少會把非法性表露出來。就算是違章建築，也應該有合理合法的拆除方式。」當天晚上講座開始之前，張凱在溫州被警方帶走後徹夜問話。警方要求他「不要炒作周世鋒案」、「不要在溫州舉辦法律講座」、「不要參與浙江教案」。

張凱第二天被釋放後，並沒有放棄自己的律師職責，繼續睡在面臨拆除的溫州下嶺教堂，每天會見來自浙江各地的牧師和基督徒。8月25日深夜，張凱律師再一次被警方帶走，從此杳無音訊……

2016年2月25日，也就是張凱被警方帶走整整6個月之後，溫州方面播放了張凱被迫認罪的錄相資料，溫州網也於當天刊登一篇媒體審判式的官方報導《溫州張凱案案情：他炒作20起宗教案，自稱能當總統》，其中介紹說：「去年曾被境外媒體大肆炒作的溫州『張凱案』，經數月縝密偵查，公安機關查明，張凱是近年來包括該事件在內的一系列涉宗教非法聚集事件的幕後策劃組織者。張凱覺得自己在律師界有名氣，在教會有群眾基礎，還有境外支持，將來中國如果發生變革，他也有機會當總統。」

這篇文章的結束報導說：「溫州公安機關表示，鑒於張凱對自己涉嫌違法犯罪的事實供認不諱，態度較好，將考慮提請對他依法變更強制措施。」

就在同一天，被溫州警方認定為境外勢力的美國方面的對華援助協會主席傅希秋牧師，發表了一份公開聲明，認為「張凱弟兄看起來必定經歷了外人難以承受的苦難和壓力，才在被迫之下被『北韓』和『伊斯蘭國』式的媒體遊街電視認罪。……我為張凱弟兄永遠自豪。求上帝的靈那永恆的安慰者保守我親愛的弟兄在身體自由後好好休養！對華援助協會將一如既往地關注和推進中國大陸的宗教自由和法治進步！」

溫州教案雖然暫時遭受到殘酷打壓，隨著時間的推移，最後的失敗者顯然不是像張凱這樣的基督徒，而是瘋狂拆毀十字架、鎮壓基督徒的夏寶龍及其公權幫兇。

我個人既不是穆斯林，也不是基督徒和佛教徒，而是一名

普通的人文法政學者。2003年動筆寫作該書時，我與所有電視觀眾和報刊讀者一樣，想知道伊拉克戰爭背後更深層次的歷史文化和宗教信仰，進而從根源上探討同為精神生命體的大同人類，為什麼非要通過戰爭來決定自己和對方的生死存亡及前途命運。為此，我通過各種管道和方式閱覽了大量的圖書資料，並且對伊斯蘭教經典《古蘭經》進行了反復研讀，從中發現的並不是高深莫測的宗教密碼，而是由於各式各樣的原因才沒有成為人類社會大同共識的事實和常識：

《古蘭經》所提倡的伊斯蘭聖戰，是「為主道而戰」，而不是為某一民族、某一國家、某一個人而戰，更不是不擇手段的超限戰和無限戰。廣大伊斯蘭教徒與猶太教徒和基督徒一樣，全部是真主阿拉「心目」中的信士即穆斯林，《古蘭經》與猶太教的《聖經·舊約》和基督教的《聖經·新約》，同為真主阿拉降示人間的「天經」。猶太民族和阿拉伯民族同為先知亞伯拉罕即易卜拉欣的子孫。伊斯蘭教、基督教、猶太教徒同為反對偶像崇拜的一神教。猶太教會雖然殺害了本民族的偉大先知耶穌基督，基督教徒並沒有把《聖經·舊約》從基督教經典中清除出去；與基督教同為世界性宗教的伊斯蘭教之所以能夠走向世界，同樣在於它對於基督教、猶太教以及更加古老的古波斯、古希臘、古巴比倫、古吉爾加美許的普世傳說的相容並包。尤為難能可貴的是，《古蘭經》在提倡聖戰的同時，還為基督教、猶太教等擁有「天經」的「異教徒」，保留了求同存異的精神空間。從這個意義上說，當今世界中不惜以恐怖手段對付包括穆斯林在內的無辜民眾的伊斯蘭極端組織和極端政權，恰恰違背了《古蘭經》既提倡聖戰又限制聖戰的宗教精神。

正是這些常識性發現，使我充分認識到發掘普及《古蘭經》

和《聖經》文本中大同博愛的普世傳說的緊迫性。晚年胡適在《容忍與自由》一文曾經有過這樣的自我檢討：「我在五十年前引用《王制》第四誅，要『殺』《西遊記》、《封神榜》的作者。那時候我當然沒有夢想到十年之後我在北京大學教書時就有一些同樣『衛道』的正人君子，也想引用《王制》的第三誅，要『殺』我和我的朋友們。當年我要『殺』人，後來人要『殺』我，動機都是一樣的：都只因為動了一點正義的火氣，就都失掉容忍的度量了。」[2]

應該說，無論是基督教的救世主耶穌基督，還是伊斯蘭教的創教先知穆罕默德，都是胡適所說的「容忍的度量」的標杆樣板。相反地，像賓拉登、薩達姆、卡紮菲那樣把自己的醜惡偶像強制性地掛滿人間，並且以貌似「正義」的激烈言辭和極端態度一輪又一輪發動伊斯蘭聖戰的獨裁者，才真正是殺人不眨眼的偽信者和叛教者。對於現代人來說，化解因宗教觀念和民族歷史所積累的千古宿怨的唯一路徑，就在於胡適先生所提倡的超越於「正義的火氣」之上的「容忍的度量」。

我個人是廣義的有神論者和狹義的無神論者。在我看來，在人類社會當中，自古以來確實有許多人是相信既超人又人格化的神靈存在的。但是，撇開人類主觀創造的精神性存在，在非人類的所有物種以及所有的時空當中，確實是沒有辦法證明神靈是客觀存在的；全知全能無所不在的上帝，更是子虛烏有的想當然。換句話說，是既野蠻又脆弱、既樸素又盲目的原始人類，集體創造了至高無上、絕對神聖的上帝，而不是上帝創造了人類。

總而言之，本書是我為所有信守個人自由、契約平等、法治

[2] 胡適：《容忍與自由》，臺北《自由中國》第20卷第6期，1959年3月16日。

民主、限權憲政、大同博愛的世俗性的普世價值的文明正常人寫作的一本既拋磚引玉又正本清源的普及性讀物，其整體風格是運用跨宗教、跨國別的宗教人類學眼光，講述人類宗教和人類歷史中富於美好人性的普世傳說，同時也最大限度地為廣大讀者留下從事價值判斷和審美聯想的自由空間。

基於人類學的立場和觀點，基督教與佛教和伊斯蘭教一樣，是世界上一部分人所信仰的一種世界性宗教，而不是人類社會所有個人的普世宗教。人類社會中真正能夠稱得上普世性的價值要素和價值譜系，只有世俗性的個人自由、契約平等、法治民主、限權憲政、大同博愛。現代社會的基督徒，應該是懂得尊重不同信仰者以及非宗教信仰者的文明人；而不應該是中國特色的太平天國式、義和團式、無產階級文化大革命紅衛兵式的野蠻人。

就我個人來說，迄今為止從來沒有遭受過伊斯蘭教信仰者即穆斯林的信仰歧視和精神干擾；我所面對的反而是各種各樣的基督徒真理在握、居高臨下的信仰歧視和精神干擾。

限於自己的身體狀況，我在這次改稿整理過程中，對於原書稿並沒有進行大幅度刪改，而只是隨手修改了初稿中不太精確的某些字句。書中第十四章的「伊斯蘭教在中國」，改編自《宗教在中國》的伊斯蘭教部分的前期腳本。第十五章的「基督教在中國社會的矮化變異」，原本是我2008年前後參加于建嶸教授主持的中國全國範圍內的基督教調查的學術總結，也是這次審讀改稿過程唯一添加的一個章節，其中的部分文字，屬於課題組的共同成果。

我個人實在不知道臺灣方面的讀者會不會關切這本書稿裡的相關話題，但是，有一點是可以肯定的：相關的宗教問題近年來

已經成為大陸地區的熱點話題。之所以優先選擇在秀威出版繁體版，是因為大陸方面對於宗教題材嚴格管控，我即使能夠僥倖找到出版機會，書稿內容也會遭到大幅度的刪節改寫。

20多年來，我基本上是以只問耕耘不求回報的公益心態從事學術研究的，這部《伊斯蘭與基督教的大同神話》，就是我對於中國的宗教學術和宗教事業的一份公益獻禮。但願這本小書能夠抵達更多的讀者手裡，並且起到一點點普及常識的作用。

2015年10月15日於北京家中

寫給瓦法‧蘇爾丹的特別致敬

　　當地時間2015年11月13日晚上，法國首都巴黎發生多起恐怖襲擊事件。巴塔克蘭音樂廳裡，大約有上千人正在觀看搖滾樂隊的演出，演出高潮時，恐怖分子突然朝人群持續開槍10到15分鐘，並且挾持大量人質。多起恐怖襲擊事件造成100多人死亡，300多人受傷。事件發生後，跨國恐怖組織「伊拉克和大敘利亞伊斯蘭國」（Islamic State of Iraq and al Shams，縮寫為ISIS）宣布，對發生在巴黎地區的多起恐怖襲擊事件負責，並且在「推特」上聲稱，倫敦將是下一個目標，羅馬與華盛頓也在劫難逃。此舉引起國際社會強烈反應，法國總統奧朗德在電視講話中指責系列襲擊事件是「戰爭行徑」，並且強硬表示：「我們現在所保衛的，是我們的祖國，更是屬於全人類的普世價值，法蘭西知道應當如何肩負起它的責任。」

　　11月15日，我在微信中看到47歲的敘利亞裔女性學者瓦法‧蘇爾丹（Wafa Sultan），於2月21日在半島電視臺（Al Jazeera）與埃及伊斯蘭教士公開辯論的視頻片斷，以及與這段視頻相對應的這樣幾段漢語解說詞：

　　　　Wafa Sultan：我們目睹的這場在全球範圍的衝突，不是宗
　　　　　　　　　　　教的衝突或文明的衝突，它是兩種相互對立
　　　　　　　　　　　的東西、兩個時代的衝突。它是那種屬於中

世紀的心理和21世紀的思維之間的衝突，是
先進和落後的衝突，是文明和原始的衝突，
理性和野蠻的衝突，自由和壓迫的衝突，民
主和專制的衝突；它是尊重人權和侵犯人權
的衝突，是把女性當畜生還是把女性當人之
間的衝突。我們每天看到的，不是文明的衝
突，文明之間沒有衝突，只有競爭。

MSL一：你的意思是，我們今天發生著的是西方文化
和落後無知的穆斯林之間的衝突？

Wafa Sultan：是的，那是我的意思。

MSL一：那是誰提出了文明的衝突這種概念？難道不
是亨廷頓嗎？可不是賓拉登。如果你不介
意，我想討論這個問題。

Wafa Sultan：是穆斯林最早使用這種概念的，是穆斯林最
早開始這種文明衝突的。伊斯蘭的先知講：
「我被命令去和其他人戰鬥，直到他們相信
阿拉和他的追隨者。」當把人分成穆斯林和
非穆斯林，並且號召穆斯林與不信仰阿拉的
人展開戰爭，直到那些人信仰穆斯林所信仰
的伊斯蘭教。穆斯林就這樣開始了這場衝
突，發起了這場戰爭。為了停止這場戰爭，
必須重新審視伊斯蘭的教義和教規，那裡面
充滿了對非穆斯林人的侮辱，並呼籲與不信
仰者進行戰鬥。我的同事講，他從沒有攻擊
過別人的信仰。但是在這個世界上，哪種
文明會讓你去叫不是人家自己選擇的名字

呢？有時候還把人家（猶太人）叫做AhI AI-Dhimma，有時候把他們叫做「那本書的子民」，有時候把他們比作猿猴和豬，或者指責基督徒讓阿拉憤怒。誰告訴你們「他們是那本書的子民」？他們不僅是寫聖經的人們，他們是寫了很多書的人們。今天你們所擁有的所有那些有用的科學書籍，都是他們寫的，是他們自由的、創造性思想的果實。是誰給了你們權力把他們叫做「那些讓阿拉憤怒的人」或「那些走向歧途的人」，然後宣稱你們的信仰教導你們不是克制自己而是去攻擊其他信仰者呢？我不是基督徒，也不是穆斯林或者猶太人，我是一個世俗者，我不相信超自然，但我尊重別人信仰的權利。

MSL二：你是不是一個異教徒？

Wafa Sultan：你願意怎麼稱呼都無所謂，我是一個不相信超自然的世俗的個人。

MSL二：如果你是一個異教徒，那我就和你沒什麼好討論的了，因為你誹謗和反對伊斯蘭、先知和古蘭經。

Wafa Sultan：這些是個人的事情，不關你的事。兄弟，你可以相信石頭，只要你不把它往我身上扔。你可以自由地朝拜任何人，但是其他人的信仰不關你的事，不管他們相信彌撒亞是上帝、瑪利亞的兒子；或者撒旦是上帝、瑪利亞的兒子。讓人們有他們自己的信仰。猶太

人經過浩劫的災難，他們迫使世界承認他們用的是他們的知識，而不是暴力；用的是他們的貢獻，而不是哭喊和暴怒。人類眾多的發明創造和18、19世紀的科學，都歸功於猶太科學家，1500萬猶太人流散在世界各地，他們用自己的貢獻和知識，贏得了他們的權利。我們沒有看到一個猶太人在德國餐廳引爆自殺炸彈，我們沒有看到一個猶太人毀掉別人的教堂，我們沒有看到一個猶太人用殺人表達抗議；可是，穆斯林把三個大佛像毀成廢墟。我們沒有看到一個佛教徒燒毀清真寺，或殺穆斯林人，或毀掉別國使領館。只有穆斯林，用燒毀人家的教堂、用殺人、毀掉使領館，來捍衛他們的信仰，這是一條不會有任何結果的道路。穆斯林在要求世人尊敬他們之前必須問自己：你可以向人類貢獻什麼？

據介紹，瓦法・蘇爾丹曾經是一位虔誠的穆斯林即伊斯蘭信徒。1979年，一幫恐怖分子衝進她當時就讀的大馬士革Aleppo大學，高喊著「Allah is great!」的口號，當場槍殺了她的教授，並且一口氣打了一百多槍。親眼目睹的恐怖屠殺場面驚醒了她，她意識到這不是自己應該信仰的神和宗教，她決心逃出這種宗教主導的國家，去尋找真正的文明。1989年，她和丈夫帶著孩子抵達美國洛杉磯，先是在這裡學習心理學，然後在美國從事心理諮詢工作。她經常在網路上撰文與極端伊斯蘭教信仰者辯論，後來

被半島電視臺請去參加辯論節目。由於她信奉自由平等的普世價值，敢於大膽指出伊斯蘭教的種種弊端，加上她說話鏗鏘有力，思路敏捷，反應機智，毫不讓步，把參加辯論的埃及伊斯蘭教士駁斥得啞口無言，從而被稱為「伊斯蘭神學士的最大夢魘」。

在接受以色列電臺採訪時，瓦法‧蘇爾丹坦言：「我想做的是，改變人們的思維狀態（mentality），因為他們已經成為伊斯蘭教義的人質十四個世紀了。沒有哪個人質能夠自己打破獄規，逃離監獄，外部世界的人應該去幫助他們越獄。」

面對倍受男權欺壓的伊斯蘭世界的女性穆斯林，瓦法‧蘇爾丹呼籲說：「我想告訴每一個伊斯蘭世界的女性，你是真正的領袖，如果你不坐在駕駛位置，帶著我們的新一代安全地向前行駛，那麼我們的人民就沒有出路。」

蘇爾丹特別強調，女性的天性不是暴力和強制，而是和平與寬容。她說：「我想告訴每一個女性，伊斯蘭男性除了失敗，他們什麼也沒證明；在把你們排斥到邊緣之後，他們帶領你們走向的是一個又一個災難。我想告訴每一個女性，要相信你自己，扮演你的角色。……你能生出生命，你就有能力來保護生命！」

在我個人看來，中國人幾千年來所充當的，同樣是神聖皇權與儒學教義相互配套、政教合一的人質加奴隸的角色；包括我自己在內的幾乎所有的中國男性，同樣是什麼都沒有證明過，而只是隨波逐流地從一個災難走向另一個災難。正是在這個意義上，我誠心誠意地向來自敘利亞裔的現代女性瓦法‧蘇爾丹，表達自己的一份懺悔和一份敬意。

在我此前已經交稿的《伊斯蘭與基督教的大同傳說神話》一書中，也曾經涉及到《古蘭經》中針對「不通道者」所發動的連環「聖戰」；但是，出於種種顧忌，我盡最大可能給出了正面

敘述。現在想來，這種注重正面而忽略負面的單邊片面的文字敘述，所敗露的其實是我自己不敢正大光明並且最大限度地擔當社會責任的懦弱膽怯。

在馬堅先生翻譯的中文《古蘭經》中，所謂的「不通道者」對應的是《古蘭經》阿拉伯原文中的 كافر，其拉丁化文字是 kāfir，漢語音譯為卡菲爾。卡菲爾在阿拉伯語中的原意為「遮蓋者」，意思是藏匿和背叛了伊斯蘭真理的異教罪人，而不僅僅是相對中性的「不通道者」。《古蘭經》裡面的卡菲爾，涵蓋了眾多的宗教及非宗教人士：多神教徒、偶像崇拜者、有經人（信仰《聖經・舊約》的猶太教徒以及把《聖經》中的「舊約」和「新約」合起來加以信仰的基督徒）、佛教徒、無神論者、不可知論者，尤其是信仰過伊斯蘭教的叛教者。《古蘭經》的大部分（64%）內容，是針對卡菲爾的；幾乎整部（81%）的《穆聖傳》（Sira），都在講述穆罕默德與卡菲爾之間的反復聖戰。

依據《古蘭經》的經文，穆斯林與卡菲爾之間，是不可以締結友誼的：「通道的人，不可偏愛外教而與卡菲爾為友；誰犯此禁令，誰不得真主的保佑。除非你們是因為畏懼他們（而假意應酬）。真主警告你們要敬畏他，真主是最後的歸宿。」（3:28）

為了戰勝卡菲爾，直接參與戰鬥的真主阿拉，是可以兵不厭詐地採取超限戰術的：「他們會用計謀對付你（穆罕默德），我（真主）也會用計謀對付他們。因此，你要少安毋躁，暫時由著他們。」（86:15-17）

戰場上的卡菲爾，是可以被穆斯林聖戰者當場殺戮的：「你們在戰場上遇到卡菲爾的時候，就應當斬殺他們，直到完全戰勝他們；你們既戰勝他們，就應當俘虜他們，牢牢地捆縛他們。」（47:4）

聖戰勝利之後，穆斯林戰士是可以肆意嘲笑卡菲爾的：「到那日，信士們將斜倚在新娘的躺椅上，注視著卡菲爾，並嘲笑他們：『卡菲爾不應該得到報應嗎？』」（83:34-36）

作為異教罪人的卡菲爾，是註定要被天譴詛咒而不得好死的：「他們（卡菲爾）是被詛咒的，無論他們在哪裡被發現，就在哪裡被逮捕，而被處死。這是真主對於古人的常道，你絕不能發現任何變更。」（33:61-62）

《古蘭經》中有一部分的內容是相互矛盾、相互抵觸的。對於同屬亞伯拉罕後代的同根同源的有經人，也就是信仰《聖經‧舊約》的猶太教徒以及把《聖經》中的「舊約」和「新約」合起來加以信仰的基督徒，《古蘭經》一度採取過較為寬容的勸導說服並且團結拉攏的態度：「信奉天經的人呀！你們對於自己的宗教，不要無理的過分（英文譯文是：不要逾越自己宗教中真理的界限）。有一夥人，以前曾自己迷誤，並使許多人迷誤，而且背離正道，你們不要順從他們的私欲。」（5:77）

依照後面的經文廢除先前的經文的原則，隨著穆斯林的發展壯大，《古蘭經》中開始公開宣導針對猶太教徒和基督徒展開聖戰：「要與那些領受了天經的人（猶太教徒和基督徒）作戰，他們不信真主和末日，不遵真主及其使者的戒律。基督徒和猶太教徒不奉真教。你們要與他們戰鬥，直到他們順服，規規矩矩地交納人頭稅。他們要受到羞辱。」（9:29）

按照《古蘭經》的規定，穆斯林每天要禱告五次，起頭的禱文始終包括這樣的一句經文：「你所祐助者的路，不是受譴怒者（猶太人）的路，也不是迷誤者（基督徒）的路。」（1:7）由此可知，伊斯蘭教總體上是一種提倡仇恨和聖戰的宗教，它在教義上更接近於《聖經‧舊約》中連本民族的異教徒都要懲戒殘殺

的《出埃及記》，尤其是其中的摩西十誡；而與《聖經·新約》中由耶穌基督所宣導的平等博愛和政教分離的文明觀念南轅北轍、背道而馳。對於某些極端信仰真主阿拉以及伊斯蘭教的創教先知穆罕默德的原旨教極端主義穆斯林來說，凡是不信仰真主和穆罕默德的所有人類個人及其群體，都是可以充當聖戰犧牲品的卡菲爾。

最近幾天的微信當中，還流傳著一份「伊斯蘭國關於巴黎事件的官方聲明」，其中所充斥的，恰恰是伊斯蘭原旨教極端主義者的聖戰邏輯，抄錄如下：

以至仁至愛的真主阿拉之名

阿拉曾經說：「他們（不信教者）自以為可以用堡壘來阻擋阿拉，但阿拉從意想不到處現身，使他們心中充滿恐懼，最終迫使他們親手或是以信徒之手摧毀了他們的居所。吸取這一教訓吧，任何還有遠見的人們。」（《古蘭經》59:2）

在這場由阿拉祝福的戰役中，一隊來自哈里發國的戰士信徒們（願阿拉賜予他們力量和勝利）將攻擊目標設定於娼妓和墮落充盈的都市，歐洲十字軍的旗首所在——巴黎。這隊年輕的戰士擺脫了世俗生活的羈絆，衝向敵人尋求死亡，以衛護阿拉的宗教和先知穆罕穆德（願真主賜福予他），並羞辱阿拉的敵人。

他們確是阿拉的真誠信徒，我們也認為他們是，因而阿拉賜他們勝利，借他們之手在十字軍的土地上將恐怖投射入十字軍們的心中。這八名裝備著自殺式腰帶炸彈和突擊步槍的兄弟，準確攻擊了法國首都中心地帶的目標。

這些精心挑選的目標包括：正在進行一場兩個十字

軍國家德法之間足球賽的法蘭西體育場，那個法國低能兒（佛朗索瓦・奧朗德）當時也在現場；巴塔克蘭劇院，當時該處正在舉辦一場有著數百名偶像崇拜者觀眾、充斥著淫穢和墮落行為的演唱會；以及位於10區、11區和18區的其他一些目標。

所有的攻擊都是同時發動的。攻擊的結果是至少打死了200名十字軍並且還打傷了更多，巴黎因此在十字軍們的腳下顫抖。

所有的讚美和榮譽僅屬於真主阿拉！阿拉佑護了我們的兄弟，幫助他們實現了所願——耗盡所有彈藥後，在大量異教徒的包圍中引爆腰帶炸彈。我們懇請阿拉接納他們為烈士，並且允許我們完成烈士未竟的事業。

法國和其他追隨十字軍道路的國家必須明白，他們將會繼續成為伊斯蘭哈里發國的首要打擊目標，只要他們參與針對伊斯蘭哈里發國的十字軍戰爭，或是膽敢侮辱我們的先知穆罕默德（願真主賜福予他），或是宣揚打壓法國本土的伊斯蘭，或是用空襲屠殺哈里發國土地上的穆斯林，即使這空襲對於身處巴黎汙穢街道的十字軍們而言毫無成效。

確確實實地，這次攻擊只不過是個開始而已，對於那些懂得吸取教訓的人而言也是一次警告。

真主至大！

總體來說，任何宗教都具有兩面性：其一，是它超越世俗社會的形而上的終極思考和終極關懷；其二，是它對於人類社會的世俗生活的形而下的現實關懷，任何宗教實體都只能是一種人

為的並且為人的社會自組織及其社團聯合體，在實際操作過程中永遠無法擺脫人性的欲望和衝動。在現有宗教中相對文明的基督教，也曾經犯下過中世紀的「異端裁判所」、「十字軍東征」之類的歷史罪錯。在這種情況，必須對於宗教信仰和宗教自由有所界定和制約。

首先，宗教信徒所信仰的應該是形而上的超人類的天主上帝、真主阿拉、佛祖神仙之類的神聖存在，而不應該是被神聖偶像化的人間肉身以及教會實體和教派組織。

其次，無論是同一信仰的教派內部，還是不同信仰的宗教之間，都必須遵守並且服從個人自由、契約平等、法治民主、限權憲政、大同博愛的普世價值，堅決抵制和清除前文明的宗教經典裡面所包含的鼓吹聖戰復仇的教義教規。

其三，宗教信徒尤其是宗教領袖，在現代化的世俗生活當中，必須遵守並且服從最具普世性的個人自由、契約平等、法治民主、限權憲政、大同博愛的價值譜系，而不應該凌駕於普世價值和世俗法律之上為所欲為。

最後，我還想談一下跨國戰爭中的國際難民問題。我個人認為，國際難民是不應該作為逃難者和乞討者，而被文明世界所接納和救濟的。國際難民中的健康男子，應該在聯合國的協調組織下建立一支足夠強大的國際軍隊，經過嚴格訓練後返回自己陷入戰亂和災難的祖國，勇敢地剷除消滅製造人道災難的恐怖組織尤其是恐怖政權，從而憑藉自己的功績贏得文明世界的尊重和獎勵，以便正大光明地選擇是繼續留在自己的祖國，還是前往文明世界充當一名自由、平等、博愛、守法的世界公民。

2015年11月15日

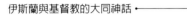

第一章
《聖經》故事中的亞當和挪亞

　　人類始祖亞當的伊甸園和人類新始祖挪亞所經歷的洪水滅世，都可以到伊拉克境內最為古老的美索不達米亞文化圈中找到蹤影和遺跡。人類文明的第一步，似乎就是從這裡開始的。

第一節　從古希臘神話說起

　　在人類社會幾乎所有的遠古神話中，都有一個關於人類起源的故事：在混沌一片的黑暗中，出現了開天闢地的天神，這個或這些天神創造並主宰著人類，在人類社會的一切活動中既無所不在又無所不能。

　　在所有的遠古神話當中，古希臘的神話故事，無疑是最為完美生動的。關於天地萬物和人類社會的起源，希臘神話是這樣介紹的：天和地被創造了，大海漲落於天地之間。魚在水裡嬉遊，鳥在空中歌唱，大地上擁擠著動物，只是沒有可以支配自己連同周圍生物的精神生命。普羅米修士降落在大地上，他是主神宙斯的叔父，是地母該亞與天父烏剌諾斯的兒子，知道天神的種子隱藏在泥土裡。他撮起一些泥土，用河水使它濕潤，然後這樣那樣地揉捏著，使它成為神祇的形象。為要給泥土捏成的人形賦予生命，他從各種動物的心臟中攝取善惡，把它們封閉在人的胸膛裡。普羅米修士在神祇中只有智慧女神雅典娜一個朋友，他驚奇

於他的創造物，並且把靈魂和神聖的呼吸送給了這些僅僅有半個生命的人形。就這樣，最初的人類被創造出來，不久便充滿了世界各地。

在《聖經‧舊約‧創世記》第一章和第二章的前3節中，對於上帝創造世界萬物的描述，同樣是從混沌中開始的：

> 「起初，神創造天地。地上空虛混沌，黑暗中一片汪洋，神的靈運行在水面上，神說：『要有光！』就有了光。」於是，第一天出現了劃分白晝與黑夜的光，第二天劃分天地出現了天空，第三天出現了大海、陸地、青草、蔬菜和樹木，第四天出現了日月星辰，第五天出現了魚類和鳥類，第六天出現了牲畜、昆蟲、野獸並且「造男造女」。接下來，「神賜福給第七日，定為聖日，因為在這日神歇了他一切創造的工，就安息了。」

然而，到了《聖經‧舊約‧創世記》第二章的第四節之後，又出現了另外一個創世傳說：上帝進行「創造」之前，已經有「霧氣從地上升騰，滋潤遍地」，說是「野地還沒有草木，田間的菜蔬還沒長起來，因為耶和華上帝還沒有降雨在地上，也沒有人種地。」

《聖經》不是一時一地的文字創作，更不是某一個人創作出的文字作品，而是古老的希伯萊民族在幾千年的流浪遷徙中口口相傳的集體記憶。直到西元4世紀，君士坦丁堡的大主教、人稱「金口」的聖約翰‧克里索斯頓，才第一個採用羅馬字母Bible來為《聖經》命名，意思是「群書」。在這部「群書」當中，存在著許多相互矛盾的地方，這種矛盾現象在最為古老的《聖經‧

舊約‧創世記》中，表現得最為明顯。

首先，《創世記》第一章中的創造者是「神」，在希伯來原文中採用的是「埃洛希姆」，意思是「諸神」；第二章中的創造者卻換成了「耶和華神」，在希伯來原文中採用的是「雅赫維」，意思是「主」。耶和華原本是古希伯萊人的眾神之一，是司雨之神，進入巴勒斯坦地區後，由於經常受到乾旱的威脅，才逐漸演變成為主神。這樣就產生了諸神創造的神話傳說與唯一主神創造並主宰一切的宗教教義之間的本質性區別。

其次，第一章中人的出現是在其他事物和生物出現之後才最後出現的，並且負責照料一切；而在第二章裡，人出現之後才有了樹木、飛鳥、野獸。更為重要的是，在第一章裡，大地被水覆蓋著，將水引開後才生長出茂密的植物；而在第二章裡，植物需要在下雨之後才能生長出來。也就是說，第一章所講的是一個水源充足地區的創世神話，第二章是居住在沙漠地區的先民的創世神話。

另外，第一章中「神是照著自己的形象造人，乃是照著他的形象造男造女」，所展示的是由神造人的神話母題；第二章中所展示的已經是上帝創造人的宗教命題：「耶和華神用地上的塵土造人，將生氣吹在他的鼻孔裡，他就成了有靈的活人，名叫亞當。耶和華神使他沉睡，他就睡了，於是取下他的一條肋骨，又把肉合起來。耶和華神就用那人身上所取的肋骨，造成一個女人。亞當給他的妻子起名叫夏娃，因為她是眾生之母。」

總而言之，《聖經》中不能夠自圓其說的自相矛盾，正是由神話傳說到宗教故事的演變過程所留下的人為整合痕跡。基督教教會認為，《聖經》各卷是作者們在上帝的默示下記錄下來並交給教會保存的「上帝的話」。對於基督徒來說，《聖經》之所

以被認為是神聖的，是因為他們相信作者所寫的一切並非出於自己的意願，而完全是記錄了上帝的默示。同樣的道理也適合於比《聖經》晚出許多世紀的伊斯蘭教經典《古蘭經》。

第二節　《聖經》故事中的亞當和夏娃

在古希伯萊語中，亞當的意思是「出自泥土的被造的人」，夏娃的意思是「生命之源」。亞當和夏娃是從《聖經》故事流傳下來的人類始祖。

據《創世紀》第二章8至17節介紹，耶和華上帝在創造亞當之後，又在「東方的伊甸」為亞當創造了一個地上樂園，這就是著名的伊甸園。「耶和華神使各樣的樹從地裡長出來，可以悅人的眼目，其上的果子好作食物。有河從伊甸流出來滋潤那園子，從那裡分為四道。在那裡有金子，並且那地的金子是好的，在那裡又有珍珠和紅瑪瑙。耶和華神將那人安置在伊甸園，使他修理看守。耶和華神說：『那人獨居不好，我要為他造一個配偶幫助他』。」

等到夏娃被造之後，亞當就和夏娃在伊甸園裡赤身裸體且無憂無慮地生活著。這種由耶和華上帝主宰包辦的生活雖然美滿幸福，卻又單調乏味，缺少作為精神生命體的人本身與生俱來的主體性的創造力。為了實現自己的絕對主宰，耶和華上帝還給亞當立下了人類歷史上的第一道誡約：「園中各樣樹上的果子，你可以隨意吃，只是分別善惡樹上的果子，你不可吃，因為你吃的日子必定死。」

「分別善惡樹」又叫「生命樹」和「智慧樹」。應該說，亞當對於耶和華上帝還是言聽計從的，基於對死亡的恐怖，他把耶

和華上帝的誡約原原本本地轉告給夏娃。直到有一天亞當熟睡的時候，隱身於蛇形的魔鬼引誘夏娃說：「你們不一定死……你們吃的日子眼睛就明亮了，你們便如上帝能知道善惡。」夏娃經不住誘惑，違背耶和華的誡約食用了禁果，並且勸說醒來後的亞當分食了剩下的禁果。兩個人的眼睛因此明亮起來，開始為自己的赤身裸體感到羞恥。耶和華發現後，把亞當和夏娃逐出伊甸園，這一男一女從此才享受到性愛的權利，他們在塵世中帶著偷食禁果的「原罪」繁衍生息的結果，就有了迄今為止依然帶著「原罪」生老病死的人類社會。

據《創世紀》第三章的15節介紹，耶和華上帝並沒有按照當初的誡約加亞當和夏娃以死罪，而是對共同犯罪的亞當、夏娃連同蛇形魔鬼分別予以不同的懲罰。夏娃受到的懲罰是「生產兒女必多受苦楚」，而且要受到丈夫的管轄。亞當受到的懲罰是：「你必須終身勞苦才能從地裡得吃的，……你必汗流滿面才得糊口。」對於引誘亞當和夏娃犯下「原罪」的罪魁禍首，耶和華上帝的懲罰是：「用肚子行走，終身吃土。……女人的後裔要傷你的頭，你要傷他的腳跟。」

按照基督教經學家的解釋，引誘亞當和夏娃犯下「原罪」的蛇形魔鬼就是原本可以侍立在上帝面前的「撒旦」。耶和華上帝對於「撒旦」的懲罰其實就是「原始福音」。在上帝對於亞當和夏娃的懲罰中，仁慈超過了道義，並且預示了人類的勝利。「女人的後裔」指的就是耶穌基督，他雖然被釘死在十字架上，卻最終戰勝了魔鬼，使人類重新得到了上帝的恩寵。從人類學的觀點來考察，亞丹和夏娃走出伊甸園，其實是美好人性對於宗教神性的一次勝利，或者說是美好人性對於「存天理，滅人欲」的異化神道的一次勝利。整個人類社會就是在人性對於神性的不斷勝利

中走向文明化和人道化的。

亞當和夏娃被逐出伊甸園後，先後生下了兩個兒子，長子叫該隱，次子叫亞伯。據《創世紀》第四章1至15節的介紹，該隱是種地的莊稼漢，亞伯是放羊的牧人。有一天，兄弟二人給耶和華上帝貢獻祭品，該隱用的是自己生產的農產品，亞伯用的是頭胎羊羔和羊油。「耶和華看中了亞伯和他的供物，只是看不中該隱和他的供物。該隱就大大地發怒，變了臉色。」該隱一怒之下，在田間打死了弟弟。於是，該隱遭受了來自耶和華上帝的天譴天罰：

> 「耶和華說：『你作了什麼事情呢？你兄弟的血，有聲音從地裡向我哀告；地開了口，從你手裡接受你兄弟的血，現在你必從這地受詛咒。你種地，地不再給你效力，你必流離飄蕩在地上！』該隱對耶和華說：『我的刑罰太重，過於我所能當的。你如今趕逐我離開這地，以至於不見你的面；我必須流離飄蕩在地上，凡遇見我的必殺我。』耶和華對他說：『凡殺該隱的必遭報七倍！』耶和華就給該隱立一個記號，免得人遇見他就殺他。」

失去了土地的該隱，連同他的子孫喪失了種地定居的權利，或是成為「住帳篷養牲畜之人的祖師」，或是成為「一切彈琴吹簫之人的祖師」，或是成為「銅匠鐵匠的祖師」。在古希伯萊文中，該隱的原意就是「工匠」。

在這場人與神的賭博中，擁有絕對權威的耶和華上帝是永遠的贏家，受到損害的永遠是人間的芸芸眾生。按照神學家的解釋，該隱殺弟是亞當和夏娃偷食「禁果」的原罪所結出的第一顆

惡果。隨著亞伯的死去和該隱的出走，年邁的亞當和夏娃陷入了悲哀之中。在耶和華上帝的主宰和恩賞下，夏娃再次懷孕，為亞當生育了第三個兒子，起名叫塞特，在古希伯萊文中的意思是「補償」。到了《聖經‧舊約‧創世紀》第五章中，塞特又變成亞當的長子，為後人留下了又一處自相矛盾的敗筆。

另據《聖經‧新約‧路加福音》第三章中的《耶穌家譜》記載，塞特是耶穌和整個猶太民族的直系祖先：「塞特是亞當的兒子，亞當是上帝的兒子。」

需要特別說明的是，在位於伊拉克境內的美索不達米亞平原進行的考古工作表明，這裡確實存在過一個類似伊甸園的地方，而且確實發生過大洪水。在已經挖掘出的蘇美爾人的文物中，有這樣一幅浮雕作品，正中是一棵大樹，樹上盤著一條蛇，大樹的左右兩邊各有一個人，右邊是頭上長角的男人，左邊是體態苗條的女人。樹上的蛇，是蘇美爾人信奉的埃亞神，而不是《聖經》中誘人犯罪的蛇形魔鬼。另外，在烏爾古城遺址的挖掘中，把地下10米的蘇美爾人的王陵與地下20米的更加古老的人類遺跡分隔開的3米左右的細軟河泥，應該是一場特大洪水的遺留物，出現在蘇美爾人的吉爾加美許神話中的挪亞方舟的故事，與《聖經》故事中的情節也基本一致。

第三節　《聖經》故事中的挪亞方舟

「挪亞方舟」的故事源於《聖經‧舊約‧創世記》的第六章至第八章。據介紹，耶和華上帝看到人世間的許多罪惡，開始後悔當初創造了人類，於是選中義人挪亞充當新一輪的人類始祖：「神就對挪亞說：『凡有血氣的人，他的盡頭已經來到，因為地

上充滿了他們的強暴，我要把他們一併毀滅。看哪！我要使洪水氾濫在地上，毀滅天下，凡地上有血肉、有氣息的活物，無一不死。我卻要與你立約，你同你的妻，與兒子、兒婦，都要進入方舟』。」

所謂「方舟」就是長450米，寬75米，高43米的巨大輪船，其規模相當於今天的遠洋客輪。在此後整整一個星期的時間裡，挪亞和他的家人按照耶和華的指示準備一切。到第七天的黃昏，也就是挪亞600歲那年的2月17日，上帝指示挪亞全家進入方舟，並且從飛禽、走獸、昆蟲等各種活物挑選可以留作種子的一同帶進方舟，凡潔淨的各7公7母，不潔淨的各1公1母，然後關上艙門。當天深夜，漫天大水淹沒了整個地球。150天後，方舟停靠在位於亞美尼亞境內的阿拉臘山頂，這一天是7月17日。隨著洪水逐漸消退，山頂開始露出水面。挪亞為了瞭解外面的情況，先放出一隻烏鴉，這只烏鴉沒有回來。他接著又放出一隻鴿子，鴿子找不到落腳的地方，飛回了方舟。7天後，他再把鴿子放出去，鴿子晚上飛回方舟時，叼回來一個橄欖的嫩葉子。挪亞知道水已經退下去了。又過了7天，他第三次放飛這隻鴿子，鴿子再也沒有飛回來。直到挪亞601歲那年的2月27日，洪水才全部退去。挪亞上岸後的第一件事，就是搭建祭壇向耶和華上帝貢獻祭品。上帝與挪亞立約，答應不再用洪水滅絕人類，並且把一條巨大的彩虹升上天空，作為對人類的一種祝福。

此後，挪亞和他的兒子閃、含和雅弗以及他們的妻子重新開始種地放牧，在豐衣足食的情況下，挪亞養成了嗜好葡萄酒的習慣。在一次醉酒後，挪亞赤身裸體躺在帳篷裡，含看到後用譏笑的口吻告訴了閃和雅弗。閃和雅弗聽了，拿衣服進去蓋在父親的身上。挪亞酒醒後把含和他的兒子迦南詛咒一通趕出家門，並

向閃和雅弗表示祝福。按照《聖經》的說法，閃是古希伯萊人也就是後來的祖先，含和兒子迦南是迦南人也就是巴勒斯坦人的祖先。閃受到祝福，含和兒子受到詛咒，為古希伯萊人征服迦南人、以色列人征服巴勒斯坦人，提供了宗教文獻中的神聖依據。

出現在《聖經》文獻中的「挪亞方舟」的故事，其實並不完整。《創世紀》中只是簡單提到挪亞是亞當和夏娃的兒子塞特的直系後代，他的曾祖父以諾「與神同行三百年」，挪亞自己「是個義人，在當時的世代是個完全人，挪亞與神同行」；至於挪亞的身世和他為什麼被視為完美的義人，並沒有令人信服的可靠說明。隨著更加古老的《聖經》手稿《死海古卷》於1947年被重新發現，挪亞的來歷才有了一些眉目：在挪亞出生的時候，他的父親拉麥看到屋子裡出現像太陽那麼大的亮光，說是「我懷疑我妻所生的這個孩子，是從天上的守望者或聖者，並真正地屬於偉大之類那裡來的，我，拉麥，心裡煩躁不安，我在混亂中，直接去找我妻……」

拉麥所說的「天上的守望者或聖者」，就是原始神話中經常到人間誘姦美貌女子的墮落天使，在希伯萊語中，「偉人」的原意就是「墮落」。針對拉麥的疑問，他的妻子回答說：「那種子是你的，我是從你那裡懷的孕，……絕不是外人，也不是天上的守望者，他不是上帝的兒子。」挪亞的曾祖父以諾也出面保證說：「我，以諾，告訴你們一句實話，這個孩子不是任何一個天使的兒子，而是拉麥的兒子。」

按照美國學者蘇拉米·莫萊提供的說法，《聖經》中挪亞方舟的傳說，其實是根據更早的蘇美爾人的吉爾加美許神話改寫而來的，「挪亞這個《舊約聖經》裡面的救世主，雖然只是《聖經·新約》中基督耶穌的某種雛形，但是，他與耶穌一樣，都是

處女生育的神人之子，只不過，挪亞的來歷出於神話，在神話的綜合之中難免有所失落罷了。」[3]

在樂峰、文庸合著的《基督教千問》中，另有關於《聖經》中圍繞挪亞方舟「挖補拼湊」的考證：關於洪水氾濫的日期，《創世記》第七章的17節說是40天，而24節卻說是150天，如按第八章的14節計算，則是一年零10天。又如對上帝的稱呼，有時用「上帝」（神），有時用「耶和華」。關於帶進方舟的活物的數目，第六章的19節是「每樣兩個，一公一母」，而第七章的2、3節則是「凡潔淨的畜類，你要帶7公7母，不潔淨的畜類，你要帶1公1母，空中的飛鳥也要帶7公7母」。另外還有重複的地方，如第六章17至22節與第七章的1至5節重複；第七章的6至9節與13至16節重複。根據這些「痕跡」，有理由推斷說：《聖經》中「挪亞方舟」的故事是《創世記》的作者（更確切地說是編者），用兩個或幾個有關洪水的神話故事編寫成的。[4]

關於挪亞和他的子孫們的結局，《聖經》中並沒有完整交待，只是在《舊約·創世記》第十一章提示性地介紹說：「挪亞的兒子閃、含、雅弗的後代，洪水以後都生了兒子。這些人的後裔，在各國的土地和海島上分開居住，各隨各的方言宗族立國。含的兒子是古實，古實又生寧錄，他為世上英雄之首，他在耶和華面前是個英勇的獵戶，所以俗語說『像寧錄在耶和華面前是個英勇的獵戶』。他的國家的起頭是巴別、以力、亞甲甲尼，都在示拿地區。他從那裡出來往亞述去，建造尼尼微、利河伯、迦拉和尼尼微與迦拉之間的利鮮，這就是那大城。」

---

[3]   [美]蘇拉米·莫萊著，方晉譯《破譯〈聖經〉》，吉林攝影出版社，1999年，第142頁。

[4]   樂峰、文庸：《基督教千問》，紅旗出版社，1995年，440頁。

示拿位於底格里斯河與幼發拉底河流域的美索不達米亞平原南部，亞述位於示拿北部的美索不達米亞平原腹地。《創世記》中所描寫的人類修建巴別城和巴別塔的故事，就發生在伊拉克首都巴格達以南90多公里處的古巴比倫遺址：

> 「那時候，天下人的口音，都是一樣的。他們往東邊遷移的時候，在示拿地遇見一片平原，就住在那裡。他們彼此商量說：『來吧！我們要做磚，把磚燒透了。』他們就拿磚當石頭，又拿石漆當灰泥。他們說：『來吧！我們要建造一座城，和一座塔，塔頂通天，為要傳揚我們的名，免得我們分散在全地上。』耶和華降臨要看世人所建造的城和塔，耶和華說：『他們成為一樣的人民，都是一樣的言語，如今既做起這件事，以後他們所要做的事，就沒有不成功的了！我們下去，在那裡變亂他們的口音，使他們的言語彼此不通！』耶和華使他們從那裡分散在全地上，他們就停工不造那城了。因為耶和華在那裡變亂天下人的言語，使重任分散在全地上，所以那城名叫巴別。」

根據《聖經》文獻中提供的上述線索，考古學家在底格里斯河與幼發拉底河流域進行了多次大規模的考古發掘，從而初步還原了隱藏在神聖宗教背後的人類歷史。

第四節　美索不達米亞的古老文明

在底格里斯河與幼發拉底河之間，也就是今天的伊拉克境內，有一塊肥沃的美索不達米亞平原，它是包括希伯萊人和阿拉

伯人在內的許多古老民族的發祥地，並由此形成了人類歷史上最為古老的美索不達米亞文化圈。《聖經》中所說的「東方的伊甸」，據說就坐落在巴勒斯坦「東方」的美索不達米亞平原。

古巴比倫城位於幼發拉底河和底格里斯河的交匯處，始建於西元前2350多年。巴比倫就是「神之門」的意思，由於地處交通要衝，「神之門」不斷擴展，成為西亞地區最為繁華的政治、經濟和文化中心，同時也是古巴比倫王國和後來的新巴比倫王國的首都。

古巴比倫城垣雄偉、宮殿壯麗，幼發拉底河自北向南縱貫全城，城內的主要建築巴比倫塔高達91米，基座每邊長91.4米，上有7層，每層都以不同色彩的釉磚砌成，塔頂有一座供奉巴比倫主神馬都克金像的神廟，有一條石梯可以直通神殿。原意是「神之門」的巴比倫，與古希伯萊語中的「巴別」（「混亂」）一詞讀音相近，國際化大都市巴比倫城裡的居民所使用的，也確實是來自不同民族的各種語言。西元前6世紀前半葉一度淪落為「馬比倫之囚」的以色列人，一旦把此事寫進《聖經·舊約·創世記》之中，就變成了耶和華通過變亂天下人的口音和言語來進行精神控制，從而保證其至高無上的絕對權威的宗教傳說。

與《創世記》中的宗教傳說相印證，在古巴比倫國最出色的國王漢謨拉比死後的500多年裡，巴比倫不斷遭受外族的進攻和毀壞，直到西元前7世紀末，才在尼布甲尼撒領導下建立起新巴比倫王國，並且重新修建了巴比倫城和巴比倫塔。尼布甲尼撒的兒子尼布甲尼撒二世，還在幼發拉底河畔為自己心愛的妃子、亞述公主賽米拉米斯修建了被稱為「世界七大奇跡」之一的「空中花園」。「空中花園」高達25米，採用立體疊園手法，在高高的平臺上分層重疊，層層遍植奇花異草，並埋設了灌溉用的水源和水管，花園由鑲嵌著許多彩色獅子的高牆環繞，從遠處望去就像

是懸在半空中。

不幸的是，窮奢極欲的新巴比倫王國只維持了88年的時間，便於西元前689年被亞述國王西那克里布的軍隊徹底摧毀。直到2000多年後的1899年3月，一批德國考古學家按照《聖經》中提供的線索，在巴格達南面90多公里的幼發拉底河畔，進行了持續10多年的大規模考古發掘工作，才找到西元前605年由尼布甲尼撒二世改建的巴比倫古城遺址。

在古巴比倫遺址沒有被發現之前，法國人博塔於1840年來到伊拉克北部最大的城市摩蘇爾——也就是《聖經》中所說的亞述地區——尋找尼尼微遺址。在摩蘇爾附近的科爾沙巴德，博塔和助手依靠當地居民的幫助挖掘出一座亞述王宮。博塔斷定自己找到的就是尼尼微，迅速向國內通報了自己的發現，這一消息立刻轟動整個歐洲。

博塔離開後不久，英國人賴爾德來到伊拉克北部，在博塔曾經挖掘過的庫雲吉克土丘下面約6米的地方，發現了尼尼微最大的亞述王宮。這是亞述國王西那克里布的宮殿，以嗜殺著稱的西那克里布，就是在西元前689年毀滅新巴比倫城的罪魁禍首。為了讓巴比倫城徹底從地球上消失，西那克里布的軍隊見人便殺，然後拆毀城中所有的建築物，並且把巴比倫周邊的泥土用船運走丟棄在荒漠之中，最後引來亞拉奇運河中的河水淹沒整個城市。西那克里布的殘暴和狂妄，在他留下的一段銘文中表現得淋漓盡致：「往四周瞧瞧，就能發現世上人全都是傻瓜！」

接下來，賴爾德的繼承任者拉薩姆又在西那克里布的宮殿裡發現了世界上最為古老的圖書館，其中收藏有將近30000塊寫滿了楔形文字的泥版，在這些泥版上，不僅記載著亞述王朝的世系表、大事記、朝廷敕令，而且還保存著神話、歌謠、頌詩之類的

文學作品，以及由100塊泥版組成的一部楔形文字詞典。

被記錄在泥版上的吉爾加美許神話，是人類歷史上最為古老的神話傳說，其中有關於上天之子的樂園的描述，吉爾加美許就是上天之子中的一個，三分之二是神的血統，三分之一是人的血統。烏特——納比西丁是人類的始祖，在諸神用洪水懲罰人類時，僅僅饒過了烏特——納比西丁一家，並使他的全家獲得永生。《聖經》和《古蘭經》中關於樂園和挪亞方舟的宗教故事，都可以看作是對於吉爾加美許神話的繼承和改寫。

另據《聖經》介紹，挪亞的兒子閃的後裔，後來第一個與耶和華立約並改名為亞伯拉罕的亞伯蘭，就出生在幼發拉底河下游離海洋不遠的一個叫烏爾的地方。根據這條線索，列奧納德・伍利從1927年開始，在烏爾古城的遺址上進行發掘，從而找到了比古巴比倫還要古老的蘇美爾人的都城。在埋藏於10米深的泥土下面，考古人員發現了蘇美爾女王舒伯——亞德的墓室，裡面有美索不達米亞地區從來沒有文字記載的活人殉葬，殉葬品中女王的精美頭飾和頭飾上面的旗標圖案，標誌著發明楔形文字的蘇美爾人，已經達到很高的文明程度。更令考古學家驚奇的是，在蘇美爾王陵下面離地面近20米的土層裡，另有與蘇美爾人完全不同的另一種人類的遺跡，其中包括大量的陶器碎片、碎磚和灰燼。於是，考古學家梳理出了美索不達米亞平原遠古歷史的大致輪廓：馬其頓帝國的戰車顛覆了古波斯帝國，古波斯帝國的戰車顛覆了亞述王朝，亞述王朝的戰車顛覆了新巴比倫王國，新巴比倫王國之前另有古巴比倫王國，古巴比倫王國之前有蘇美爾王國，蘇美爾王國還有更加古老的未知文明。

正是美索不達米亞平原最為古老的人類文明，為《聖經》和《古蘭經》的宗教傳說，提供了博大精深的歷史文化底蘊。

第二章
《古蘭經》中的阿丹和努哈

　　《古蘭經》中的阿丹，就是《聖經》中的人類始祖亞當，《古蘭經》中的努哈，就是《聖經》中洪水滅世之後的人類新始祖挪亞。伊斯蘭教的穆斯林與猶太人及基督徒之間，至少在教義上是血脈相連、同根同源的。

第一節　《古蘭經》中的真主阿拉

　　《古蘭經》是伊斯蘭教的根本經典，「古蘭」又譯「可蘭」，是阿拉伯文的漢語音譯，意思是誦讀、宣讀。《古蘭經》是真主阿拉從西元610到632年根據當時的實際情況，降示給穆罕默德的阿拉伯語「啟示」。

　　阿拉委派天使吉卜利里[5]降示給穆罕默德的第一段經文，是收入《古蘭經》第九十六章的「血塊（阿賴格）」，其中的第一句話是：「你應當奉你的創造主的名義而宣讀，他曾用血塊創造人。」[6]

　　在真主阿拉向穆罕默德降示《古蘭經》以前，居住在麥加周邊的土著阿拉伯居民，大都是多神教的偶像崇拜者，阿拉只是他

---

[5]　又譯吉布利里，多數學者認為是猶太教和基督教《聖經》中的迦百利。
[6]　本書所採用的《古蘭經》譯文，全部依據中國社會科學出版社1981年出版的馬堅先生譯本，必要時將注明章節數，特此說明。

們所信奉的眾多偶像神祇中的創造之神。《古蘭經》摒棄多神崇拜而獨尊阿拉，認定阿拉是既創造萬物又主宰一切、既無所不能又無處不在的唯一真神。這就是伊斯蘭教「認主獨一」的根本教義。《古蘭經》第一一二章中，對於這一根本教義做出了最為經典的解釋說明：「你說：他是真主，是獨一的主；真主是萬物所仰賴的；他沒有生產，也沒有被生產；沒有任何物可以做他的匹敵。」

　　真主實際上是中國人對於伊斯蘭教的唯一主宰「阿拉」的漢語稱謂，正如上帝天主是中國人對於基督教及其天主教的唯一主宰「耶和華」的漢語稱謂一樣。《古蘭經》對於真主阿拉最為集中的讚美，見於第五九章的一段經文。

　　　　他是真主，除他外，絕無應受崇拜的。他是全知幽玄的，他是至仁的，是至慈的。他是真主，除他外，絕無應受崇拜的。他是君主。他是至潔的，是健全的，是保佑的，是見證的，是萬能的，是尊嚴的，是尊大的。讚頌真主，超絕萬物，他是超乎他們所用以配他的。他是真主，是創造者，是造化者，是賦形者，他有許多極美的稱號，凡在天地間的，都讚頌他，他是萬能的，是至睿的。

　　《古蘭經》第二章中，圍繞著「全世界的主」的觀念與猶太教徒和基督徒展開了一場爭論：「全世界的主」是對於全人類開放的，它既是猶太教和基督教的耶和華上帝，又是伊斯蘭教的真主阿拉。這章經文中反復強調的，就是這種「認主獨一」的根本教義：

他們說：「你們應當變成猶太教徒和基督教徒，你們才能獲得正道。」你說：「不然，我們遵循崇奉正教的易卜拉欣的宗教，他不是以物配主者。」你們說：「我們信我們所受的啟示，與易卜拉欣、易司馬儀、易司哈格、葉爾孤白和各支派所受的啟示，與穆薩和爾撒受賜的經典，與眾先知受主所賜的經典；我們對他們中任何一個，都不加以歧視，我們只順真主。」如果他們像你們樣通道，那麼，他們確已遵循正道了；如果他們背棄正道，那麼，他們只陷於反對中；真主將替你們抵禦他們。他確是全聰的，確是全知的。你們當保持真主的洗禮，有誰比真主施洗得更好呢？「我們只崇拜他。」你說：「難道你們和我們爭論真主嗎？其實，他是我們的主，也是你們的主；我們將受我們的行為的報酬，你們也將受你們的行為的報酬；我們只是忠於他的。」（2:135-140）

世人原是一個民族，嗣後，他們信仰分歧，故真主派眾先知作報喜者和警告者，且降示他們包含真理的經典，以便他為世人判決他們所爭論的是非。惟曾受天經的人，在明證降臨之後，為互相嫉妒，而對天經意見分歧，故真主依自己的意旨而引導通道的人，俾得明瞭他們所爭論的真理。真主引導他所意欲的人走上正路。（2:213）

正是基於這種求同存異的寬容態度和開放姿態，《古蘭經》針對猶太教徒和基督徒的狹隘觀念譴責道：「他們說：『除猶太教徒和基督教徒外，別的人絕不得入樂園。』這是他們的妄想。你說：『如果你們是誠實的，那麼，你們拿出證據來吧！』不然，凡全體歸順真主，而且行善者，將在主那裡享受報酬，他們

將來沒有恐懼，也沒有憂愁。猶太教徒和基督教徒，都是誦讀天經的，猶太教徒卻說：『基督教徒毫無憑據。』基督教徒也說：『猶太教徒毫無憑據。』無知識的人，他們也說這種話。故復活日真主將判決他們所爭論的是非。」

《古蘭經》的文本當中對於《古蘭經》本身也有反復的說明，限於篇幅，這裡只抄錄其中的三處：

> 這《古蘭經》確是全世界的主所啟示的。那忠實的精神把它降示在你的心上，以便你警告眾人，以明白的阿拉伯語。它確是古經典中被提到過的。以色列後裔中的學者們知道它，這難道還不可以做他們一個跡象嗎？（26:192-197）

> 我確已以此為阿拉伯文的《古蘭經》，以便你們瞭解。在我那裡的天經原本中，它確是高尚的，確是睿智的。（43:3-4）

> 不然，這是尊嚴的《古蘭經》，記錄在一塊受保護的天牌上。（85:21-22）

第二六章所說的「那忠實的精神」，又被翻譯成「忠誠的聖靈」，指的是天使吉卜利里，也就是《聖經》中經常降臨人間替耶和華傳達喜訊的迦百列。《古蘭經》中的大部分經文，都是通過吉卜利里降示給穆罕默德的。

第二節　《古蘭經》中的阿丹

在《阿拉伯—伊斯蘭文化史》中，埃及學者艾哈邁德・愛

敏談到伊斯蘭教所受猶太教和基督教的影響時寫道：「正如讀者所見，《古蘭經》與《舊約》的部分內容是相似的，『先知的故事』表現得尤為明顯，但二者講述的方式不同。《古蘭經》僅以鑒誡為宗旨，不涉及細節，不載事件經過及發生事件的地點和人名，只點其精華，以為殷鑒。」[7]

這一點在關於人類始祖阿丹與好娃[8]的介紹中，表現得尤為突出。用艾哈邁德・愛敏的話說：

讓我們以《亞當的故事》為例，《古蘭經》曾在多處提到這個故事，尤在《黃牛》章講得最為詳細，其中有下面一段話：「我說：阿丹啊！你和你的妻子同住樂園吧！你們倆可以任意吃園裡所有豐富的食物，你們倆不要臨近這棵樹；否則，就要變成不義的人。然後，惡魔使他們倆為那棵樹而犯罪，遂將他們倆人從所居的樂園中誘出。我說：你們互相仇視下去吧。大地上有你們暫時的住處和享受。然後，阿丹奉到從主降示的幾件誡命，主就恕宥了他。主確是至宥的，確是至慈的。我說：你們都從這裡下去吧！我的引導如果到達你們，那麼，誰遵守我的引導，誰在將來沒有恐懼，也不憂愁。不通道而且否認我的跡象的人，是火獄的居民，他們將永居其中。」讀者從這段經文可以看出，《古蘭經》不提天堂的地點，也不點明禁止阿丹吃其果實的樹的名字，沒有指出誘使阿丹和好娃犯罪的是什麼動物，沒提真主與阿丹對話的細節，也沒有說出

[7] [埃及]艾哈邁德・愛敏著，納忠譯《阿拉伯—伊斯蘭文化史》第二冊，商務印書館，2001年，306頁。
[8] 好娃又譯哈娃，《古蘭經》中並沒有明確提到阿丹的妻子好娃的名字，把阿丹的妻子認定為好娃的，是《古蘭經》的經注家。

　　阿丹被從天堂逐出後的去向等。但是，《舊約》則提到了這一切，甚至更加詳細。如《舊約》指明天堂在東方的伊甸園，禁食的果樹位於天堂的中間，那生命之樹能知凶吉，與好娃對話的是蛇。還指出，真主為懲罰將阿丹和好娃誘出天國的蛇，使蛇只能附地而行，以泥土為食；為懲罰好娃而使她承受懷孕之苦等。《古蘭經》的經注家便引用了這些皈依了伊斯蘭教的猶太人的說法，來解釋《古蘭經》。

　　需要指出的是，這段話中所謂「《古蘭經》不提天堂的地點，也不點明禁止阿丹吃其果實的樹的名字，沒有指出誘使阿丹和好娃犯罪的是什麼動物」，其實並不準確。同樣是「以鑒誠為宗旨」，在標題為《高處》的《古蘭經》第七章中，關於同一故事另有更加詳細的介紹：

　　　　我確已使你們在大地上安居，並為你們在大地上設生活所需。你們很少感謝。我確已創造你們，然後使你們成形，然後對眾天神說：「你們向阿丹叩頭。」他們就向他叩頭，唯獨易卜劣斯沒有叩頭。

　　　　主說：「當我命令你叩頭的時候，你為什麼不叩頭呢？」他說：「我比他優越，你用火造我，用泥造他。」主說：「你從這裡下去吧！你不該在這裡自大。你出去吧！你確是卑賤的！」他說：「求你寬待我，直到人類復活之日。」主說：「你必定是被寬待的。」他說：「由於你使我迷誤，我必定在你的正路上伺候他們。然後，我必定從他們的前後左右進攻他們。你不至於發現他們大半是感謝的。」主說：「你被貶責地，被棄絕地從這裡出去

吧！他們中凡是順從你的，我必以你和他們一起充滿火
獄。」「阿丹啊！你和你的妻子同住樂園吧，你們可以隨
意吃園裡的食物。但不要臨近這棵樹；否則，就要變成不
義者。」但惡魔教唆他倆，以致為他倆顯出他倆的被遮蓋
的陰部。他說：「你倆的主禁你們倆吃這棵樹的果實，只
為不願你倆變成天神，或永生不滅。」他對他倆盟誓說：
「我確是忠於你倆的。」他用欺騙的手段使他倆墮落。當
他倆嘗了那棵樹的果實的時候，他倆的陰部便對自己現露
出來了，他倆只好用園裡的樹葉遮蓋自己的陰部。他倆的
主喊叫他倆說：「難道我沒有禁止你倆吃那棵樹的果實
嗎？難道我沒有對你倆說過，惡魔確是你倆的明敵嗎？」
他倆說：「我們的主啊！我們已自欺了，如果你不赦宥我
們，不慈憫我們，我們必定變成虧折者。」主說：「你們
互相仇視地下去吧。大地上有你們暫時的住處和享受。」
主說：「你們將在大地上生活，將在大地上死亡，將從地
下被取出來。」

　　阿丹的子孫啊！我確已為你們而創造遮蓋陰部的衣服
和修飾的衣服，敬畏的衣服尤為優美。這是屬於真主的跡
象，以便他們覺悟。阿丹的子孫啊！絕不要讓惡魔考驗你
們。猶如他把你們的始祖父母的衣服脫下，而揭示他倆自
己的陰部，然後把他倆誘出樂園。他和他的部下，的確能
看見你們；而你們卻不能看見他們。我確已使惡魔成為不
通道者的盟友。（7:10-27）

　　《古蘭經》裡一再提到的阿丹和他的妻子，就是《聖經》中
的亞當和夏娃。與《聖經・舊約》把伊甸園當作人類起點不同，

《聖經・新約》明確記載了耶穌死後在天國復活的福音，《古蘭經》更是把阿丹和他的妻子已經失去的樂園，描繪成為人類復活後修成正果的彼岸天堂。在《古蘭經》以「人」命名的第七六章裡，就有這樣的經文：

> 故真主將為他們防禦那日的災難，並賞賜他們光華和快樂。他將因他們的堅忍而以樂園和絲綢報酬他們。他們在樂園中，靠在床上，不覺炎熱，也不覺嚴寒。樂園的陰影覆庇著他們，樂園的果實，他們容易採摘。將有人在他們之間傳遞銀盤和玻璃杯——晶瑩如玻璃的銀盃，他們預定每杯的容量。他們得用那些含有薑汁的醴泉，即樂園中有名的清快泉。許多長生不老的少年，輪流著服侍他們。當你看見那些少年的時候，你以為他們是些散漫的珍珠。當你觀看那裡的時候，你會看見恩澤和大國。他們將穿著綾羅錦緞的綠袍，他們將享受銀鐲的裝飾，他們的主，將以純潔的飲料賞賜他們。（將對他們說：）「這確是你們的報酬，你們的勞績是有報酬的。」

第三節　《古蘭經》中的天使與魔鬼

僅就創世神話的繼承和改寫來看，《古蘭經》與《聖經》的最大差異，就在於描繪了不同的天使和魔鬼。

在《聖經・舊約》所描述的創世故事中，只是在亞當、夏娃被逐出伊甸園時，才第一次出現了伊甸園的守護天使：「在伊甸園的東邊安設基路伯和四面轉動發火焰的劍，要把守生命樹的道路。」

「基路伯」的原意為「保護者」或「祈禱者」，是眾多天使中的一種，長有兩個翅膀。《舊約‧以西結書》中對它有詳細介紹。它守護伊甸園的目的，是為了防止亞當、夏娃重返此地。

隨著基督教由猶太人的民族宗教演變成為一種世界宗教，當初具有人形的男性天使，在基督教的《聖經‧新約》裡被描述成為上帝創造的一種不具備物質形態的精神存在，在後來的宗教繪畫中更是被描繪成為長著翅膀的美麗女性。基督教的天使不僅有等級之分，而且極少數的天使還要墮落成魔鬼，後來乾脆把撒旦當成了對於魔鬼的通稱。到了伊斯蘭教的《古蘭經》中，天使的出現變得更加頻繁，而且有了明確分工：四大天使中的吉卜利里負責傳達阿拉的啟示；米卡伊來負責觀察宇宙和掌管人事；阿茲拉伊來專司死亡；伊斯拉非來負責吹末日審判的號角。四大天使之外還有管理墓葬事宜的天使蒙卡爾和納基爾，以及分別執掌記錄善行和惡跡的天使、支撐阿拉寶座的天使、專管火獄的天使。《聖經》故事中的魔鬼撒旦，在《古蘭經》中也演變成為易卜劣斯。

《古蘭經》對於天上的精靈和被放逐到地上的人類進行了更加形象也更加細緻的介紹。在以「至仁主」命名的第五五章中，有這樣的經文：「他曾用陶器般的乾土創造人，他用火焰創造精靈。」

在前面已經談到過的以「黃牛」命名的第二章和以「高處」命名的第七章中，對於用火焰創造的天神和魔鬼，以及用泥土創造的人類，另有更加完整也更具概括性的介紹，此處從略。

《古蘭經》中的天神之所以與真主阿拉發生爭論，是因為他們認為自己是用火焰造成的，比用泥土造成的阿丹要尊貴和高明。天神中敢於違背阿拉命令的易卜劣斯，就是引誘阿丹、好娃

偷食禁果的「惡魔」，相當於《聖經·舊約》中的那條狡猾陰險的蛇。按照美國學者蘇拉米·莫萊的解釋，在《聖經》中經過改寫的創世神話，也同樣成為《古蘭經》再次改寫的對象。天使在《聖經》和《古蘭經》中的出現，也許是諸神創造的民族神話在宗教改寫過程中遺留下來的某種痕跡。同時還可以說，這種一脈相承的現象，除了受到諸多民族神話的影響以外，還受到其他民族宗教，乃至其他世界宗教的影響。早在西元前6世紀，在古代波斯就出現了瑣羅亞斯德教，奉《波斯古經》為經典，主張善惡二元論，當它從民族宗教逐漸發展為世界宗教以後，曾經傳入中國，被稱作拜火教。它的善神形象就是火焰，並且分別擁有眾多的大小天使。《聖經》中的第一個天使的身旁就有發火焰的劍，而《古蘭經》中的眾天使則是用火光造成的，這一切顯然都不是偶然的。[9]

第四節　阿丹之子的兄弟相殘

　　同樣是「以鑒誡為宗旨」，在以「筵席」命名的《古蘭經》第五章中，對於該隱殺死弟弟亞伯的《聖經》故事，重新進行了改寫和闡釋：

　　　　你當如實地對他們講述阿丹的兩個兒子的故事。當時，他們倆各獻一件供物，這個的供物被接受了，那個的供物未被接受。那個說：「我必殺你。」這個說：「真主只接受敬畏者的供物。如果你伸手來殺我，我絕不伸手去

9　[美]蘇拉米·莫萊著，方晉譯《破譯〈聖經〉》，吉林攝影出版社，1999年，58頁。

殺你；我的確畏懼真主——全世界的主。我必定要你擔負殺我的罪責，和你原有的罪惡，你將成為火獄的居民。這是不義者的報酬。」他的私欲擴掇他殺他的弟弟。故他殺了他之後，變成了虧折的人。真主使一隻烏鴉來掘地，以便指示他怎樣掩埋他弟弟的屍體。他說：「傷哉！我怎不能像這隻烏鴉那樣，把我弟弟的屍體掩埋起來呢？」於是，他變成悔恨的人。

因此，我對以色列的後裔以此為定制：除因復仇或平亂外，凡枉殺一人的，如殺眾人；凡救活一人的，如救活眾人。我的眾使者，確已昭示他們許多跡象。此後，他們中許多人，在地方上確是過分的。敵對真主和使者，而且擾亂地方的人，他們的報酬，只是處以死刑，或釘死在十字架上，或把手腳交互著割去，或驅逐出境。這是他們在今世所受的凌辱；他們在後世，將受重大的刑罰。（5:27-33）

林松教授在《古蘭經韻譯》中為這段經文提供的注解是：「這兩兄弟，一個叫葛畢勒，一個叫哈畢勒，《舊約全書・創世記》第四章說，這兩兄弟一個叫該隱，一個叫亞伯。」[10]

查閱林松參與編寫的《古蘭經故事》，對於阿丹的兩個兒子的兄弟相殘，另有更加詳細的介紹：好娃連生兩胎，都是一男一女的龍鳳胎。哥哥葛畢勒的孿生妹妹，比弟弟哈畢勒的孿生妹妹長得漂亮一些。等到兩對兒女長大成人後，真主阿拉向阿丹默示：讓哥哥葛畢勒娶弟弟哈畢勒的孿生妹妹，讓弟弟哈畢勒娶哥

---

[10] 林松譯《古蘭經韻譯》，中央民族學院出版社，1988年7月，191頁。

哥葛畢勒的孿生妹妹。阿丹把真主阿拉的旨意傳達給兩個兒子，哥哥葛畢勒大為惱怒，拒絕服從。阿丹只好讓兩個兒子一同向阿拉貢獻祭品，誰的祭品被阿拉接受，誰就可以得到自己心愛的妻子。結果是弟弟貢獻給阿拉的一峰駱駝被接受，哥哥葛畢勒貢獻的小麥被拒絕。葛畢勒惱羞成怒，追到牧場上用石塊把弟弟活活砸死。真主阿拉通過烏鴉掘地埋葬另一隻烏鴉的場面，啟示葛畢勒應該埋葬被自己殺害的同胞兄弟。後世的經注家們，把這一段經文認定為穆斯林實行土葬的經典依據。[11]

對於這種在《古蘭經》文本中沒有明確記載的「古蘭經故事」，林松在《古蘭經故事‧前言》中解釋說：「後來的注疏家、研究者，根據民間傳說及有關文獻，包括參考《新舊約全書》中的記載，領會《古蘭經》講述這些故事的用意，對這些故事作了極其豐富、生動的補充，編寫成《古蘭經》有關故事的專集，體裁類似《〈古蘭經〉演義》，廣泛流傳。至於講述所有故事，包括大量先知故事的目的，從宗教信仰的角度看，首先是也主要是，強調造物主阿拉的萬能、權威，宣傳『萬物非主，唯有阿拉』的『認主獨一』的思想，並且表明伊斯蘭教所堅持的『認主獨一』的信念，絕不是創始于穆罕默德先知，也不是首創於穆薩、爾撒所奉命傳播的宗教，而是由來很久很久，從人類始祖阿丹開始，就強調阿拉的至高無上，唯一獨尊……」

第五節　《古蘭經》中的努哈

先知努哈被伊斯蘭教認定為阿拉的預言者，他的名字在《古

---

[11] 楊連愷、林松、李佩倫、白崇人編寫《古蘭經故事》，外國文學出版社，1997年，14-18頁。

蘭經》中一共被提到43次，第七一章的標題就是以「努哈」的名字來命名的，其中的經文是這樣的：

> 我確已派遣努哈去教化他的宗族，我說：「在痛苦的刑罰降臨你的宗族之前，你當警告他們。」他說：「我的宗族啊！我確是你們的坦率的警告者，你們應當崇拜真主，應當敬畏他，應當服從我，他就赦宥你們的罪過，並且讓你們延遲到一個定期。真主的定期一旦來臨的時候，是絕不延遲的，假若你們知道。」……努哈說：「我的主啊！他們確已違抗我，他們順從那因財產和子嗣而更加虧折的人們，那等人曾定了一個重大的計謀，他們說：『你們絕不要放棄你們的眾神明，你們絕不要放棄旺德、素低爾、葉巫斯、葉歐格、奈斯爾。』他們確已使許多人迷誤，求你使不義的人們更加迷誤。」他們因為自己的罪惡而被淹死，遂墮入火獄，故他們沒有獲得援助的人們來抵禦真主。（71:1-25）

這一章是在麥加降示的早期經文，只有努哈傳道的場面，而沒有其他故事情節。到了同樣在麥加降示的第十一章中，另有關於努哈的更加詳細的介紹：

> 我確已派遣努哈去教化他的宗族說：「我對你們確是一個坦率的警告者。除真主外，你們不要崇拜任何物。我的確怕你們遭受痛苦日的懲罰。」但他的宗族中不通道的貴族說：「我們認為你只是像我們一樣的一個凡人，我們認為只有我們中那些最卑賤的人們才輕率地順從你，

我們認為你們不比我們優越。我們甚至相信你們是說謊的。」……努哈奉到啟示說：「你的宗族中除已歸信者外，絕不會再有人歸信你，故你不要為他們的行為而悲傷。你應當在我的監視下，依我的啟示而造船。你不要為不義的人們而祈禱我，他們必定要被淹死。」他正在造船。他的宗族中的貴族們每逢從他面前走過，都嘲笑他，他說：「如果你們嘲笑我們，我們也必定要像你們嘲笑我們一樣嘲笑你們。你們將來就知道誰要受凌辱的懲罰，誰要遭永久的懲治。」等到我的命令來臨而洪水從地面湧出的時候，我說：「你把每種動物各拿一對放在船裡，並使你的家屬——除已被判決者外——和通道的人們一起上船去。」只有少數人同他一起通道。他說：「你們上船去吧！這隻船的航行和停泊都是奉真主之名的。我的主確是至赦的，確是至慈的。」

那隻船載著他們航行於山嶽般的波濤之間。努哈喊叫他兒子——那時他遠在船外——說：「我的孩子啊！你來和我們一道乘船吧！你不要同不通道的人們在一起。」他兒子說：「我要到一座山上去躲避洪水。」他說：「今天，除真主所憐憫的人外，絕沒有任何人能保護別人不受真主的懲罰。」波濤隔開了他們倆，他就被淹死了。有人說：「地啊！汲乾你上面的水吧！雲啊！散開吧！」於是洪水退去了，事情就被判決了。船停舶在朱迭山上。有人說：「不義的人們已遭毀滅了。」努哈祈禱他的主說：「我的主啊！我的兒子是我的親人，你的諾言是真實的，你是最公正的判決者。」主說：「努哈啊！他的確不是你的家屬，他是作惡的，你不要向我祈求你所不知道的事

情。我勸你不要自居於愚人之列。」他說：「我的主啊！我求庇於你，以免我向你祈求我所不知道的事情，如果你不饒恕我，不憐憫我，我就變成為虧折的人了。」有人說：「努哈啊！你下船吧！從我發出的平安和幸福，將要降臨你和與你同船的人的部分後裔。他們的另一部分後裔，我將使他們享受，然後，他們將遭受從我發出的痛苦的懲罰。」這是部分幽玄的消息，我把它啟示你。以前，你和你的宗族都不知道它，故你應當堅忍。善果歸於敬畏的人們。（11:25-49）

　　《古蘭經》中的先知努哈，在《聖經》故事中對應的是挪亞。有所不同的是，《聖經》中記載的是「挪亞的妻子、兒子和三個兒媳，都進入方舟」；而在《古蘭經》中，奉命建造船的努哈，屢次遭到妻子、兒子的嘲笑，他的兒子最終因為背叛真主阿拉而在洪水中遭受滅頂之災。

　　對於《聖經‧舊約》中記載的巴別城和巴別塔，《古蘭經》中沒有明確涉及，只是在介紹以色列先知穆薩也就是《聖經》故事中的摩西時，談到了古埃及法老的通天高樓：「法老說：『哈曼啊！你為我建造一座高樓，或許我能找到若干線索——天上的線索，因而能窺見穆薩的神靈；我確信他是一個說謊者。』法老的惡行，這樣迷惑了自己，妨礙了他走上正道。法老的計策，只歸於毀滅。」（40:36、37）按照《古蘭經》的說法，懷疑先知穆薩連同他所信仰的真主阿拉的埃及法老，不僅在帶兵追殺出埃及的以色列人時被海水淹沒，而且還要在復活日被宣判為罪魁禍首，引導自己的臣民進入火獄永受磨難和懲罰。

第三章
以色列人的三大聖祖

　　以色列人的祖先是原本居住在阿拉伯半島的閃特民族，他們沿著幼發拉底河北遷到迦南即巴勒斯坦地區之後，才被稱為希伯來人；他們使用的語言也被稱為希伯來語。自從雅各自稱「以色列」之後，他的後代子孫又逐漸發展演變成為以色列民族。在《聖經·舊約》中，耶和華上帝有一句經常重複的口頭禪：「你們祖宗的上帝，就是亞伯拉罕的上帝、以撒的上帝、雅各的上帝。」基督教經學家由此把亞伯拉罕、以撒、雅各並稱為以色列人的三大聖祖。

第一節　《聖經》故事中的亞伯拉罕

　　亞伯拉罕是以色列人的第一位聖祖。據《舊約·創世記》第十六、十七章記載，亞伯拉罕原名亞伯蘭，是挪亞的長子閃的後代，出生於幼發拉底河西岸迦勒底的吾珥，據說是位於今天的伊拉克南部烏爾站附近。西元前2000年左右，亞伯蘭帶著妻子撒萊，跟隨父親他拉離開家鄉，沿幼發拉底河向北遷移，走到敘利亞與土耳其交界的哈蘭地區定居下來。哈蘭是月神教徒聚居的地方，「他拉」的意思就是月亮，由此可見亞伯蘭和他的父親本來是信奉月神的。

　　亞伯蘭75歲的時候，耶和華出現在他的生活當中：「耶和華

對亞伯蘭說：『你要離開本地、本族、父家，往我所要指示你的地方去！我必叫你成為大國，我必賜福給你，叫你的名為大；你也要叫別人得福，為你祝福的，我必賜福於他，那詛咒你的，我必詛咒他。地上的萬族都要因你得福。』亞伯蘭就照著耶和華的吩咐去了。」

耶和華應許給亞伯蘭的地方，是哈蘭西南的迦南地區，也就是今天的巴基斯坦。由於妻子撒萊一直沒有生育，亞伯蘭只好任命侄子羅得擔任遷徙隊伍的副領隊。這支隊伍緊挨著阿拉伯沙漠的邊緣往西行進，在埃及、迦南和約旦交界處的摩利停留下來。在隨之而來的大饑荒中，亞伯蘭不得不暫居埃及。將近埃及的時候，亞伯蘭對妻子撒萊說：「我知道你是容貌俊美的婦人，埃及人看見你必說這是他的妻子？他們就要殺我，卻叫你存活。求你說你是我的妹子，使我因你得平安，我的命也因你存活。」

到達埃及後，當地人果然要把撒萊帶進法老的宮殿裡，亞伯蘭把比自己年輕9歲的妻子當作禮物送給法老，不僅保全了性命，還得到大量賞賜。耶和華在危難時刻降大災給法老全家，迫使法老把撒萊交還給亞伯蘭，並且禮送亞伯蘭出境。

隨著人口和羊群的增多，亞伯蘭和羅得分別率領的牧羊人發生爭鬥。經過協商，羅得選擇留在南邊的約旦河谷，亞伯蘭往北遷移，並在迦南的希伯倫舊城附近為耶和華建立了一個新祭壇。經過多年的遷移奔波和武力角逐，亞伯拉罕率領的部族在迦南地區定居下來。當地迦南人認為亞伯拉罕的部族是從幼發拉底河地區遷移過來的，便稱他們是希伯萊人，意思是「來自河那邊的人」。

亞伯蘭和羅得的部族，其實一直是在以攔、所多瑪、蛾摩拉、撒冷、基拉耳等幾個部族城邦的夾縫中游牧遷移的。在亞伯

蘭99歲的時候，耶和華上帝對他現身說法：「我是萬能的神！在我跟前行走，要正直不阿。我必與你立約，讓你和你的後裔繁衍昌盛。」

亞伯蘭聞聽後匍伏在地。耶和華上帝對他說：「我與你立約，你的名字現在是亞伯拉罕，我已立你為多國之父。……我將與你及你的後裔世世代代永久立約，做你和你的子孫的神。我必將迦南全地賜給你和你的後裔作為居住地，永世為業。我將是他們的神。」「你的妻子撒萊，不可再叫撒萊，她的名字要叫撒拉。我必賜福給她，也要使你從她得一個兒子。我要賜福給她，她也要做多國之母，必有百姓的群王從她而出。」

第二天，亞伯拉罕按照耶和華的指示來到遠離住處的高地上貢獻祭品，耶和華再一次現身與他正式立約：「上帝又對亞伯拉罕說：『……你們所有的男子都要受割禮，……這是我與你們立約的證據。你們世世代代的男子，無論是家裡生的，是在你後裔之外用銀子從外人買來的，生下來第八日，都要受割禮。……這樣，我的約就立在你們肉體上作永遠的約。但不受割禮的男子必須從民中剪除，因他背了我的約。』」[12]

---

[12] 要不要行割禮，是宗教歷史上的一大公案。據《聖經・舊約・耶利米書》第九章記載，在亞伯拉罕以前，周邊地區的以東人、亞捫人、摩押人等許多民族，已經有了行割禮的習俗，原始部族是把行割禮當作一種成人儀式舉行的，表示行割禮的男子到了可以結婚的年齡。以色列人把這種割禮儀式神聖化為與上帝締約的宗教儀式。男孩子出生後第八天，用石刀將其包皮割下，作為上帝選民的證據，並承擔遵守律法的義務。到了西元一世紀中葉，原始基督教社團還只是猶太教的一個支派，其成員主要是行過割禮的猶太人。隨著一些未行割禮的外邦人加入社團，在割禮問題上發生了矛盾。西元48年，彼得、保羅等人以宗教領袖的名義在耶路撒冷召開基督教歷史上的第一次會議，以保羅、馬拿巴為代表的外邦人基督徒，極力反對外邦人入教必須補行割禮的意見，經過激烈爭論，彼得、小雅各接受保羅和馬拿巴的提議，正式做出決定：允許外邦人入教不必補行割禮。原始基督教從此走出民族宗教的藩籬，發展成為相容並包的世界性宗教。直到西元7世紀才開始興起的伊斯蘭教，在割禮問題上選擇的是相對狹隘的民族宗教的態度，從而使割禮迄今為止依然是基督教與猶太教和伊斯蘭教之間的一個重要區別。在非

　　與耶和華上帝正式立約的亞伯拉罕家族，當時寄居在基拉耳，亞伯拉罕90歲的妻子撒拉，再一次面臨被帶入宮中的命運：「亞伯拉罕稱他的妻子撒拉為妹子，基拉耳王亞比米勒差人把撒拉娶了去。但夜間，神來到夢中，對亞比米勒說：『你是個死人哪！因為你娶了那女人來，她原來是別人的妻子。』」

　　面對亞比米勒的質問，亞伯拉罕解釋說：「我以為這地方的人總不懼怕神，必為我妻子的緣故殺我。況且她也實在是我的妹子，她與我是同父異母，後來做了我的妻子。當神叫我離開父家飄流在外的時候，我對她說我們無論走到什麼地方，她都要對人說我是她哥哥，這就是她對我的恩典了。」

　　作為補償，亞比米勒付給撒拉一千兩銀子，還允許亞伯拉罕在基拉耳王國的領地上隨意居住。即使這樣，耶和華上帝還是要因為撒拉的緣故而實施絕罰，「使亞比米勒家中的婦人不能生育」。亞伯拉罕只好出面乞求上帝，醫治亞比米勒的妻子和女僕的不育症。

　　美國學者蘇拉米・莫萊在《破譯〈聖經〉》一書中認為：「其實割禮作為遠古時代產生的一種氏族儀式，本來在美索不達米亞平原上從沒有出現過，而只在美洲、澳洲、非洲的一些土著部落之中流行，且對於割禮的含義各有各的解釋。同時，古埃及的祭司也對自己進行割禮，以色列人可能在埃及飄蕩的時期，開始對割禮有所瞭解，於是在宗教的狂熱之中吸取了這一古老而野蠻的儀式，以作為神與人立約的記號。……可以說，亞比米勒是一個正直的國王，他的國是一個道義之國，他自己是具有較高文明水準的一國之君；而亞伯拉罕與耶和華，顯然是來自文明發展

洲大陸的一些原始部落裡，至今還保留著為未婚少女實施割禮的既古老落後又野蠻殘忍的風俗習慣。

還不夠高的民族之人與民族之神，只要看一看他們是怎樣對待撒
拉這個妻子的，就昭然若揭了。」[13]

除了給剛剛出生的孩子實施割禮和反復出賣既是妹妹又是妻
子的撒拉，亞伯拉罕還有更加極端的行為，就是拿自己的兒子充
當貢獻上帝的犧牲品。用蘇拉米‧莫萊的話說：「以活人來進行
燔祭，即使是在《舊約‧民數記》之中，也被斥責為迦南全地的
人們所犯下的最醜惡的一種罪行。可是，在《舊約‧創世紀》裡
面，神卻通過模擬這一罪行的舉動來考驗亞伯拉罕，而神所設下
的這個考驗，實際上便成為一次以人的生命為賭注來證明神的絕
對權威的賭局。幸虧整個賭局只是一次遊戲性質的模擬試驗，結
果是人與神的皆大歡喜。」

第二節　《聖經》故事中的身分歧視

以實瑪利是亞伯拉罕與女僕夏甲生育的兒子，以撒是亞伯拉
罕與妻子撒拉生育的兒子，比哥哥以實瑪利小14歲的以撒，被耶
和華上帝認定為亞伯拉罕的「獨生子」，並且被後世的以色列人
追認為繼亞伯拉罕之後的第二位聖祖。原始部族中等級森嚴的身
分歧視，由此可見出一斑。

根據《舊約‧創世記》第十六章的記載，夏甲是亞伯拉罕家
的埃及女奴，把夏甲交給亞伯拉罕做妾，本來是撒拉的主意，她
說：「耶和華使我不能生育，求你和我的使女同房，或者我可以
因她得到孩子。」

夏甲比撒拉年輕漂亮，懷孕後便不再尊重撒拉。撒拉對亞伯

---

[13] [美]蘇拉米‧莫萊著，方晉譯《破譯〈聖經〉》，吉林攝影出版社，1999年，
207頁。

拉罕說：「我因你受屈，我將我的使女放在你的懷裡，她見自己有了孕就小看我，願耶和華在你我中間做出判斷！」亞伯拉罕回答說：「使女在你手下，你可以隨便對待她。」

於是，撒拉開始虐待夏甲，迫使她懷著身孕逃到西奈半島北端的書珥曠野，後經耶和華勸告才返回亞伯拉罕家中繼續服侍撒拉，並在亞伯拉罕86歲那一年，為他生下第一個兒子以實瑪利。

亞伯拉罕100歲時，91歲的撒拉在靠近地中海的非利士人領地別是巴生下了以撒。在古希伯萊語中，以撒是「願上帝笑」的意思，從中可以看出亞伯拉罕和撒拉老年得子的喜悅之情。有了親生兒子之後，撒拉更加嫉恨夏甲和以實瑪利母子，說是「那使女的兒子怎麼能和我的以撒共同繼承產業！」

按照人類歷史上最為古老的成文法律漢摩拉比法典的規定，妾必須在沒有子嗣的妻子的膝上生產，才能夠使自己生育的兒子取得合法繼承人的資格。正是因為有如此不人道的歧視性法規代代相傳，一向容忍妻子的亞伯拉罕只好讓夏甲帶著以實瑪利離家出走。母子二人在埃及與巴勒斯坦交界處的別是巴曠野迷了路，夏甲只好把以實瑪利撇在樹叢中，自己坐到一箭遠的地方與兒子相對而哭。耶和華聽到哭聲，派遣天使安慰夏甲說：「不要害怕，上帝已經聽見童子的聲音了，……我必使他的後裔成為大國。」接下來，夏甲在天使指引下找到一口水井，母子二人在曠野裡住下來。以實瑪利長大後成為一個弓箭手，並與一位埃及女子結為夫妻，先後生育12個兒子，成為巴蘭曠野的一個大族。亞伯拉罕去世時，以實瑪利返回迦南和弟弟以撒共同埋葬了他們的父親。

夏甲帶著以實瑪利離開後，以撒逐漸成長為活潑漂亮的男子漢，亞伯拉罕非常喜愛，經常對他說：「兒子，我死了以後，會

給你家產，但是神會給你領地。」有一天，耶和華再次現身，向亞伯拉罕提出新的考驗：「你帶著你的兒子，就是你的獨生子，你所愛的以撒，在我所要指示你的山上，把他獻為燔祭。」

按照耶和華的要求，亞伯拉罕帶著兒子來到摩利亞山上，把兒子按倒在焚燒祭品的石頭祭壇上。正當他舉起砍刀殺死兒子時，耶和華的使者及時出現：「你不可在這童子身上下手，一點不可害他，現在我知道你是敬畏神的了，因為你沒有將你的兒子，就是你的獨生子，留下不給我。」

亞伯拉罕放開以撒時，恰好有一隻黑色公羊的犄角扣在灌木叢中，他趕過去捉住這頭公羊，代替兒子充當了犧牲品。亞伯拉罕的虔誠感動了耶和華，他向亞伯拉罕鄭重承諾：「論福，我必賜大福給你，論子孫，我必叫你的子孫多起來，如同天上的星星和海邊的沙子，你的子孫必然得到仇敵的城門，地上的萬國必因你的後裔而得福，因為你聽從了我的話！」

亞伯拉罕並沒有忘記自己遠方的另一個兒子以實瑪利，他又為以實瑪利向耶和華請求恩賜，得到的答覆是：「至於以實瑪利，我也應允你，我必賜福給他，使他繁榮昌盛，他必生十二個族長，我也要使他成為大國。」

按照《舊約‧創世記》第二五章的說法，以實瑪利的12個兒子後來發展成為12個支派，應驗了上帝的諾言，被稱為以實瑪利人。以實瑪利人強悍英勇，和以東人、米甸人一樣，是與以色列人世代仇殺的宿敵。按照《古蘭經》的說法，以實瑪利人後來發展為遍布阿拉伯半島的阿拉伯人。阿拉伯人的偉大先知穆罕默德，就是以實瑪利即易司馬儀的後代。

亞伯拉罕是175歲時去世的，他的孫子雅各後來成為以色列人的12個部族的共同祖先。

第三節　羅得的妻子變成鹽柱

　　羅得的妻子變成鹽柱的故事，出自《聖經‧舊約‧創世紀》的第十八章。

　　自從跟隨亞伯拉罕來到迦南之後，羅得的部族由於領地和財產方面的糾紛而與亞伯拉罕分道揚鑣，往南遷移到所多瑪城邦部族的領地內居住。在多瑪城邦附近，還有一個蛾摩拉城邦。這兩座城邦的居民，大都是不敬仰耶和華上帝的異教徒。耶和華要懲罰這兩座城市裡的居民，便和兩名天使一起到所多瑪查看，途中先繞道來到亞伯拉罕的住處。

　　這一天的傍晚，亞伯拉罕坐在帳篷前休息時，迎面走來三位風塵僕僕的陌生人，亞伯拉罕熱情接待了這三位客人。客人中最為高大的一位告訴亞伯拉罕說，他將要從妻子撒拉身上得到一個兒子，然後便起程去羅得一家所在的所多瑪城邦。

　　亞伯拉罕意識到自己接待的是耶和華上帝和兩名天使時，耶和華現出真身告訴他：「所多瑪和蛾摩拉的罪惡深重，聲聞於我，我現在要下去，察看他們多行的，果然盡像那達到我耳中的聲音一樣麼？若是不然。我也必知道。」

　　亞伯拉罕擔心侄子羅得的安危，走上前問道：「無論善惡，你都要剿滅麼？假若那城裡有五十個義人，你還要剿滅那地方麼？不為城裡這五十個義人，饒恕其中的人麼？萬能的主是不會把義人與惡人同殺，把義人與惡人一樣看待的。」

　　面對亞伯拉罕的置疑，耶和華不得不答應為了義人的緣故而饒恕惡人。亞伯拉罕以「我雖然是灰塵，還敢對主說話」的謙卑態度繼續說：「請主不要動怒，我再說這一次，假若在那城裡只

有十個義人呢？」

在亞伯拉罕的一再追問下，耶和華最後的回答是：「為這十個義人的緣故，我也不毀滅那城。」

然而，被耶和華派往所多瑪的兩位使者在受到羅得款待的同時，卻遭到所多瑪人的圍攻。天使指示羅得說：「帶著你的妻子，和你在這裡的兩個女兒出去，免得你因這城裡的罪惡同被剿滅。」

羅得按照天使的指示，急忙叫醒妻子和女兒，在清晨之前趕到瑣珥村。「當時耶和華將硫磺與火，從天上降到所多瑪和蛾摩拉，把那些城區和平原，連同城裡所有的居民，連地上生長的，全部毀滅了。羅得的妻子在後邊回頭一看，就變成了一根鹽柱。亞伯拉罕清晨起來，到了他從前站在耶和華面前的地方，向所多瑪和蛾摩拉方向觀看，那地方煙霧升騰，如同燒窯一般。」

在希伯來語中，瑣珥是小的意思，這小小的村落依然不夠安全，羅得和兩個女兒只好繼續往山上跑，隨之而來的第二波大爆炸把瑣珥村也摧毀了。羅得和兩個女兒住進山洞，再一次演繹了亞當與夏娃繁殖造人的故事：

> 他和兩個女兒住在一個洞裡，大女兒對小女兒說：「我們的父親老了，地上又沒有人按照世上的常規來到我們這裡了，我們可以讓父親喝醉酒後與他同寢，這樣，我們就能夠從他那裡留下後裔。」於是那天夜裡她們叫父親喝酒，大女兒進去和父親同寢。第二天她們又叫父親喝酒，小女兒起來與父親同寢。這樣，羅得的兩個女兒，都從父親那裡懷了孕。大女兒生了兒子，給他起名叫摩押，是摩押人的始祖。小女兒生了兒子，給他起名叫便亞米，

是亞米人的始祖。

在《破譯〈聖經〉》一書中，美國學者蘇拉米·莫萊用外星人太空船大爆炸的假想，來解釋發生在所多瑪地區的大爆炸：有關專家認為所多瑪地區的地理位置，就在如今的死海附近，可是在死海附近，至今還沒有發現過任何巨大隕石坑的遺跡。所以，所多瑪的漫天烈火大爆炸，很可能並不是因隕石撞擊地球而引起的！現在，可以仿照通古斯大爆炸的故事還原方式，再來進行關於所多瑪烈火漫天的當下述說：一艘巨大的閃射著淡黃光輝的太空船，拖著長長的火舌從太空直撲地面，並在大氣層中發生劇烈的爆炸。第一波大爆炸立即毀滅了以所多瑪城為中心的周邊區域，因太空船的殘片而引起的第二波爆炸又波及到瑣珥，從而形成高熱能量和高溫熱浪的連續襲擊，不僅出現了耶和華所看到的瞬間爆炸中的慘烈景象，而且也出現了亞伯拉罕所看到的連續爆炸以後的恐怖景象，所多瑪平原的所有生命毀於一旦。[14]

第四節　《聖經》故事中的以色列

在《聖經》文本中，關於以色列人的第二位聖祖以撒的記載並不完整，以撒只是從亞伯拉罕到雅各之間的過渡性人物，或者說是耶和華上帝的祝福鏈條當中並不重要的一個環節。

在亞伯拉罕家族又一次的遷徙過程中，年邁的撒拉因體力不支死在了路上。亞伯拉罕用400錫克爾買下一個叫麥比拉的山洞，把撒拉安葬在洞穴之中。

---

[14]　《破譯〈聖經〉》，213-221頁。

　　連年的遷徙耽誤了「獨生子」以撒的婚事，為了純潔家族的血統連同信仰耶和華上帝的道統，亞伯拉罕專門委派一位可靠的老僕人返回故鄉，去哈蘭尋訪自己家族的後裔，打算在家族內部為以撒物色一位合格的妻子。這位僕人在哈蘭巧遇亞伯拉罕的弟弟拿鶴的孫女利百加，便不失時機地向拿鶴的家人展示自己從希伯倫帶來的地毯、銀耳環和鍍金酒盅，請求利百加嫁給遠在異鄉的堂叔以撒。利百加的家人接受了這樁婚事，利百加跟隨這位僕人來到迦南，與已經40歲的以撒完婚。以撒與利百加結婚後生下一對雙胞胎，先出生的兒子皮膚起皺發紅並且渾身長毛，取名以掃；後出生的兒子是用手抓住哥哥的腳後跟出來的，取名雅各。雅各是「抓住」的意思，以掃是「有毛」的意思。

　　以掃長大後成為身強力壯的獵人，經常獵取野味孝敬父親，深得以撒的喜愛，雅各卻在母親的寵愛下成長為工於心計的美男子。有一天，打獵歸來的以掃饑渴難耐，看到雅各正在家中熬紅豆湯，就向雅各要紅豆湯解渴。雅各趁機敲詐說：「我可以把紅豆湯給你，但你必須用你長子的名分給我作代價。」以掃說：「我快要渴死了，這長子的名分對我還有什麼用呢。」雅各說：「你起誓吧。」以掃起了誓，用長子繼承權交換了弟弟的紅豆湯。這就是記錄在《舊約・創世記》第二五章的紅豆湯典故。

　　以撒後來因為患病和年邁瞎了雙眼，他覺得自己將不久於人世，便把以掃叫到跟前說：「我老了，說不定哪一天就會死去。趁我還活著，你去打點野味來給我吃，我吃完後就給你祝福。」

　　以掃答應一聲便出去打獵了，利百加急忙把雅各叫來，吩咐他假扮以掃來騙取父親的祝福。雅各立即宰殺兩隻羊羔，由利百加親手做成以撒愛吃的美味。雅各在利百加的幫助下穿上以掃的衣服，又用羊羔皮把自己的光滑皮膚包裹起來，然後端著香噴噴

的羊肉去見以撒。以撒雖然對雅各的聲音表示懷疑，最後還是把他當作以掃祝福說：「願眾民侍奉你，萬國叩拜你！願你作你弟兄的主人⋯⋯，凡咒詛你的，願他受咒詛；為你祝福的，願他蒙福！」

等到以掃打獵歸來，事情已經不可挽回。以掃哭著對以撒說：「父親，求你也為我祝福吧！」以撒說：「晚了，你兄弟已經把你的福分奪去了。」以掃說：「以前雅各騙走了我長子的名分，現在又奪走我的福分，難道你沒有留下為我可祝的福麼？」以撒回答說：「你所居之地必缺少天上的甘露，又缺少肥沃的土地。你必須依靠刀劍度日，又必侍奉你的兄弟，到你強盛的時候，必從你頸上掙開他的軛。」

為這件事以掃與弟弟雅各結下了怨仇，雅各在陰謀敗露後按照母親的建議逃到哈蘭，到舅舅拉班家尋求庇護。在從別是巴到哈蘭的旅途中，雅各做了一個美夢。

這一天，旅途中的雅各在荒漠中露宿。他枕在一塊石頭上進入夢鄉，夢見身邊有一架梯子拔地而起，梯子的上端頂著天穹，天使們在梯子上來來往往，耶和華上帝站在梯子的頂端對他說：「我是你祖亞伯拉罕的上帝，也是以撒的上帝。我要將你現在所躺之地賜給你和你的後裔。你的後裔必像地上的塵沙那樣多，必向東西南北發展。地上萬族必因你和你的後裔得福。我也與你同在，你無論往哪裡去，我必保佑你，領你歸回這裡，總不離棄你，直到我成全了向你所應許的。」

第二天清晨，雅各把自己枕過的石塊立起來充當柱子，澆油在上面，並把這個地方命名為「伯特利」，意思是「上帝的殿」，其位置在現在的巴勒斯坦中南部。雅各向上帝許願說：「上帝若與我同在，使我平平安安地回到我父親的家，我必以耶

和華為我的上帝，我所立為柱子的石頭，也必作上帝的殿。凡你所賜給我的，我必將十分之一獻給你。」[15]

雅各離開伯特蘭後一路往北，抵達哈蘭後住進舅舅拉班的家裡，幫助拉班一家種田放牧。拉班對雅各說：「我們雖然是親戚，可也不能讓你白給我幹活，你要多少工錢儘管說。」雅各喜歡年輕美貌的表妹拉結，便對拉班說：「舅舅，我給你幹七年活，你把拉結嫁給我吧。」

拉班接受了雅各的請求。七年到期，拉班設宴給雅各完婚，晚上被蒙上蓋頭送進洞房的卻是大女兒利亞。到了第二天早晨，雅各發現自己娶到手的不是自己心愛的拉結，就去找拉班講理。拉班回答說：「我們這個地方有個規矩，大女兒不出嫁，就不能把小女兒給人。這樣吧，你先娶利亞，滿七年後我再把拉結給你，你再給我幹七年活，怎麼樣？」

雅各為了得到拉結，又在舅舅家裡當了七年長工。

在那樣一個蠻荒原始的年代裡，生兒育女是女人最大的驕傲。利亞得不到雅各的喜愛，就求告耶和華讓她多生孩子。於是，她一連生下四個兒子，大兒子叫流便，意思是「我生了一個兒子，現在我丈夫會愛我了」；二兒子叫西緬，意思是「耶和華俯聽了我的請求」；三兒子叫利未，意思是「我給丈夫生了三個兒子，他必與我聯合了」；四兒子叫猶大，意思是「我要讚美耶和華」。

---

[15] 「雅各的梯子」的典故，記載於《聖經·舊約·創世記》第二八章，按照基督教經學家的解釋，這個故事在《聖經》中非常重要。第一，上帝向雅各顯現並重申對於亞伯拉罕的祝福。第二，雅各夢見天使在梯子上走動，是表示上帝委派他們照顧人間萬物。第三，雅各立石柱並倒油在上面，是《聖經》上記載的第一次敷油禮。第四，雅各許願奉獻所得十分之一，成為後世「什一稅」的根據。第五，被稱為「上帝的殿」的伯特利，後來成為猶太人心目中僅次於耶路撒冷的第二個宗教中心。

　　拉結見姐姐一連生下四個兒子，自己卻一直沒有生育，就把陪嫁的女奴辟拉交給雅各作妾，讓辟拉替自己生育孩子。辟拉生下第一個兒子後，拉結給孩子起名叫但，意思是「耶和華伸了我的冤。」辟拉生下第二個兒子，拉結給孩子起名叫拿弗他利，意思是「我與姐姐相爭，我勝利了。」

　　利亞見辟拉替拉結生孩子，也把自己的陪嫁女奴悉帕交給雅各作妾。悉帕生下的第一個兒子叫迦得，意思是「真幸運！」悉帕生下的第二個兒子叫亞設，意思是「我真有福啊！」利亞自己後來又生育了兩個兒子，一個叫薩迦，意思是「這是我把使女給了丈夫的代價」，一個叫西布倫，意思是「耶和華給我厚賞，我生了六個兒子，我丈夫必與我同住了」。

　　拉結苦苦哀求耶和華，耶和華也讓她生下兩個兒子。第一個兒子是約瑟，意思是「願耶和華再給我增添一個兒子！」另一個兒子是在返回迦南的路途中生育的，拉結不幸死於難產，臨死前給孩子起名叫便俄尼，意思是「苦命的孩子」。雅各覺得這個名字不吉利，又給孩子改名為便雅憫，意思是「幸運兒」。

　　在穿越沙漠回歸家鄉的路途上，雅各在雅博渡口遇到一個人要和他摔跤，兩個人從夜晚一直摔到黎明，仍然不分勝負，對方便在雅各的大腿窩撩了一把，雅各的大腿扭了筋，依然不肯鬆手。對方就對雅各說：「你的名不要再叫雅各，要叫以色列，因為你與神與人較力，都得了勝。」在古希伯萊語中，以色列的意思就是「與神較力取勝者」。雅各認為與自己摔跤的是一位天使，就把這個地方命名為毗努伊勒，意思是「我面對面地見到了上帝，仍然保全了性命」。

　　雅各從此跛了腿，卻贏得了以色列的美名。他的子孫從此不再以希伯萊人自居，而是改稱為以色列人。根據這個典故，以色

列人宰殺牲畜時從不食用大腿窩的筋。當最早的一批猶太人來到中國開封定居時，當地居民稱猶太教為「挑筋教」，並且把猶太人聚居的胡同叫做「挑筋胡同」。

雅各是席捲了舅舅拉結家幾乎全部的羊群連夜逃離哈蘭的，返回故鄉迦南成了他唯一的選擇。為了與哥哥和解，雅各主動提出要把自己所有的財產送給以掃。他把自己的羊群分成三份，準備作為禮物每天送以掃一份。以掃雖然外表粗俗，卻有一副好心腸。他不僅沒有收取雅各的禮物，還告訴雅各父親以撒依然活著，見到雅各帶回這麼多孫子一定會很高興的。

以撒見到雅各後很快便離開人世，死後被安葬在麥比拉山洞。在此之前，他的父親亞伯拉罕、母親撒拉和妻子利百加，先後被安葬在這座山洞裡。

在以後的歲月裡，以掃的後裔發展成為以東人，與雅各的後裔以色列人之間經常爆發大規模衝突，《聖經》故事中常常把以東人和以實瑪利人當作以色列人的仇敵來加以講述。

第四章
《古蘭經》中的易卜拉欣

　　《古蘭經》中的易卜拉欣，在《聖經》中對應的是亞伯拉罕。在伊斯蘭教著作中，易卜拉欣被稱為「阿拉的至交」，與阿丹（亞當）、努哈（挪亞）、穆薩（摩西）、爾撒（耶穌）和穆罕默德並稱為阿拉的六大使者。易卜拉欣和兒子易司馬儀，是麥加天房最初的奠基人。

第一節　《古蘭經》中的呼德

　　在《古蘭經》記載的使者序列中，繼努哈之後出現的阿拉使者叫呼德。這是一個在《聖經》文本中沒有出現過的人物。《古蘭經》第十一章就是以呼德的名字來命名的，這一章的50至60節講述了這位使者的傳奇故事；這也是《古蘭經》中繼努哈的族人被洪水淹沒之後，降落到人世間的又一場天誅地滅式的宗教罰罪：

　　　　我確已派遣阿德人的弟兄呼德去教化他們，他說：
　　　「我的宗族啊！你們應當崇拜真主，除他外，絕無應受你
　　　們崇拜的。你們只是造謠者。我的宗族啊！我不為傳達使
　　　命而向你們索取報酬，我的報酬只由造化我的主宰負擔。
　　　難道你們不理解嗎？我的宗族啊！你們應當向你們的主求
　　　饒，然後歸依他，他就把充足的雨水降給你們，並使你們

更加富強。你們不要背離（正道）而犯罪。」

他們說：「呼德啊！你沒有昭示我們任何明證，我們絕不為你的言論而拋棄我們的神靈，我們並不歸信你。我們只想說，我們的一部分神靈使你發狂。」他說：「我求真主作證，你們也應當作證，我對於你們所用以配真主的（偶像）確是無幹的。你們群起而謀害我吧！而且不要寬恕我。我的確信託真主——我的主和你們的主，沒有一種動物不歸他管轄。我的主確是在正路上的。如果你們違背正道，那麼，我確已把我所奉的使命傳達給你們了，我的主將以別的民眾代替你們，你們一點也不能傷害他。我的主確是監護萬物的。」

當我的命令降臨的時候，我因為從我發出的慈恩拯救了呼德和同他在一起通道的人們，我使他們免遭嚴厲的懲罰。這些阿德人曾否認他們的主的跡象，並違抗他們族中的使者，而且順從每個頑固的暴虐者的命令。他們在今世和復活日，永遭詛咒。真的，阿德人確已否認他們的主。真的！阿德人——呼德的宗族——願他們遭受毀滅！（11:50-60）

林松在《古蘭經韻譯》中，為這段經文注解說：「相傳呼德是努哈的第七世孫。」在此之前的《古蘭經》第七章65至72節，也曾經談到呼德的故事，林松在注釋中提供過另一種說法：「阿德——努哈的孫子，古代葉門地區之王，其部族稱阿德人，呼德是努哈的八世孫。」[16]

---

[16]　林松譯《古蘭經韻譯》，中央民族學院出版社，1988年7月，396、276頁。

另據《伊斯蘭教小辭典》介紹，呼德又譯屆代，阿德人又譯阿代人，阿德是「《古蘭經》所載古阿拉伯部落名，據載阿拉曾遣屆代為使者，到該部落傳佈使命，族人為圖享受，大興土木，拒絕放棄自己列祖所拜的神，不信一神阿拉，後被『七夜八晝』的暴風滅絕。」[17]

第二節　《古蘭經》中的撒立哈

阿德人被真主阿拉毀滅後，取代他們的是另一個古阿拉伯部族賽莫德人。撒立哈是真主阿拉委派到賽莫德人當中的一名使者，《古蘭經》第七章73至79節，較為集中地介紹了撒立哈的故事：

> （我確已派遣）賽莫德人的弟兄撒立哈去教化他們，他說：「我的宗族啊！你們要崇拜真主，除他之外，絕無應受你們崇拜的。從你們的主發出的明證確已降臨你們，這只真主的母駝可以作你們的跡象。故你們讓它在真主的大地上隨便吃草，不要傷害它，否則，痛苦的刑罰必襲擊你們。你們要記憶那時，他在阿德人之後，以你們為代治者，並且使你們居住在地方上，你們在草原上建築大廈，並將山嶽鑿成房屋。你們要銘記真主的種種恩典，不要在地方上作惡。」
>
> 他的宗族中驕傲的貴族們對本族中被欺壓的人們，即通道的人們說：「你們知道撒立哈是他的主派來的使者嗎？」他們說：「我們是確信他的使命的。」那些驕傲的

---

[17]　《伊斯蘭教小辭典》，金宜久主編，上海辭書出版社，2001年，264頁。

人說：「我們絕不信你們所確信的。」他們宰了那隻母
駝，違抗他們主的命令，他們並說：「撒立哈啊！你把你
用來警告我們的刑罰拿來給我們看看吧，如果你是使者的
話！」於是，霹靂襲擊了他們，一旦之間，他們都僵臥在
各人的家裡。於是，他離開他們，並且說：「我的宗族
啊！我確已把我的主的使命傳達給你們了，並忠告你們，
但是你們不喜歡忠告者。」（7:73-79）

　　據傳說，這裡提到的母駝造自磐石，體態碩大，是真主阿拉
用來證明撒立哈的使者身分的信物。它來到賽莫德人中間與人們
分享水源，每隔一天就定時把水源佔有己有，從而在賽莫德人中
引起很大的恐慌。後來由賽莫德人中的一位富孀連同她的女兒出
面以女色誘惑兩名男子，再由這兩名男子糾集一群惡漢殺死了母
駝，隨之而來的就是一場地震加雷劈的天誅地滅的宗教罰罪，除
使者撒立哈和他的追隨者之外，所有賽莫德人都死於非命。

　　《古蘭經》第十五章是以「石穀」來命名的，石穀就是賽莫
德人的居住地，位於薩特阿拉伯的麥迪那與敘利亞之間。這一章
的80至84節再次介紹了「石穀的居民」即賽莫德人遭受天誅地滅
的宗教罰罪的恐怖情景。同樣的情景在第五一章41至45節和第六
九章4至5節中，另有既相互重複又不盡相同的神奇描述。

第三節　易卜拉欣與宰牲節

　　《古蘭經》中的易卜拉欣對應的是《聖經‧舊約》中的亞
伯拉罕。按照《古蘭經》第三七章75至83節的介紹，易卜拉欣是
努哈的後裔。林松在《古蘭經韻譯》中，為這段經文加寫的注解

是：「據傳易布拉欣距努哈相隔2640年，其中這一宗族的先知有呼德和薩里哈（撒立哈）」。[18]

在伊斯蘭教著作中，易卜拉欣被稱為「阿拉的至交」，與阿丹（亞當）、努哈（挪亞）、穆薩（摩西）、爾撒（耶穌）和穆罕默德並稱為阿拉的六大使者。他和兒子易司馬儀，還是麥加的克爾白天房的奠基人。

易卜拉欣的父親阿紮爾在《聖經‧舊約》中對應的是亞伯拉罕的父親他拉。阿紮爾和他的族人大都是偶像崇拜者，易卜拉欣起初和父親一樣崇拜星辰、月亮和太陽，後來才改信阿拉是造化天地的唯一真主，並且勸告父親和族人放棄偶像崇拜。易卜拉欣因為搗毀偶像而被族人投入火中，因為有真主阿拉的保佑才沒有受到傷害，事後被父親趕出家鄉，來到麥加附近繁衍後代，從而成為阿拉伯人的祖先。與《聖經‧舊約》中亞伯拉罕的神奇故事相互印證，今天已經變得勢不兩立的阿拉伯人與以色列人，其實擁有共同的祖先。[19]

《古蘭經》第十四章是用易卜拉欣的名字命名的，其中有這樣一段經文：

> 當時易卜拉欣說：「我的主啊！求你使這個地方變成安全的，求你使我和我的子孫，遠離偶像崇拜。我的主啊！偶像們確已使許多人迷誤。誰順從我，他確是我的同道；誰違抗我，那麼，你是至赦的，是至慈的。我們的主

---

[18] 林松譯《古蘭經韻譯》，813頁。

[19] 《古蘭經》第三章有這麼一句經文：「我確已賞賜易卜拉欣的後裔天經和智慧，我又賞賜他們一個廣大的國土。」林松在《古蘭經韻譯》147頁中對這句經文注解說：「易卜拉欣的宗族有易司瑪儀和易司哈格兩支，前者繁衍發展為阿拉伯人，後者成為以色列人。」

啊！我確已使我的部分後裔住在一個沒有莊稼的山谷裡，住在你的禁房附近——我們的主啊！——以便他們謹守拜功，求你使一部分人的心依戀他們，求你以一部分果實供給他們，以便他們感謝。我們的主啊！你必定知道我們所隱諱的和我們所表白的。天地間沒有什麼事物能瞞過真主。一切讚頌，全歸真主！他在我老邁的時候，賞賜我易司馬儀和易司哈格。我的主確是聽取祈禱的。我的主啊！求你使我和一部分後裔謹守拜功。我們的主啊！求你接受我的祈禱。我們的主啊！求你在清算實現之日饒恕我和我的雙親和信士們。」

埃及學者阿卜杜‧哈米德‧薩哈爾在《伊斯蘭宗教故事選》中，較為完整地敘述了「易卜拉欣父子和宰牲節」的故事，說是先知易卜拉欣和妻子薩拉老年無子，薩拉把女僕哈哲爾交給丈夫說：「我們現在年紀大了。我又患有不育症，不能為你傳宗接代了，你就將這個女僕收房了吧！但願真主能賜給你一個兒子，使我們的生活充滿樂趣。」[20]

哈哲爾懷孕了，易卜拉欣卻並不知情。一天晚上，家裡來了三個年輕人，易卜拉欣吩咐家人宰了一頭小牛款待客人。客人們誰也不肯吃，只是說：「我們是天神，特來向你報喜，你要喜添貴子啦！」易卜拉欣笑笑說：「不要嘲弄我了！我都上了年紀，怎能再生兒子？」天神們說：「這是真主之意！」

薩拉在帳篷內聽到這些話，也忍不住笑起來。天神們聽到笑聲便對她說：「你將生下一個兒子，到時候應該取名叫易司哈

---

[20] [埃及]阿卜杜‧哈米德‧薩哈爾著，楊林海、張亮、梁玉珍譯《伊斯蘭宗教故事選》，世界知識出版社，1987年，1-6頁。

各，易司哈各的兒子要取名叫葉爾孤白。」

天神們離開時又告訴易卜拉欣說：「我們準備去你兄弟的兒子魯特的村子去。我們將懲處那裡的異教徒。除留下魯特和一些好人外，剩餘的人將全部毀滅。他們的末日在黎明，黎明不是快到了麼？」

幾個月後，哈哲爾生下一個兒子，易卜拉欣給他取名易司馬儀。這時候薩拉還沒有生育，看到易司馬儀便妒火中燒，並且大聲地對易卜拉欣說：「只要我在這個家裡，哈哲爾和這個孩子就要給我滾得遠遠的，我不能看見他，也不能看見他的女僕母親，我受不了！」

易卜拉欣好言撫慰，薩拉卻像發瘋一樣不能容忍哈哲爾母子。易卜拉欣只好帶著哈哲爾母子來到沙漠，為她們臨時搭起一頂帳篷度日。易卜拉欣捨不得兒子，又不得不回到薩拉身邊。他離開時獨自向真主祈禱說：「主啊，我將兒子安置在附近的一個山谷之中，請您賜予他們食物，他們會感恩戴德的！」

後來薩拉也生育了一個兒子。易卜拉欣想起天神的話，就給他取名為易司哈各。易卜拉欣喜添貴子十分高興，薩拉更是心滿意足，哈哲爾和兒子易司馬儀卻在沙漠中艱苦度日。幾天之後，易卜拉欣留下的水被喝光了，哈哲爾便將孩子放在帳篷裡，獨自一個人去沙漠中找水。太陽照著沙漠，空氣乾燥灼熱。她在薩法山和麥爾臥山之間來回奔走了七次，還是沒有找到水源，只好疲憊不堪地回到自己的帳篷。

哈哲爾走後，易司馬儀又渴又餓，便用手指在地上挖沙子，很快就刨出一個小坑，一股泉水湧了出來。易司馬儀喝飽後又把手腳泡到水裡玩耍。哈哲爾見此情景，趕忙把易司馬儀抱起來，邊吻邊說：「感謝真主！感謝真主！」

　　易司馬儀發現的這股泉水，就是至今還在麥加禁寺內流淌不息的滲滲泉。路過這裡的阿拉伯人看到泉水，紛紛在旁邊支起帳篷定居下來，等易卜拉欣前來看望兒子時，這裡已經變成很大的村莊。易卜拉欣不敢相信自己的眼睛，以為自己迷了路，經過詢問才知道，是真主滿足了他的要求，使哈哲爾母子活了下來。易卜拉欣趕忙跪在地上禮拜真主。

　　易司馬儀很快長成一個英俊少男，他遵從父親的教導不拜偶像，只信奉真主阿拉。一天夜裡，易卜拉欣在夢中聽到一個聲音對他說：「真主命令你將兒子易司馬儀殺掉獻祭。」易卜拉欣從夢中醒來，說道：「真主啊，如果您命令我殺死我的兒子，我遵命。」此後，他又睡了。夢中又聽到一個聲音對他說：「真主命令你將兒子易司馬儀殺掉獻祭。」易卜拉欣又驚醒了，趕忙跪下禮拜，說道：「主啊，如果您命令我殺死我的兒子，我遵命。」此後，他又睡了。夢中再次聽見一個聲音對他說剛才說過的話。易卜拉欣醒了，他自言自語地說道：「現在，我必須遵命了。」

　　易卜拉欣來到易司馬儀的住處，叫易司馬儀跟他走。易司馬儀莫明其妙地跟著父親來到山頂上。易卜拉欣對兒子說：「兒啊，我在夢中得到真主的命令，要我殺死你獻祭，不知你是否願意？」

　　易司馬儀順從地說：「父親，您就奉命行事吧！您將發現我能夠忍受下來，這是真主的旨意。」

　　易卜拉欣不忍心讓兒子看到自己手中的刀，便將他的雙手捆綁起來，推到一塊石頭上，讓他面向前方。易卜拉欣拔出利刃禱告說：「主啊，我就這樣執行您的旨意了。」刀還沒有落到易司馬儀的脖子上，易卜拉欣聽到一個聲音在叫他：「易卜拉欣，現已表明，你是忠實於信仰的……」

　　易卜拉欣趕忙抬頭看去，見一位天神雙手捧著一隻黑頭白綿羊來到他的面前：「殺掉這只綿羊代替易司馬儀供獻祭吧！是真主讓易司馬儀活下來的！」易卜拉欣趕忙解開兒子手上的繩子，殺掉綿羊貢獻給真主阿拉。

　　這件事情過後，真主命令易卜拉欣和易司馬儀在滲滲泉旁邊用石頭建造克爾白，克爾白的原意是「立方體房屋」，房屋建成後真主對易卜拉欣說：「這是我的家，我讓你知道了這個地方，並將家交付給你，請你留意守衛。我命令你：『不要給我任何物品，將我的家為巡行者、寺人和禮拜者清洗乾淨，允許人們來朝觀』……」

　　易卜拉欣遵從真主的命令，允許人們從四面八方到麥加的克爾白天房來朝觀。真主把朝觀的儀式教給易卜拉欣和易司馬儀父子，再由他們教給更多的人。從此以後，易卜拉欣父子便教導人們怎樣朝觀，克爾白逐漸成為全世界穆斯林朝觀禮拜的神聖天房。克爾白石殿四角中的三角，依照方向分別被稱為伊拉克角、敘利亞角、葉門角。克爾白東南牆壁上的一塊褐色隕石，據說是易卜拉欣和易司馬儀建造天房時流傳下來的聖石。克爾白天房前面的另一塊巨石上有一個腳印，據說是易卜拉欣當初建造天房時所留下來的。

　　正是為了紀念易卜拉欣、哈哲爾、易司馬儀得到真主阿拉眷顧保佑的神聖事蹟，《古蘭經》第三章明確規定：「凡能旅行到天房的，人人都有為真主而朝觀天房的義務。」伊斯蘭教教曆中的每年12月8日至12日，是正式朝觀的時段。朝觀者進入戒關後，要不斷高喊遵命詞：「我來了，主啊！我遵命來了。」然後到東邊的易卜拉欣立足地禮拜兩次，再到南邊的滲泉飲水，並且在相距約420米的薩法與麥爾臥山之間往返奔走7次。

正式朝覲的最後一天即教曆12月10日，是宰牲節，又稱古爾邦節，是專門用來感戴真主阿拉對於易司馬儀的神聖拯救的。無論是在麥加朝覲還是在麥加之外的任何地區度過宰牲節，穆斯林都要在這一天沐浴盛裝，舉行會禮後把宰殺的祭品分成三份，一份自己食用，一份分給窮人，一份饋贈親友。按照《古蘭經》的教義：「我為每個民族制定一種供獻的儀式，以便他們紀念真主之名而屠宰他所賜他們的牲畜。……它們的肉和血，都不能達到真主，但你們的虔誠，能達到他。」

在《聖經》中，亞伯拉罕用來獻祭的是妻子撒拉所生的「獨生子」以撒（所對應的是《古蘭經》中的伊司哈各）；而不是埃及女僕夏甲所生的長子以實瑪利（所對應的是《古蘭經》中的易司馬儀）。關於《古蘭經》中的易卜拉欣父子和《聖經》中的亞伯拉罕父子，美國學者蘇拉米‧莫萊寫道：

> 事實上，不僅現在猶太民族的始祖是亞伯拉罕，而且現在的阿拉伯民族的始祖也是亞伯拉罕，儘管在《古蘭經》裡被稱作易卜拉欣。正如易卜拉欣有兩個兒子易司馬儀和易司哈各一樣，亞伯拉罕也同樣有兩個兒子以實瑪利和以撒，……在這種貌似平等的民族生成狀態之中，可以看到民族宗教中存在著的某種偏見，因而在《聖經》裡面自然就會缺少關於以實瑪利的較為詳細的記載。
>
> 然而，在《古蘭經》之中，記載較少的恰好是嫡出的幼子易司哈各即《聖經》裡面的以撒；而庶出長子易司馬儀的事蹟則得到了詳細的描寫，如同《聖經》裡面的以撒。在《聖經》與《古蘭經》之間出現了互文性的改寫，特別是易司馬儀的事蹟更是以實瑪利與以撒兩人的故事合

二為一的：女僕的兒子易司馬儀被作為祭品，來幫助父親易卜拉欣通過真主的考驗，於是，父親把刀對準兒子的咽喉用力砍去，但是砍不動，原來真主已經退去了刀刃。真主默示：「你們已經遵從了我的旨意，我將犒賞一切為善的人。」結果，易司馬儀成為阿拉伯人的祖先。[21]

《古蘭經》第三章的67節經文明確表示：「易卜拉欣既不是猶太教徒，也不是基督教徒。他是一個崇信正教、歸順真主的人，他不是以物配主的人。」所謂「崇信正教、歸順真主的人」，也就是通常所說的穆斯林。依照這句經文，早在猶太教、基督教產生之前，以色列民族和阿拉伯民族的共同祖先易卜拉欣，就已經是伊斯蘭教反對偶像、認主獨一的一位正統楷模了。

第四節　《古蘭經》中的魯特

《古蘭經》中的魯特是易卜拉欣的侄子，而且是被明確提到的28位阿拉使者中的一位。《古蘭經》第十一章較為詳細地介紹了阿拉對於魯特宗族的懲罰。先是從天而降的真主使者到易卜拉欣的家中報告來自真主的喜訊，接下來便是易卜拉欣對於侄子魯特的特別關愛：

> 當畏懼離開易卜拉欣，而喜訊降臨他的時候，他為魯特的宗族而與我的眾使者爭論。易卜拉欣確是寬仁的，確是慈悲的，確是悔悟的。「易卜拉欣啊！你避開這爭論

---

[21] [美]蘇拉米・莫萊著，方晉譯《破譯〈聖經〉》，吉林攝影出版社，1999年，202-204頁。

吧！你的主的命令確已來臨了，不可抵禦的懲罰必定降臨
他們。」當我的眾使者來到魯特家的時候，他為使者們陷
入難境，他無力保護他們，他說：「這是一個艱難的日
子。」他的宗族倉猝地到他的家裡來，他們向來是作惡
的。他說：「我的宗族啊！這些是我的女兒，她們對於你
們是更純潔的。你們應當敬畏真主，你們對於我的客人
們不要使我丟臉。難道你們當中沒有一個精神健全的人
嗎？」他們說：「你確已知道我們對於你的女兒們沒有任
何權利。你確實知道我們的欲望。」他說：「但願我有能
力抵抗你們，或退避到一個堅強的支柱。」他們說：「魯
特啊！我們確是你的主的使者，他們絕不能傷及你。你應
當帶著你的家屬在五更出行——你們中的任何人都不要回
頭看——但你的妻子除外，她將與他們同遭毀滅。他們約
定的時間是早晨，難道早晨不是臨近的嗎？」當我的命令
降臨的時候，我使那個市鎮天翻地覆，我使預定的連續的
陶石像雨點般地降落在他們身上。那些陶石是在你的主那
裡打上標記的，它並非遠離不義者的。」（11:73-83）

《古蘭經》第二九章談到易卜拉欣的傳教和「魯特就為他
而通道」時，又介紹了魯特的宗族因為同性戀而被真主毀滅的
經過：

（我曾派遣）魯特，當日，他對他的宗族說：「你
們的確幹醜事，在你們之前，全世界的人沒有一個幹過這
種醜事的。你們務必要將男做女，攔路作惡，當眾宣淫
嗎？」他的宗族說：「你把真主的刑罰昭示我們吧，如果

你是誠實的人。」這是他們唯一的答覆。他說：「我的主啊！求你助我，以對抗傷風敗俗的人們。」當我的使者帶著佳音來訪易卜拉欣的時候，他們說：「我們必定毀滅這個城市的居民。這個城市的居民，確是不義的。」他說：「魯特的確在這個城市裡。」他們說：「我們知道在這個城市裡的人，我們必定要拯救他和他的信徒，他的妻子除外，她是和其餘的人同受刑罰的。」當我的使者來訪魯特的時候，他為他們而憂愁，他無法保護他們。他們說：「你不要害怕，不要憂愁，我們必定拯救你和你的信徒，你的妻子除外，她是和其餘的人同受刑罰的。」我必使天災從天空降於這個城市的居民，那是由於他們的放蕩。我確已為能瞭解的民眾而將這個城市的遺址留著做一個明顯的跡象。

與《聖經・舊約》中的記載相印證，易卜拉欣的侄子魯特就是亞伯拉罕的侄子羅得，羅得的妻子在突如其來的大爆炸中被變成鹽柱，僅僅是由於好奇；《古蘭經》中魯特的妻子，僅僅是由於好奇，便被當作同性戀者的同夥而遭受了天譴天罰。

第五章
《古蘭經》中「最美的故事」

　　《古蘭經》中的葉爾孤白，就是《聖經》故事中以撒的兒子和易卜拉欣的孫子雅各。葉爾孤白的兒子優素福，就是《聖經》故事中的雅各的兒子約瑟。優素福的神奇故事，被《古蘭經》明確認定為「最美的故事」。

第一節　優素福的「最美的故事」

　　《古蘭經》第十二章是以優素福的名字來命名的，這是《古蘭經》中唯一用整章篇幅所講述的一例「最美的故事」。為了盡可能呈現這個神奇故事的本來面目，從而使沒有閱讀過《古蘭經》的普通讀者葆有一種雖然晦澀混沌卻又直觀生動的審美感受，這裡全文抄錄馬堅先生對於《古蘭經》第十二章的漢語翻譯，其中的數碼為經文句子的序號：

　　　　[1]艾列弗，倆目，拉儀。這些是明確的天經的節文。[2]我確已把它降示成阿拉伯文的《古蘭經》，以便你們瞭解。[3]我藉著啟示你這部《古蘭經》而告訴你最美的故事，在這以前，你確是疏忽的。[4]當時優素福對他父親說：「我的父親啊！我確已夢見十一顆星和太陽、月亮，我夢見他們向我鞠躬。」[5]他說：「我的孩子

啊！你不要把你的夢告訴你的哥哥們，以免他們謀害你；惡魔確是人類公開的仇敵。」[6]你的主這樣揀選你，他教你圓夢，他要完成對你和對葉爾孤白的後裔的恩典，猶如他以前曾完成對你的祖先易卜拉欣和易司哈格的恩典一樣，你的主確是全知的，確是至睿的。

[7]在優素福和他哥哥們（的故事）裡，對於詢問者確有許多跡象。[8]當時，他們說：「優素福和他弟弟，在我們的父親看來，是比我們還可愛的，而我們是一個（強壯的）團體，我們的父親確是在明顯的迷誤之中。」[9][他們說：]「你們把優素福殺掉，或把他拋棄在荒遠的地方，你們父親的慈愛，就會專歸於你們了，而你們以後還可以成為正直的人。」[10]他們當中有一個發言人曾說：「你們不要殺死優素福，你們可以把他投入井裡。要是你們那樣做了，一些過路的旅客會把他拾去的。」[11]他們說：「我們的父親啊！你對於優素福怎麼不信任我們呢？我們對於他確是懷好意的。[12]明天，請你讓他和我們一同去娛樂遊戲，我們一定保護他。」[13]他說：「你們把他帶走，我實在放心不下，我生怕在你們疏忽的時候，狼把他吃了。」[14]他們說：「我們是一個（強壯的）團體，狼卻吃了他，那我們真是該死了。」[15]

當他們把他帶走，並且一致決定把他投入井底的時候，我啟示他說：「將來你必定要把他們這件事，在他們不知不覺的時候，告訴他們。」[16]傍晚，他們哭著來見他們的父親，[17]他們說：「我們的父親啊！我們賽跑時，使優素福留守行李，不料狼把他吃了。你是絕不會相信我們的，即使我們說的是實話。」[18]他們用假血染了

優素福的襯衣，拿來給他們的父親看。他說：「不然！你們的私欲慫恿你們幹了這件事；我只有很好地忍耐，對你們所敘述的事，我只能求助於真主！」

[19]旅客們來了，他們派人去汲水，他把水桶縋下井去，他說：「啊！好消息！這是一個少年。」他們祕密地把他當作貨物，真主是全知他們的行為的。[20]他們以廉價──可數的幾個銀幣──出賣了他，他們是不憐惜他的。[21]那購買他的埃及人對自己的妻子說：「你應當優待他，他也許對我們有好處，或者我們撫養他做義子。」我這樣使優素福在大地上獲得地位，以便我教他圓夢。真主對於其事務是自主的，但人們大半不知道。[22]當他達到壯年時，我把智慧和學識賞賜他，我這樣報酬行善者。

[23]他的女主人，把所有的門都緊緊地關閉起來，然後，勾引他說：「快來（擁抱）我啊！」他說：「求真主保佑我！他是我的主，他已優待了我。不義的人必定不會成功。」[24]她確已嚮往他，他也嚮往她，要不是他看見他的主的明證。我這樣為他排除罪惡和醜事，他確是我的一個忠實的僕人。[25]他倆爭先恐後地奔向大門。那時她已把他的襯衣從後面撕破了，他倆在大門口遇見她的丈夫，她說：「想姦汙你的眷屬者，他的報酬只有監禁或痛懲。」[26]他說：「是她勾引我。」她家裡的一個人作證說：「如果他的襯衣是從前面撕破的，那她說的是實話，而他是說謊的；[27]如果他的襯衣是從後面撕破的，那麼她已了說了謊話，而他說的是實話。」[28]當他看見他的襯衣是從後面撕破的時候，他說：「這確是你們的詭計，你們的詭計確是重大的。」[29]（又說）：「優素福，你避

開此事吧！（我的妻子，）你為你的罪過而求饒吧，你原是錯誤的！」

[30]都城裡的一些婦女說：「權貴的妻子勾引她的僕人，他迷惑了她，我們認為她確是在明顯的迷誤之中的。」[31]她聽到了她們狡猾的流言蜚語，就派人去把她們邀請來，並為她們預備了一桌席，發給她們每人一把小刀，她（對優素福）說：「你出去見見她們吧。」當她們看見他的時候，她們讚揚了他，（她們都被迷住了），以致餐刀割傷了自己的手。她們說：「啊呀！這不是一個凡夫，而是一位高潔的天神。」[32]她說：「這就是你們為他而責備我的那個人。我確已勾引他，但他潔身自好。如果他再不聽從我的命令，他勢必要坐牢，他勢必成為自甘下賤的人。」[33]他說：「我的主啊！我寧願坐牢，也不願回應她們的召喚。如果你不為我排除她們的詭計，我將依戀她們，我將變成愚人。」[34]他的主就答應了他，並且為他排除了她們的詭計。他確是全聰的，確是全知的。

[35]他們看見了許多跡象之後，覺得必須把他監禁一個時期。[36]有兩個青年和他一同入獄，這個說：「我確已夢見我榨葡萄汁（釀酒）。」那個說：「我確已夢見我的頭上頂著一個大餅，眾鳥飛來啄食。請你替我們圓夢，我們的確認為你是行善的。」[37]他說：「無論誰送什麼食物給你倆之前，我能告訴你們送的是什麼。這是我的主教給我的。有一個民族不信仰真主，不信仰後世，我確已拋棄他們的宗教。[38]我遵循我的祖先——易卜拉欣、易司哈格、葉爾孤白的宗教。我們不該以任何物配真主，這是真主施於我們和世人的恩惠，但世人大半不感謝。[39]

兩位難友啊！是許多渙散的主宰更好呢？還是獨一萬能的真主更好呢？[40]你們舍真主而崇拜的，只是你們和你們的祖先所定的一些（偶像的）名稱，真主並未加以證實，一切判決只歸真主。他命令你們只崇拜他。這才是正教。但世人大半不知道。[41]同監的兩位朋友啊！你們倆中有一個要替他的主人斟酒，有一個要被釘死在十字架上，而眾鳥飛到他的頭上來吃他。你倆所詢問的事情，已被判決了。」[42]他對兩人中預料將會獲釋的人說：「請你在你主人面前替我申冤。」但惡魔使他忘記在他主人面前替優素福申冤，以至他在監裡坐了幾年。

[43]國王說：「我確已夢見七頭胖黃牛，被七頭瘦黃牛吃掉了，又夢見七穗青麥子，和七穗乾麥子。侍從們呀！你們替我圓這個夢。如果你們是會圓夢的人。」[44]他們說：「這是一個靈夢，而且我們不會圓夢。」[45]曾被赦宥並且在一個時期之後想起優素福的那個青年說：「我將告訴你們關於這個夢的意思，請你們派我去吧。」[46]「優素福，忠實的人呀！請你為我們圓這個夢，七頭胖黃牛，被七頭瘦黃牛吃掉了，又有七穗青麥子，和七穗乾麥子。我好回去告訴人們，讓他們知道這個夢的意義。」[47]他說：「你們要連種七年，凡你們所收穫的麥子，都讓它存在穗子上，只把你們所吃的少量的麥子打下來。[48]此後，將有七個荒年，來把你們所預備的麥子吃光了，只剩得你們所儲藏的少量麥子。[49]此後，將有一個豐年。人們在那一年中要得雨水，要榨葡萄釀酒。」[50]

國王說：「你們帶他來見我吧！」當使者到來的時候，他說：「請你回去問問你的主人，曾經把自己的手割

傷了的那些婦女，現在是怎樣的？我的主是全知她們的詭計的。」[51]國王說：「你們勾引優素福的時候，你們的實情是什麼？」她們說：「啊呀！我們不知道他有一點罪過。」權貴的妻子說：「現在真相大白了，是我勾引他，他確是誠實的人。」[52]「這是因為要他知道，在背地裡我並沒有不忠於他的行為，並且要他知道，真主不誘導不忠者的詭計。」[53][他說：]「我不自稱清白；人性的確是慫恿人作惡的，除非我的主所憐憫的人。我的主確是至赦的，確是至慈的。」[54]國王說：「你們帶他來見我，我要使他為我自己所專有。」他對國王說話的時候，國王說：「今天你在我的御前確是有崇高品級的，是可以信任的人。」[55]他說：「請你任命我管理全國的倉庫，我確是一個內行的保管者。」[56]我這樣使優素福在國內獲得權力，在他所要的地方佔優勢，我把我的慈恩降給我所意欲者，我不會讓行善者徒勞無酬。[57]後世的報酬，對於通道而且敬畏的人，將是更好的。

　　[58]優素福的哥哥們來了，他們進去見他。他認出了他們，而他們卻沒有認出他。[59]當他以他們所需的糧食供給他們之後，他說：「你們把你們同父的弟弟帶來見我吧！難道你們不見我把足量的糧食給你們，而且我是最好的東道主嗎？[60]如果你們不帶他來見我，你們就不能從我這裡購買一顆糧食，你們也不得臨近我。」[61]他們說：「我們要懇求他父親允許我們帶他來見你，我們必定這樣做。」[62]他對他的僮僕們說：「你們把他們的財物放在他們的糧袋裡，他們回去的時候也許會認出這些財物，也許會再來一趟。」

[63]他們回去見了他們的父親，說：「我們的父親啊！人家不准我們再糴糧了，請你派我們的弟弟和我們一同去，我們就能糴糧；我們一定把他保護好。」[64]他說：「對於他我能信任你們，正如以前對於他哥哥我信任你們一樣嗎？真主是最善於保護的，也是最慈愛的。」[65]當他們打開自己的糧袋的時候，發現他們的財物已退還他們了，他們說：「我們的父親啊！我們還要求什麼呢？這是我們的財物，已退還我們了，我們要為我們的眷屬糴糧，要保護我們的弟弟，我們可以多糴一馱糧，那是容易獲得的糧食。」[66]他說：「我不派他和你們一同去，直到你們指真主而和我立誓約，你們誓必帶他回來見我，除非你們全遭禍患。」當他們和他立誓約的時候，他說：「真主是監察我們的誓約的。」[67]他說：「我的孩子們，不要從一道城門進城，應當分散開，從幾道城門進去。我對於真主的（判決），毫無裨益於你們；一切判決只歸真主，我只信賴他，讓一切信賴者都只信賴他吧！」[68]當他們遵照他們父親的命令而進城的時候，他對於真主的判決沒有絲毫裨益，但那是葉爾孤白心中的一種希望。他已把它表白出來。他曾受我的教誨，所以他確是有知識的，但世人大半不知道。

[69]當他們進去見優素福的時候，他擁抱他弟弟，他說：「我確是你哥哥，你不要為他們過去的所作所為而悲傷吧。」[70]當地以他們所需的糧食供給他們的時候，他（使人）把一隻酒杯放在他弟弟的糧袋裡，然後一個傳喚者傳喚說：「商隊啊！你們確是一夥小偷。」[71]他們轉回來說：「你們丟了什麼？」[72]

他們說：「我們丟失了國王的酒杯；誰拿酒杯來還，給誰一馱糧食，我是保證人。」[73]他們說：「指真主發誓，你們知道，我們不是到這個地方來搗亂的，我們向來不是小偷。」[74]他們說：「偷竊者應受什麼處分呢？如果你們是說謊的人。」[75]他們說：「偷竊者應受的處罰，是在誰的糧袋裡搜出酒杯來，就把誰當做奴僕。我們是這樣懲罰不義者的。」[76]優素福在檢查他弟弟的糧袋之前，先檢查了他們的糧袋。隨後，在他弟弟的糧袋裡查出了那隻酒杯。我這樣為優素福定計。按照國王的法律，他不得把他弟弟當作奴僕，但真主意欲他那樣做。我把我所意欲者提升若干級，每個有知識的人上面，都有一個全知者。

[77]他們說：「如果他偷竊，那麼，他有一個哥哥從前就偷竊過。」優素福把這句話隱藏在心中，沒有對他們表示出來，他暗暗地說：「你們的處境是更惡劣的。真主是知道你們所敘述的事情的。」[78]他們說：「權貴啊！他的確有一位龍鍾的老父；請你以我們中的一人代替他當奴僕吧。我們的確認為你是行善的。」[79]他說：「願真主保佑我們，我們只把發現其糧袋裡有酒杯者當作奴僕；否則，我們必定是不義的人。」[80]當他們對優素福絕望的時候，他們離席而祕密會議，他們的大哥說：「你們的父親曾要求你們指真主發誓，難道你們不知道嗎？從前，你們曾怠慢了優素福。我絕不離開這個地方，直到父親允許我，或真主為我而判決，他是最公正的判決者。[81]你們回去見父親，然後對他說：我們的父親啊！你的兒子確已偷竊，我們只作證我們所知道的。我們不是保證幽玄的。[82]請你問一問我們曾居住的那座市鎮和與我們同行

的商隊吧，我們確是誠實的。」[83]他說：「不然！你們的私欲慫恿了你們做這件事，我只有很好的忍耐，但願真主把他們統統帶來給我。他確是全知的，確是至睿的。」[84]他不理睬他們，他說：「哀哉優素福！」他因悲傷而兩眼發白，他是壓住性子的。[85]

他們說：「指真主發誓，你將念念不忘優素福，直到你變成為憔悴的或死亡的。」[86]他說：「我只向真主訴說我的憂傷，我從真主那裡知道你們所不知道的。」[87]他說：「我的孩子們！你們去打聽優素福和他弟弟的消息吧。你們不要絕望於真主的慈恩，只有不通道的人們才絕望於真主的慈恩。」

[88]當他們進去見優素福的時候，他們說：「權貴啊！我們和我們的眷屬遭遇了災害，只帶來了一點劣質財物，請你給我們足量的糧食，請你施捨給我們。真主一定會報酬施捨者。」[89]他說：「你們知道嗎？當你們是愚昧的時候，你們是怎樣對待優素福和他弟弟的呢？」[90]他們說：「怎麼，你呀！真是優素福嗎？」他說：「我是優素福，這是我弟弟，真主確已降恩給我們。誰敬畏而且堅忍，（誰必受報酬），因為真主必不使行善者徒勞無酬。」[91]他們說：「指真主發誓，真主確已從我們當中揀選了你。從前，我們確是有罪的。[92]他說：「今天對你們毫無譴責，但願真主饒恕你們。他是最慈愛的。[93]你們把我這件襯衣帶回去，把它蒙在我父親的臉上，他就會恢復視力。然後，你們把自己的眷屬全部帶到我這裡來吧！」[94]當商隊出發的時候，他們的父親說：「我確已聞到優素福的氣味了，要不是你們說我是老糊塗。」[95]

他們說：「指真主發誓，你的確還在你那舊有的迷誤之
中。」[96]當報喜者來到後，他就把那件襯衣蒙在他的臉
上，他的眼睛立即恢復了視力。他說：「難道我沒有對你
們說過嗎？我的確從真主知道你們所不知道的。」[97]他
們說：「我們的父親啊！請你為我們求饒，我們確是有
罪的。」[98]他說：「我將要為你們向我的主求饒。他確
是至赦的，確是至慈的。」[99]當他們進去見優素福的時
候，他擁抱他的雙親，他說：「你們平安地進埃及吧！如
果真主意欲。」[100]他請他的雙親坐在高座上，他們為
他而俯伏叩頭，他說：「我的父親啊！這就是我以前的夢
兆的解釋。我的主已使那個夢兆變成為事實了。他確已優
待我，因為他把我從監獄裡釋放出來，他在惡魔離間我和
我哥哥們之後，把你們從沙漠裡帶到這裡來。我的主，對
他所意欲者確是慈愛的。他確是全知的，確是至睿的。
[101]我的主啊！你確已賞賜我一部分政權，並教給我一
些圓夢的知識。天地的創造者啊！在今世和後世，你都是
我的主宰。求你使我作為順從者而死去，求你使我入於善
人之列。」[102]

　　那是一部分幽玄的消息，我把它啟示你。當他們用計
謀決策的時候，你不在他們面前，[103]你雖然切望世人
通道，但他們大半是不通道的。[104]你不為傳授《古蘭
經》而向他們要求任何報酬。《古蘭經》只是對世人的教
誨。[105]天地間有許多跡象，他們從旁邊走過，而不注
意。[106]他們雖然大半信仰真主，但他們都是以物配主
的。[107]難道他們不怕真主懲罰中的大災降臨他們，或
復活時在他們不知不覺之中，突然降臨他們嗎？[108]

你說：「這是我的道，我號召人們信仰真主，我和隨從我的人，都是依據明證的。（我證）真主，超絕萬物！我不是以物配主的。」[109]在你之前，我只派遣了城市居民中的若干男子，我啟示他們，難道他們沒有在大地上旅行，因而觀察前人的結局是怎樣的嗎？後世的住所，對於敬畏者是更好的。難道你們不理解嗎？[110]直到眾使者絕望，而且猜想自己被欺騙的時候，我的援助才來臨他們，而我拯救了我所意欲的人。我所加於犯罪的人們的懲罰是不可抗拒的。[111]在他們的故事裡，對於有理智的人們，確有一種教訓。這不是偽造的訓辭，卻是證實前經，詳解萬事，嚮導信士，並施以慈恩的。

需要特別說明的是，馬堅加在9節前面的「他們說」，是一處明顯的誤譯。按照林松《古蘭經韻譯》的注解，說這句話的是後面一句話的主語「他們當中有一個發言人」：「據說這發言人名叫耶呼德（猶大），參見《舊約全書‧創世紀》第三七章。」按照我個人的理解，說這句話的又好像是100節的「離間我和我哥哥們」的「惡魔」，而不是優素福的哥哥中的某一個。也許這是《古蘭經》中只有真主阿拉才能夠明示的「幽玄的消息」，並不明確指向固定的某個人。另外，52節譯文前面應該加上一個主語「優素福說」，這樣的話53節前面的「他說」，才有所指代。

第二節　《聖經》故事中的約瑟

《古蘭經》第十二章第三節經文中「我藉著啟示你這部《古蘭經》而告訴你最美的故事」的「我」，顯然是真主阿拉

的自稱。林松在《古蘭經韻譯》中，專門為這章譯文撰寫了一段
題解：

> 本章集中講述了先知優素福的故事。《古蘭經》中
> 涉及先知往事者共二十多人，分別見於各章，情節或詳或
> 略，各有側重。故事情節完整、篇幅也較集中的是本章，
> 並以人名為章名。注疏家認為：之所以詳盡講述優素福的
> 事蹟，是因為他跟穆罕默德環境類似，如優素福被弟兄們
> 嫉恨謀陷，穆罕默德亦常遭古賴施族人的暗算仇恨。但這
> 兩位先知在獲勝後都表現出寬宏大度、不咎既往的胸懷，
> 具有聖哲的品德。[22]

　　《古蘭經》第十二章經文所講述的「最美的故事」，被後來
的穆斯林極端派別哈瓦利吉派認定為情節離奇的愛情故事，他們
否認《古蘭經》第十二章是「天啟」的經文。有趣的是，與這則
「最美的故事」相對應的《聖經・舊約・創世記》第三七至四七
章的約瑟故事，還得到過俄羅斯作家托爾斯泰的高度評價，稱之
為「世界性藝術典範」。伊斯蘭教先知穆罕默德從來沒有接受過
正規教育，卻能夠把這麼美好的故事完整曲折地傳授降示給他的
信徒們，足以證明他所秉承的神奇魅力。

　　據《聖經・舊約・創世記》記載，以色列人的聖祖雅各，
先後生育了12個兒子，這其中包括第一個妻子利亞生育的流便、
西緬、利未、猶大、以薩迦、西布倫，合稱為利亞支派；第二個
妻子拉結所生的約瑟、便雅憫，合稱拉結支派；兩個婢女所生的

---

[22] 《古蘭經韻譯》，中央民族學院出版社，1988年7月，434頁。古賴施族人又譯古
萊什人。

但、拿弗他利、迦得、亞設，合稱婢女支派。排行11的約瑟和排行12的便雅憫，是雅各最為寵愛的表妹拉結生育的孩子，他們從小便失去親生母親，雅各對他們寵愛有加。

在12個弟兄之中，約瑟是最為聰明也最具野心的一個。有一天吃早飯時，約瑟聲稱自己做了一個好夢，夢見12個兄弟一塊在莊稼地裡捆麥禾，「我捆的麥禾正好在中央，但你們捆的麥禾都圍成一個大圈子，向我捆的麥禾鞠大躬。」

過了一段時間，約瑟說自己又做了一個美夢，「這回我夢見了星星。天上有11顆星星，還有太陽和月亮，它們都朝我鞠躬。」

這一次不僅兄弟們聽了不高興，連雅各也覺得太過分了，他警告約瑟以後要收斂一些自己的言行。約瑟並沒有以此為戒，一如既往地放縱自己的聰明任性。直到有一天幾個哥哥趁父親出門的機會，把約瑟當作奴隸賣給過路商人，這才有了《古蘭經》第十二章中葉爾孤白（雅各）全家遷移埃及的故事。

約瑟得到埃及國王的賞識重用後，幫助國王實施了一系列利國利民的政策措施，他自己也在埃及的歌珊地區得到一塊封地，並且生育了兩個兒子。約瑟給第一個兒子取名叫瑪拿西，意思是「上帝使我忘了我遭受的一切苦難和我父的全家」；第二個兒子叫以法蓮，意思是「上帝使我在受苦的地方昌盛起來」。

等到埃及全境連同迦南地區發生大饑荒的時候，雅各家裡也斷了糧。聽說埃及官方在開倉賣糧，雅各就派出流便等10個兒子到埃及購買糧食。流便等人來到埃及，按照規定叩見負責此事的最高官員約瑟，約瑟當場認出了他們，並設下圈套加以刁難，幾經周折才促成了全家人的相認和團聚。

雅各帶到埃及來的整個家族共有70人，約瑟把他們安置在自己的領地歌珊。歌珊位於埃及與迦南之間，大約是尼羅河以東和

紅海以西的某個地區。雅各去世時留下遺囑，任命約瑟為一族之長。約瑟去世後，定居在埃及的以色列人逐漸增多，成為當地一個強大的氏族部落。

另據歷史文獻記載，古埃及於西元前1500年左右被喜克索斯的阿拉伯游牧部族所征服，史稱牧人王朝。喜克索斯人和以色列人同屬閃族，他們在離古埃及首都底庇斯幾百公里之外的地方建立了新的首都。約瑟在埃及參與執政的時候，正是牧人王朝時期。古埃及人後來在阿赫莫斯領導下，推翻了牧人王朝的最後一任法老亞庇巴，阿赫莫斯便成為新生王朝的第一任法老，曾經在牧人王朝顯赫一時的以色列人，因此成為阿赫莫斯王朝的埃及人所要仇恨有對象，以至於淪落為奴隸。這種民族仇恨還導致過一場大規模戰爭，也就是西元前1223年埃及法老梅尼普塔對於巴勒斯坦的征服佔領。梅尼普塔刻在紀功碑上的「以色列已化為廢墟，但它的種族並未滅絕」一句話，是現有的歷史文獻當中對於以色列人的最早記載。

第六章
從摩西到穆薩

　　按照《聖經・舊約・出埃及記》的記載，摩西是雅各的兒子
利未的後裔，他被耶和華賦予帶領以色列人離開埃及回歸迦南的
神聖使命。摩西艱苦卓絕的遷移、戰爭和建國過程，同時也是以
色列人的造神過程。《古蘭經》中的穆薩故事，在一定程度上是
對於《聖經・舊約・出埃及記》中的摩西故事的重新整合。

第一節　《古蘭經》中的舒阿卜

　　舒阿卜是《古蘭經》中明確提到的28位阿拉使者中的一位，
他的原型是《聖經》故事中摩西的岳父葉忒羅。《古蘭經》第七
章較為集中地講述了舒阿卜的神奇故事：

　　　　（我確已派遣）麥德彥人的弟兄舒阿卜去教化他們
　　說：「我的宗族啊！你們要崇拜真主，除他之外，絕無應
　　受你們崇拜的。從你們的主發出的明證，確已來臨你們
　　了，你們當使用充足的鬥和秤，不要克扣別人所應得的貨
　　物。在改善地方之後，你們不要在地方上作惡，這對你們
　　是更好的，如果你們是通道者。你們不要伺候在一條道路
　　上，恐嚇別人和阻止確信真主的人入真主的大道，而且想
　　暗示它是邪路。你們應該記得，你們原是少數的，隨後他

使你們的人口增多，你們看看作惡者的結局是怎樣的。如
果你們當中有一夥人確信我的使命，有一夥人不信它，那
麼，你們要忍耐，直到真主為我們判決。他是最公正的判
決者。」他的宗族中驕傲的貴族們說：「舒阿卜啊！我們
一定要把你和你的信徒們逐出城外，除非你們再信我們的
宗教。」他說：「即使我們厭惡你們的宗教，也要我們再
信奉它嗎？真主使我們脫離你們的宗教後，如果我們再去
信它，那麼，我們確已假借真主的名義而造謠了。除非真
主──我們的主──意欲，我們不會再信你們的宗教。我
們的主的知覺是包羅萬物的，我們只信託真主。我們的主
啊！求你在我們和我們的宗族之間依真理而判決吧，你是
至善的判決者。」他的宗族中不通道的貴族們說：「如果
你們順從舒阿卜，那麼你們一定是虧折的人。」於是，地
震襲擊了他們，頃刻之間，他們都僵臥在各人的家裡。」
（7:85-88）

另據《古蘭經》第二六章介紹：「叢林的居民，曾否認使
者。當日，舒阿卜曾對他們說：『你們怎麼不敬畏呢？我對於你
們確是一個忠實的使者。故你們應當敬畏真主，應當服從我。我
不為傳達使命而向你們索取任何報酬；我的報酬，只歸全世界的
主負擔。你們應當用足量的升鬥，不要克扣。你們應當以公平的
秤稱貨物。你們不要克扣他人所應得的財物。你們不要在地方上
為非作歹，擺弄是非。你們應當敬畏真主，他創造你們和古老的
世代。』他們說：『你只是一個被蠱惑的人。你只是一個像我們
一樣的凡人。我們的確認為你是一個說謊的。你使天一塊塊地落
在我們的頭上吧，如果你是誠實的。』他說：『我的主是最知道

你們的行為的。』他們否認他，他們就遭受陰影之日的刑罰。那確是重大日的刑罰。」

埃及著名作家阿卜杜·哈米德·薩哈爾在《伊斯蘭宗教故事選》中，更加完整地敘述了「舒阿卜和麥德彥人」的故事，說是麥德彥位於埃及與巴勒斯坦邊界的叢林地區，麥德彥人與叢林人相互欺詐、無惡不作，真主阿拉派遣麥德彥人舒阿卜在自己的宗族和叢林人中傳教。舒阿卜和他的信徒受到麥德彥人和叢林人的攻擊和迫害，真主先是用劇烈的地震毀滅了不信教的麥德彥人，然後又用帶有火舌的烏雲毀滅了不信教的叢林人。信仰真主阿拉的舒阿卜和他的信徒在大災大難中得以生存，他們在麥德彥安居樂業。由於沒有兒子，舒阿卜晚年只能讓兩個女兒外出放牧，直到有一天遇到阿拉的另一位使者穆薩。

第二節　《古蘭經》中的穆薩

穆薩在伊斯蘭教文獻中被稱為阿拉的代言人，與阿丹（亞當）、努哈（挪亞）、易卜拉欣（亞伯拉罕）、爾撒（耶穌）、穆罕默德並稱為阿拉的六大使者。在這六位使者中，穆薩是留下神跡最多的一位，也是佔用《古蘭經》篇幅最多的一位。據統計，穆薩的名字在《古蘭經》中總共出現了136次，佔用經文450節，其中有23章經文或詳盡或簡略地講述了穆薩的神奇故事。《古蘭經》第二章勸誡以色列人的如下一番話，權威概括了穆薩在以色列民族史上的神聖地位：

> 以色列的後裔啊！你們當銘記我所賜你們的恩典，
> 並銘記我曾使你們超越世人。你們當防備將來有這樣的一

日：任何人不能替任何人幫一點忙，任何人的說情，都不
蒙接受，任何人的贖金，都不蒙採納，他們也不獲援助。
當時，我拯救你們脫離了法老的百姓。他們使你們遭受酷
刑；屠殺你們的兒子，留存你們的女子；這是從你們的主
降下的大難。我為你們分開海水，拯救了你們，並溺殺了
法老的百姓，這是你們看著的。當時，我與穆薩約期四十
日，在他離別你們之後，你們認犢為神，你們是不義的。
在那件事之後，我恕饒了你們，以便你們感謝。當時，我
以經典和證據賞賜穆薩，以便你們遵循正道。當時，穆薩
對他的宗族說：「我的宗族啊！你們確因認犢為神而自
欺，故你們當向造物主悔罪，當處死罪人。在真主看來，
這對於你們確是更好的。他就恕宥你們。他確是至宥的，
確是至慈的。」當時，你們說：「穆薩啊！我們絕不信
你，直到我們親眼看見真主。」故疾雷襲擊了你們，這是
你們看著的。在你們暈死之後，我使你們蘇醒，以便你們
感謝。我曾使白雲蔭蔽你們，又降甘露和鵪鶉給你們。你
們可以吃我所供給你們的佳美食物。他們沒有損害我，但
他們自欺。當時，我說：「你們進這城市去，你們可以隨
意吃其中所有豐富的食物。你們應當鞠躬而進城門，並且
說：『釋我重負。』我將赦宥你們的種種罪過，我要厚報
善人。」但不義的人改變了他們所奉的囑言，故我降天災
於不義者，那是由於他們的犯罪。當時，穆薩替他的宗族
祈求，我說：「你用手杖打那磐石吧。」十二道水泉，就
從那磐石裡湧出來，各部落都知道自己的飲水處。你們可
以吃飲真主的給養，你們不要在地方上為非作歹。當時，
你們說：「穆薩啊！專吃一樣食物，我們絕不能忍受，所

以請你替我們請求你的主，為我們生出大地所產的蔬菜
——黃瓜、大蒜、扁豆和玉蔥。」他說：「難道你們要以
較貴的換取較賤的嗎？你們到一座城裡去吧！你們必得自
己所請求的食物。」他們陷於卑賤和窮困中，他們應受真
主的譴怒。這是因為他們不信真主的跡象，而且枉殺眾先
知；這又是因為他們違抗主命，超越法度。通道者、猶太
教徒、基督教徒、拜星教徒，凡信真主和末日，並且行善
的，將來在主那裡必得享受自己的報酬，他們將來沒有恐
懼，也不憂愁。（2:47-62）

　　在《古蘭經》中，最集中地講述穆薩故事的是以「故事」命
名的第二八章，這也是《古蘭經》中除第十二章外較為完整地講
述一個主要故事的特殊篇章。林松在《古蘭經韻譯》中介紹說：
「本章側重講述了先知穆薩的故事，包括對穆薩的敵對者斐爾傲
和葛魯乃淪亡的故事，藉以對先知穆罕默德啟發、慰籍和鼓勵。
『故事』字樣出現於25節中。」[23]

　　斐爾傲是埃及法老，他和寵臣哈曼狼狽為奸，強迫以色列
人充當奴隸，並且大肆屠殺以色列人生育的男嬰。葛魯乃又譯葛
倫，是穆薩的叔叔的兒子，原是一名信徒，熟讀《討拉特》，也
就是《聖經・舊約》中的「摩西五經」，發財致富後卻又背叛了
教義。據說穆薩向富戶徵收天課時，葛魯乃因為出錢較多而懷恨
在心，企圖通過詆毀造謠來打垮穆薩。他收買了一名妓女，在穆
薩當眾傳教時大叫自己與穆薩之間有過姦情。經過審問，這名妓
女承認是受葛魯乃指使。葛魯乃後來連同他的全部財產陷落於地

23　《古蘭經韻譯》，中央民族學院出版社，1988年7月，711頁。

下。多數學者認為，《古蘭經》中的葛魯乃，就是《聖經·舊約·民數記》第十六章中的可拉。

第三節　《聖經》故事中的摩西傳奇

　　《古蘭經》中的穆薩所對應的是《聖經·舊約·出埃及記》中的摩西，穆薩的許多故事都可以在摩西身上得到印證。

　　據《聖經·舊約·出埃及記》記載，雅各帶領整個以色列家族來到埃及，以色列人生養眾多，充滿了那個地方，從而引起埃及法老的擔心：「這以色列人比我們還多，又比我們強盛，我們不如用巧計對待他們。」

　　法老的第一條巧計是：「嚴厲地使以色列人做工，使他們因作苦工而覺得命苦，無論是和泥，是做磚，是做田間的工作，都要嚴格地對待他們。」第二條巧計是更加險惡的種族同化和種族滅絕：「以色列人所生的男孩，你們都要丟在河裡，一切的女孩，你們要留下她們的性命。」

　　先知摩西恰好出生在這個時候，他的父母暗蘭和約基別已經生育有兩個孩子，男孩叫亞倫，女孩叫米利暗。摩西出生後，夫妻二人見他俊美就隱藏了三個月，三個月後不能再隱藏下去，便取了一個蒲草箱，抹上石漆和石油，將孩子放在裡面，把箱子擱在河邊的蘆葦中。孩子的姐姐遠遠地站著，要知道他究竟會怎麼樣。法老的女兒到河邊洗澡，她的使女們在河邊巡視保護。當她在蘆葦中發現箱子時，就讓一個使女給她拿來。她打開箱子看見那孩子，孩子對著她哭了起來。她知道這一定是以色列人的小孩，但她還是動了惻隱之心。孩子的姐姐走過來對法老的女兒說，如果公主想收留這個孩子，她可以幫忙去找一位奶媽餵養孩

子。法老的女兒同意後，女孩叫來自己的母親，法老的女兒說：
「你把這孩子抱去替我奶大，我給你工錢。如果有人找這孩子的
麻煩，就說是我吩咐你奶的。」母親就這樣抱回了自己的孩子。
孩子長大後，母親把他帶到法老的女兒那裡，法老的女兒認他為
兒子，給他起名為摩西，意思是「我把他從水裡救出來的」。

作為法老的女兒所認養的兒子，摩西受到了良好教育，並且
獲得祭司的職位，他的哥哥亞倫卻終日在磚廠裡充當奴隸。一個
本來要被處死的男嬰，從一開始就擁有了不同凡響的神奇經歷。

摩西40歲那年，在大街上看到一個埃及人毒打一位以色列老
人，他上前制止時出手重了一些，把這個埃及人當場打死。為逃
避死刑，摩西穿過紅海沙漠來到450公里之外的米甸，在井邊討
水喝時巧遇葉忒羅的兩個女兒。當牧羊人硬要搶在葉忒羅的女兒
前面打水時，摩西挺身而出趕走牧羊人。姑娘們邀請摩西到家裡
吃飯，摩西因此結識了葉忒羅。不久，摩西與葉忒羅的女兒西波
拉結婚，像他的祖先亞伯拉罕和雅各一樣成為牧羊人。摩西在米
甸一住就是40年，80歲那年，他在耶和華的召喚下擔負起拯救以
色列民族的偉大使命。

《聖經》故事中的米甸，就是《古蘭經》中的麥德彥，《聖
經》故事中的祭司葉忒羅，就是《古蘭經》故事中的真主阿拉的
使者舒阿卜。關於穆薩（摩西）與舒阿卜（葉忒羅）的女兒西波
拉的婚姻，《古蘭經》第二八章介紹說：

> 當他來到麥德彥的泉邊的時候，他看見有一群人在
> 那裡飲羊，他發現除他們外還有兩女子，攔著她們倆的羊
> 群。他說：「你們倆為什麼這樣呢？」她倆說：「我們要
> 到牧人們使他們的羊離開泉水，才得飲我們的羊，我們的

父親是一位龍鍾的老人。」他就替她倆飲羊，然後退到樹蔭下，他說：「我的主啊！我確需求你所降給我的任何福利的。」那兩個女子中的一個，羞澀地來對他說：「我的父親的確要請你去，要酬謝你替我們飲羊的功勞。」當他來到他面前，並且告訴他自己的實情的時候，他說：「你不要畏懼，你已脫離不義的民眾了。」那兩個女子中的一個說：「我的父親啊！請你雇用他。你最好雇用這個又強壯又忠實的人。」他說：「我必定以我的這兩個女兒中的一個嫁給你，但你必須替我做八年工。如果你做滿十年，那是你自願的，我不願苛求於你。如果真主意欲，你將發現我是一個善人。」

第四節　摩西與耶和華的出埃及記

關於摩西從耶和華那裡得到的神聖使命，《聖經·舊約·出埃及記》第七章的記載是這樣的：「一日領羊群往野外去，到了神的山，就是何烈山，耶和華的使者從荊棘的火焰裡向摩西顯現，摩西見荊棘被火燃燒卻沒有燒毀，便說：『我要過去看這大異象，這荊棘為何沒有被燒壞呢？』耶和華神見他過去，就從荊棘中呼叫他：『摩西！摩西！』他回答說：『我在這裡！』神說：『不要近前來！快脫掉你的鞋，你所站的是神聖之地！』」

對於《聖經》中所說的「大異象」，美國學者蘇拉米·莫萊解釋說：「實際上，摩西看到的大異象，並不是什麼奇跡，而是真實與想像相伴的陳述。因為在如今埃及的西奈半島上，確實生長著一種被當地人稱為吉普特的荊棘，它能夠分泌一種揮發油，很容易在熾熱的陽光照射下自燃起來，並發出藍色的火焰，而荊

棘本身並不燃燒。對於在沙漠地區生活了40年的摩西來說，這種
現象應該說是司空見慣的，真正使他感到震驚的是耶和華的召
喚，因為這意味著他在被迫隱居40年之後，將面臨一次生死攸關
的抉擇：是做上帝的代言人，還是繼續做在沙漠中放牧羊群的牧
人？」[24]

《聖經·舊約·出埃及記》中充分展現了摩西面對耶和華
的震驚與恐懼：「摩西蒙上臉，因為怕看神。耶和華說：『我的
百姓在埃及所受的困苦，我實在看見了，他們因受督工的轄制所
發出的哀告，我也聽見了，我原知道他們的痛苦。我下來是要救
他們脫離埃及人的手，領他們出了那地，到美好寬闊的流著奶和
蜜的地方去。故此我派遣你去見法老，使你可以把我的百姓以色
列人從埃及領出來。』摩西對神說：『我是什麼人，竟能去見法
老，將以色列人領出來？』」

此時的摩西已經喪失了祖先亞伯拉罕對於唯一真神耶和華
的絕對信仰，連以色列人必須履行的割禮儀式都沒有履行。耶和
華曾經為此動怒，威脅說要殺死他，直到摩西的妻子西波拉給自
己的兩個兒子實施割禮，才平息了耶和華的怒氣。當摩西懷疑自
己的能力，說出「他們必不信我，也不聽我的話，必說耶和華並
沒有向你顯現」之類的喪氣話時，耶和華教給他三招神跡：牧杖
變蛇、麻瘋立愈、河水變血。因為摩西不善辭令，耶和華還應許
說：「你哥哥亞倫是個很有口才的人，我讓他當你的助手，作你
的『舌頭』，替你說話。我也幫助你們，隨時指示你們當行的
事。」

摩西回到埃及，憑藉三招神跡贏得以色列人的初步信任，並

---

[24] [美]蘇拉米·莫萊，方晉譯《破譯〈聖經〉》，吉林攝影出版社，1999年，236頁。

且在王宮中當場鬥敗了法老從全國召募來的魔術師。這時的埃及法老已經由拉美西斯換成了米奈普達，米奈普達堅決拒絕摩西帶領以色列人離開埃及，而且採用更加嚴厲的手段統治和奴役以色列人。

多年的奴役生活早已使以色列人喪失了高貴的靈魂和對於耶和華上帝的虔誠信仰，他們懷疑上帝的威力，心甘情願地充當奴隸。面對變本加厲的奴役壓迫，他們不是向法老提出抗議，反而向摩西發出警告：你最好是從哪裡來回哪裡去，好讓我們過安生日子。在這種情況下，摩西只好把妻子和孩子送回遠在米甸的岳父家裡，以便在耶和華授意下迎接更加嚴峻的挑戰：「耶和華對摩西說：『你進去見法老，我使他和他的臣僕的心強硬起來，好讓我在他們中間顯示我的神跡，並要叫你把我向埃及人所作的事情和所行的神跡，流傳於你的兒子和你的孫子中間，好叫你們知道我是耶和華！』」

面對埃及法老一次又一次違背諾言，耶和華通過摩西手中的神杖一連九次給埃及人降下災禍，除了歌珊的以色列人居住區之外，全埃及先後出現了河水變血，青蛙、蝨子、蒼蠅、瘟疫、膿瘡、冰雹、蝗蟲和日全食等一系列可怕的自然災難，直到摩西以全能先知的身分向法老發出最後警告：「埃及遍地必有空前絕後的大災難，至於以色列，無論是人是牲畜都神聖不可侵犯，連狗都不敢向他們搖舌，好叫你們知道是耶和華將埃及人和以色列人區別出來的。你的一切臣僕都要匍伏著來見我說：求你和你的百姓離開埃及。然後我們才離開。」

埃及人所遭受的最為致命的懲罰，是由耶和華直接實施的。他對摩西吩咐說：「本月初十日，以色列人各家要按人數和飯量計算，預備一隻無殘疾的一歲公羊羔，到本月十四日黃昏時候一

起把羊羔宰了，用牛膝草把血塗在門楣和門框上，把羊羔的肉用火烤了與無酵餅和苦菜一塊吃，剩下的用火燒掉。吃羊羔的時候要腰間束帶、腳上穿鞋、手中拿杖，做好出發的一切預備，但不可走出房門。這夜我要巡行埃及各地，擊殺埃及一切頭生的。我一見門上塗的血，就越過去，不進入這一家。以後你們要紀念這一天，守為耶和華的節，世世代代永為定例。」

1月14日晚上，以色列人按照耶和華的要求每家宰殺一頭羔羊並把羊血塗在門板和門框上。到了半夜，耶和華看見誰家門上沒有血，就將他家的長子連同頭生的牲畜全部殺死。從法老到平民，全埃及沒有一家不死人，埃及的哭叫聲驚天動地，法老連夜召見摩西，請求以色列人儘快離開。以色列人在埃及吃完最後一頓晚餐後連夜起程，離開之前還乘人之危掠奪了埃及人的財物和牲畜。為了紀念耶和華幫助以色列人離開暫住地埃及，猶太教徒和基督教徒把這一天命名為逾越節。猶太教和基督教正是由此逐步樹立起耶和華上帝至高無上的絕對權威的。

當以色列人來到紅海岸邊的時候，法老帶著復仇的軍隊追趕上來。摩西再一次舉起手中的牧杖，從耶和華上帝那裡刮起的大風，為以色列人在海水中開闢出了一條通道。法老見此情景，身先士卒衝進紅海，一陣滔天巨浪吞沒了他和他的軍隊。在埃及暫居430年的以色列人從此進入西奈沙漠，在曠野中整整流浪80年之後，才又一次回歸耶和華上帝的應許之地。

第五節　嗎哪神跡與禮拜制度

《聖經・舊約・出埃及記》第十二章所說的「除了婦人和孩子，步行的男人約有六十萬，又有許多閒雜人等，並有羊群牛群

和他們同行」，顯然是誇大之辭，據現代學者的研究推算，當年隨摩西逃出埃及的以色列人，實際人數不會超過3萬人。這是一支臨時召集的隊伍，「他們用埃及帶出來的生麵烤成無酵餅，這生麵原沒有發起，因為他們被催促離開埃及不能耽擱，也沒有為自己預備什麼食物。」

關於這些逃出埃及的以色列人，美國學者房龍在《聖經的故事》中寫道：「人的本性是很難改變的。3000年前的以色列人，與我們今天的人並沒有太大的區別。他們在埃及之所以生活得不愉快，主要是因為他們遭受著殘酷的奴役。現在，儘管已經重獲自由，但他們又開始抱怨。他們討厭沙漠，討厭那裡的酷熱和沙塵。不久，他們就把這一切歸罪於摩西，而正是摩西把他們從埃及的那種寄人籬下的生活中解救出來，投入到一種全新的生活中去的。在他們看來，這種新生活比埃及工頭的鞭子更加恐怖。」[25]

要讓這樣的民眾表現出百折不撓的凝聚力和戰鬥力，唯一的途徑就是通過連續不斷的神跡來確立神聖宗教的絕對權威。

在沙漠中漂泊和遷移，最重要的是水源。「摩西領以色列人從紅海往前行，在曠野中走了三天找不到水。到了瑪拉不能喝那裡的水，所以那地名叫瑪拉。百姓就向摩西訴苦：『我們喝什麼呢？』摩西呼求耶和華，耶和華指示他一顆樹，他把樹丟在水裡，水就變甜了。」

根據《聖經·舊約》中提供的線索，考古學家在瑪拉古城遺址發現了一眼苦泉，化驗結果表明，水中含有硫酸鈣，只要往裡面放上一些草酸，硫酸鈣就凝固沉澱，苦味就消失了。當地的

---

[25] [美]亨德里克·威廉·房龍著，龍啟文、彭進編譯《聖經的故事》，新疆人民出版社，2002年，60頁。

牧民自古以來一直用一種含有草酸的愛力華灌木使苦水變甜。摩西用來征服民眾的這一神跡，原本是他牧羊生活中的一種基本技能。在另一次連苦水也找不到的情況下，據說是摩西在耶和華的教導下用牧杖敲打了一下岩石，泉水就從堅硬的花崗岩的縫隙中淌了出來。

對於並不富饒的西奈沙漠來說，供給一支幾萬人的游牧隊伍無疑是空前沉重的負擔。這一年的2月15日，以色列人開始絕糧，面對飢餓，人們再一次遷怒於摩西和亞倫：「我們在埃及時，坐在肉鍋旁邊，有吃有喝，就是死在耶和華手中也強似你們將我們領到這曠野裡餓死。」摩西只好求告耶和華，「耶和華曉諭摩西說：『我已經聽見以色列人的怨言，你告訴他們說，到黃昏的時候，你們要吃肉，早晨必能得到食物，出門就知道我是耶和華你們的神。』到了晚上有鵪鶉飛來，遮滿了營地。早晨在營地四周的地面上有露水，露水上升後，地面上出現白霜一樣的小圓物。這食物，以色列人叫嗎哪，樣子像芫荽籽，顏色是白的，滋味如同攙蜜的薄餅。」

科學考察合理解釋了耶和華上帝的所謂神跡：西奈半島上空，每年春天都會有大批鵪鶉從非洲內地飛往歐洲去繁殖。這些鵪鶉由於飛行勞累，通常要在西奈半島有水的地方休息一次，其中較為虛弱的鵪鶉停下來後再也飛不起來，於是就成了以色列人的美味。當以色列人第二次吃到鵪鶉的時候，有些人得了重病甚至於失去生命，《聖經·舊約》給出的解釋是：第一次是耶和華為平息以色列人的怨言而降下的恩賜，第二次是耶和華為告誡抱怨者而降下的懲罰。科學的考察解構了神聖宗教恩威並重的精神策略：有些鵪鶉在飛往歐洲之前，在非洲的蘇丹吃過一種含有特殊生物鹼的穀物，以色列人食用後便造成了食物中毒。

在西奈半島的沙漠綠洲裡，生長著一種檉柳樹，每到春天就會分泌出一種微甜的汁液，這種汁液在空氣中凝固成為白色的小球，像一粒粒小冰雹一樣落在地上，當地居民直今還在採集這種白色小球充當食物。當年的以色列人卻通過這種並不神祕的神跡，再一次確立了沿用至今的星期禮拜制度：「耶和華對摩西說：『我要將糧食從天降給你們，百姓可以每天收每天的分，我好試驗他們遵不遵守我的法度。到第六天他們要把所收進來的預備好了，比每天所收多一倍。』摩西就對以色列人說了。」

第七天是上帝創造天地萬物的安息日，也是以色列人放下工具或武器專門禮拜的日子，在「以色列人吃嗎哪共四十年」的漫長歲月裡，每週七天的輪回禮拜制度終於被固定了下來。

第六節　《西奈盟約》之摩西十誡

在不間斷的沙漠征戰和游牧遷徙過程中，摩西日益感覺到通過神聖宗教來統一思想的重要性和緊迫性。在米甸停留其間，他的岳父、與他同為耶和華一神教先知的葉忒羅支持了他的行動，並且委派兒子何巴充當以色列人北上的嚮導。在以色列人出埃及滿三個月的那一天，摩西在西奈山下向眾人傳達了耶和華的旨意：「你們要歸我作祭司的國度，為聖潔的國民。」

耶和華要求以色列人自潔兩天，第三天他要在眾人面前降臨西奈山。接下來便出現了至高無上的耶和華上帝通過全能先知摩西與以色列人訂約的神聖傳奇：「西奈山上有驚天動地的雷轟、閃電和密雲，伴隨著震耳欲聾的號角聲，營中的百姓全都在發顫。摩西率領百姓出營，在山下列隊迎接神。耶和華在火中降臨於山頂，號角聲越來越響，摩西在喧鬧中開始與神對話。耶和華

召摩西到西奈山頂，對他說：『你下去囑咐百姓，不可闖到我面前觀看，以免有許多人死亡。叫親近我的祭司自潔，免得我忽然出來打擊他們。』於是摩西下到百姓那裡告訴他們。」

摩西安排哥哥亞倫統領營地中的人馬，他自己在得力戰將約書亞的陪同下向西奈山的頂峰攀登，臨近峰頂時，他讓約書亞留下等候，自己一個人去接受耶和華的約法。耶和華與摩西訂立「西奈盟約」，然後「把兩塊法版交給他，是上帝用指頭寫的石版」。

整整40個白天和晝夜過去了，摩西從山上扛下鐫刻著「十誡」的兩塊石板。令他意想不到的是，由於亞倫的軟弱無能，以色列人已經放棄了對於上帝耶和華的信仰，女人們紛紛解下身上佩帶的首飾，集中起來鑄造成一尊埃及人信奉的金牛塑像。當摩西回到營地的時候，這些人正圍著金牛載歌載舞。摩西見以色列人崇拜異教神，於憤怒中把帶回來的石板摔成碎片，接著便採用血腥手段鎮壓本民族內部的異教徒。

摩西和他的哥哥亞倫是雅各的兒子利未的後裔，以色列部族中最為強大的利未人，一直是摩西最為堅強的支持者。摩西在利未人的支持下，連夜向本民族內部的異教徒發起進攻，一夜之間殺掉數千人。沒有被屠殺的以色列人也被迫屈服並公開認錯，摩西代他們向耶和華祈求寬恕說：「現在只求你赦免他們的罪，不然，就把我從你所記錄的冊子上抹去吧！」耶和華應允了摩西的祈求，讓他再一次登上西奈山。40天後，摩西從耶和華那裡帶回另外兩塊刻有「十誡」的石板。

「十誡」是「西奈盟約」的總綱部分，《聖經·舊約·出埃及記》第二十章和《聖經·舊約·申命記》第五章分別記載了「十誡」的內容，兩者在具體條款上並不完全一致。由於《聖

經》中的「摩西十誡」經文過於冗長，不符合希伯萊原文中所說的「十句話」的說法，經文家便在經文基礎上進行概括歸納，於是便有了人們通常所說的「摩西十誡」：

一、除上帝外不可敬拜別的神。

二、不可敬拜偶像。

三、不可妄稱上帝的名。

四、當守安息聖日。

五、當孝敬父親。

六、不可殺人。

七、不可姦淫。

八、不可偷盜。

九、不可作假證陷害人。

十、不可貪婪別人的財物。

除「摩西十誡」外，《西奈盟約》中還有許多具體的細則，這是一部典型的民族宗教約法，其中既有進步合理的成份，也不乏狹隘苛刻、原始野蠻的地方。

當時的以色列人，其實是一種部族聯盟共同體，摩西只是名義上的最高領袖。由於以色列人不斷的內亂引起耶和華的憤怒，在隊伍靠近應許之地迦南的時候，以色列人被罰在沙漠之中繼續流浪40年。40年後，摩西以120歲的高齡在死海東岸的摩押地區突然逝世，接替他的權力的約書亞，在耶和華的引導下帶領隊伍渡過約旦河，最終完成了征服迦南的民族事業。

迦南就是現在的巴勒斯坦地區，約書亞按照摩西的遺囑，把迦南地區分配給以色列人的12個支派。這12個支派就是雅各的

12個兒子的後裔。由於耶和華在西奈山與摩西締結「西奈盟約」
時，指定亞倫和他的兒子「分別為聖，好給我供祭司的職分」，
摩西便奉耶和華上帝的旨意，用貴重木材打造成一個內外包金的
方櫃，專門用來存放上帝的約法。約櫃內藏有兩塊刻有十誡的石
版，還有藏著呢哪的金盒以及亞倫的手杖。在金牛事件中支持摩
西的利未支派，被授予保護約櫃的專門職責，從此成為不從事生
產勞動的祭司支派，靠其他支派向耶和華上帝奉獻的「什一稅」
生活。在這種情況下，約書亞沒有給利未人劃分獨立的領地，而
是把分散在12個支派領地之中的48座城市分配給利未人。為補足
12支派的數目，約書亞將約瑟的兩個兒子瑪拿西和以法蓮的後裔
各自獨立，於是，在迦南地區得到領地的，就成了流便、西緬、
猶大、以薩迦、西布倫、便雅憫、但、拿弗他利、迦得、亞設、
以法蓮、瑪拿西共12個部族的以色列人。

　　與《聖經·舊約》中的摩西相比較，《古蘭經》中的穆薩更
接近於普通人的正常人性。《古蘭經》中認養摩西為兒子的不是
法老的女兒而是法老的妻子。在對待本民族內部的異教徒鑄造金
牛犢從事偶像崇拜這件事上，《古蘭經》認為哈倫只是因優柔寡
斷而制止不力，他的立場同穆薩還是一致的；而《聖經·舊約》
卻認為亞倫是一度站在摩西對立面的主謀和縱容者。更為重要的
是，《古蘭經》中的穆薩並沒有像《聖經》中的摩西那樣，對於
本民族內部的異教徒大肆屠殺。[26]

---

[26] 《古蘭經》第七章的150至154節對《聖經·舊約·出埃及記》進行了重新改寫：
「當穆薩憤怒而又悲傷地去見他的宗族的時候，他說：『我不在的時候，你們替
我做的事真惡劣！難道你們不能靜候你們主的命令嗎？』他扔了法版，揪住他哥
哥的頭髮，把他拉到身邊。他說：『胞弟啊！宗族們確已欺負我，他們幾乎殺害
了我，你不要使我的仇敵稱快，不要把我當作不義者。』……穆薩怒氣平息後把
法版拾了起來。對於敬畏者，法版裡有引導和慈恩。」伊斯蘭教經學家認為，這
段話是對於《聖經》文本的恢復與糾正。

第七章
以色列王國的神聖傳奇

　　摩西雖然在有生之年為以色列人確立了民族宗教，卻沒有為以色列人建立起統一的民族國家以及與其相配套的法律規則和制度框架，從而為後世的以色列人留下了無窮隱患。基督教對於猶太教的進步，正在於它在很大程度上克服了以色列人以上帝選民自居的種族觀念，從而逐步完成了民族宗教向世界宗教的飛躍昇華。固守摩西律法的猶太人，反倒因為偏執狂熱的種族歧視和種族戰爭，把整個民族捲入了周而復始、輪回反復的戰爭殺戮之中。以色列王國的建立與毀滅，僅僅是這種戰爭殺戮的前奏序曲。

第一節　塔魯特與掃羅

　　《古蘭經》中的塔魯特，就是《聖經‧舊約》中的第一任以色列國王掃羅。《古蘭經》第二章在講述以色列人的聖戰時，談到了塔魯特的事蹟：

　　　　你不知道穆薩死後以色列人中的領袖嗎？當時他們對一個同族的先知說：「請你替我們立一個國王，我們就為主道而戰鬥。」他說：「如果戰鬥成為你們的定制，你們會不戰鬥嗎？」他們說：「我們已被敵人逐出故鄉，父子離散，我們怎能不為主道而戰鬥呢？」戰鬥已成為他們

的定制的時候，他們除少數人外，都違背命令了。真主是
全知不義的人的。他們的先知對他們說：「真主確已為你
們立塔魯特為國王了。」他們說：「他怎麼配做我們的國
王呢？我們是比他更配做國王的，況且他沒有豐富的財
產。」他說：「真主確已選他為你們的領袖，並且加賜他
淵博的學識和健壯的體魄。」真主常常把國權賞賜自己所
意欲的人。真主是寬大的，全知的。

他們的先知對他們說：「他的國權的跡象，是約櫃降
臨你們，約櫃裡有從主降下的寧靜，與穆薩的門徒和哈倫
的門徒的遺物，眾天神載負著它。對於你們，此中確有一
種跡象，如果你們是信士。」

當塔魯特統率軍隊出發的時候，他說：「真主必定以
一條河試驗你們，誰飲河水，誰不是我的部屬；誰不嘗河
水，誰確是我的部屬。」只用手捧一捧水的人，（不算違
抗命令）。嗣後，他們除少數人外，都飲了河水。當他和
通道的人已渡過河的時候，他們說：「今日我們絕無能力
敵對查魯特和他的軍隊。」有些將士確信將來必與真主相
會，他們說：「少數的部隊，賴真主的佑助，往往戰勝多
數的部隊。」真主是與堅忍者同在的。當他們出去與查魯
特和他的軍隊交戰的時候，他們祈禱說：「我們的主啊！
求你把堅忍注入我們的心中，求你堅定我們的步伐，求你
援助我們以對抗不通道的民眾。」他們借真主的佑助而打
敗敵人。達伍德殺死查魯特，真主把國權和智慧賞賜他，
並把自己所意欲的（知識）教授他。要不是真主以世人互
相抵抗，那麼，大地的秩序必定紊亂了。但真主對於全世
界是有恩惠的。（2:246-252）

　　與《古蘭經》相比，《聖經》中的掃羅並沒有如此完美和如此神聖，而是與人類社會中同為精神生命體的所有個人一樣，具備著人性善和人性惡的自相矛盾。

　　先知摩西和他的繼承人約書亞逝世之後，以色列人沒有了共同的領袖，十二個支派各自為政，共同的宗教信仰成了維繫各個支派的唯一紐帶。以色列人要想繼續成為迦南地區的統治者，僅僅依靠先知和祭司從耶和華上帝那裡得來的啟示和神跡，是遠遠不夠的，只有真刀真槍的征戰，才能確保多國聯盟的繁榮穩定。在這種情況下，比祭司擁有更高級別的宗教權威和更大份額的政治權力的士師應運而生。

　　在古希伯萊語中，士師的意思是「裁決者」，通常由能征善戰的軍事首領來擔任。在戰爭年代裡，士師是各部族的聯軍司令；在和平歲月中，士師既是執行宗教裁決的祭司，又是部族事務的管理者，擁有政教合一的雙重權力，是事實上的部族首領和割據之王。然而，在戰爭年代裡，沒有一位士師敢自稱是整個以色列民族的國王，游牧民族對於個人自由有著異常強烈的執著，他們會殺掉任何一個肆意踐踏個人自由的統治者。

　　後來，經過與迦南地區原住民以及周邊國家的長期戰爭，以色列民族進入相對穩定繁榮的和平時期。四通八達的道路修好了，這個位於亞洲大陸西北角的部族聯盟，成為跨國商隊的必經之地，一些喜歡城市生活的以色列人重返城市，充分發揮出他們的經商才能。以城市為中心的商業文明，迫切需要一個相對統一的政治架構來管理規範更加複雜的社會生活，祭司與軍事首領的權力角逐，也必然會導致掌握最高權力的專制國王的應運而生。不過，在宗教立國的神權國家裡，國王的合法性必須得到祭司的承認，第一位以色列國王的成功與失敗，全在於此。

　　據《聖經・舊約・撒母耳記》的記載，撒母耳是拉瑪人，出身於利未部族，母親哈拿老年生子，從小就把他奉獻給停放約櫃的示拿聖殿敬奉耶和華。著名的祈禱詞「主啊，請說！僕人敬聽」，就是他聽到耶和華的召喚時首先採用的。前任士師兼祭司以利，因為聽到兩個兒子戰死沙場的消息震驚而死，撒母耳臨危受命繼任士師，率領以色列軍隊與非利士人交戰於米斯巴地，獲勝後收回被非利士人佔領的幾座城邑。撒母耳晚年立自己的兩個兒子為士師，這兩個兒子因為貪財求賄失去人心。大約在西元前1030年，各個部族的長老們組成一個代表團與撒母耳談判，要求他為以色列人立一位國王，以確保撒母耳死後依然有人來領導整個民族。撒母耳為此向耶和華祈禱，耶和華指示他立便雅憫部族的掃羅為王。也就是說，掃羅的王位是由大士師撒母耳以耶和華上帝的名義授予的：「撒母耳對掃羅說：『耶和華差遣我膏你為王，治理他的百姓以色列，所以你當聽從耶和華的話！』」

　　聽從耶和華的話實際上就是聽從耶和華的代言人撒母耳的話，撒母耳是一位嚴厲的主人和老師，是他發現了原本是便雅憫部族普通牧民的掃羅，又是他借助民族宗教的神聖權威剝奪了掃羅一國之王的合法性。

　　在膏立掃羅為國王之前，撒母耳曾經明確警告以色列人：不久他們就會成為國王的臣民，這個國王將拿走他們的兒子、女兒、貨物、財產，並且為自己的縱欲享樂而佔有它們。他的警告沒有引起以色列人的足夠重視。

　　被撒母耳施過膏禮成為國王的掃羅，起初只是一位軍事統帥，耶和華通過撒母耳命令掃羅按照「毀滅律」攻打一直與以色列人為敵的亞瑪力人：「滅盡他們所有的，不可憐惜他們，將男、女、孩童、吃奶的並牛、羊、駱駝和驢盡行殺死。」在戰勝

亞瑪力王亞甲之後，掃羅並沒有執行耶和華的「毀滅律」殺死亞甲，並且私自留下了許多肥壯的牛羊。撒母耳發現後不僅公開指責掃羅違背耶和華的意志，還重新膏立了一位繼承人，他就是以勇敢著稱的牧羊人大衛，也就是《古蘭經》中的達伍德。

第二節　摩押女子路得的賢慧傳說

　　《聖經‧舊約》中的《路得記》，被認為是最早出現的一篇希伯萊文短篇小說，小說中的女主人公路得不是以色列人，而是一位摩押女子。有一年迦南地區發生災荒，家住伯利恆的以利米勒，帶著妻子和兩個兒子到摩押逃荒。為在異地重建家園，以利米勒拼命勞作，沒過多久就因積勞成疾而猝然死去，留下妻子拿俄米和兩個兒子艱苦度日。兩個兒子基連和瑪倫都是很正派的年輕人，他們幫助母親勤勞持家，從而贏得摩押人的喜愛和尊敬，兄弟二人先後與當地的摩押女子結婚，路得就是瑪倫的妻子。

　　不幸的是，基連和瑪倫兄弟也沒有長壽，兩個人死後家裡只剩下三個女人，拿俄米悲痛之餘，想返回故鄉伯利恆度過餘生。基連的遺孀俄珥巴不願意遠離娘家，就選擇了留在摩押。路得不忍心離開無依無靠的婆婆，決定跟隨婆婆到伯利恆去。婆媳二人回到伯利恆之後身無分文，連溫飽都得不到保障。好在她們恰好趕上了伯利恆的收穫季節，先知摩西立法時為可能挨餓的窮人著想，規定收割後落在地上的麥穗歸沒有土地的窮人所有。

　　拿俄米已經老得不能幹活了，路得只好一個人到麥田裡撿拾麥穗。以利米勒的堂兄波阿斯是當地的富戶，他同情路得的遭遇，中午時主動邀請路得和自己的人一塊吃飯，她要多少乾糧就給她多少。路得只吃了一點，準備把剩下來的帶回家去給婆

婆吃。

第二天，路得又來到麥田，波阿斯想幫助路得又怕傷害她的感情，就讓收割麥子的人故意多留些麥穗在地裡。一天下來，路得發現自己撿來的麥穗比以前的一個星期還要多。晚上回家後，她把白天的事情告訴婆婆，拿俄米聽了非常高興，勸說路得按照當地的風俗嫁給前夫家的親戚波阿斯。

以利米勒和波阿斯的家族，隸屬於以色列人中的猶大部族。按照先知摩西制定的律法，以色列人有替兄弟傳宗接代的義務，高利貸者不可侵害貧困農戶的利益。波阿斯根據這些律法，出錢贖回了堂兄以利米勒家原有的田地，然後向路得正式求婚。路得接受求婚，帶著婆婆嫁給了波阿斯，直到路得的長子俄備得降生之後，拿俄米才心滿意足地離開人世。

俄備成人後生下耶西，耶西的兒子就是以色列人的國王大衛，聖母瑪利亞是大衛王的直系後裔。也就是說，大衛王和耶穌基督的血管裡，都流淌著摩押人的異族血統。這與後來的猶太人堅決反對異族通婚的宗教傳統是不一致的，也為基督教擺脫猶太教的狹隘民族觀念並且最終演變成為世界性宗教，埋下了伏筆。

第三節　達伍德與大衛

按照《古蘭經》的說法，與《古蘭經》、《討拉特》（「摩西五經」）、《引支勒》（「新約福音書」）同為天經的《宰逋爾》，也就是有「大衛詩篇」之稱的《聖經‧詩篇》，是由阿拉降示給達伍德（大衛）的。《古蘭經》第四章中專門提到了這一點：「我確已啟示你，猶如我啟示努哈和在他之後的眾先知一樣，也猶如我啟示易卜拉欣、易司馬儀、易司哈格、葉爾孤白各

支派，以及爾撒、安優卜、優努司、哈倫、素萊曼一樣。我以《宰逋爾》賞賜達伍德。」

據《古蘭經》第二一章介紹，達伍德（大衛）和他的兒子素萊曼（所羅門），都是從阿拉那裡得到超人智慧的：「（你應當敘述）達伍德和素萊曼，當百姓的羊群夜間出來吃莊稼的時候，他倆為莊稼而判決，對於他們的判決我是見證。我使素萊曼知道怎樣判決。每一個我都賞賜了智慧和學識。我使群山和眾鳥隨從達伍德一道讚頌我。我曾經做過那件事了。我教他替你們製造鎧甲，以保護你們，使你們得免於戰爭的創傷，這你們感謝嗎？我替素萊曼制服狂風，它奉他的命令而吹到我曾降福的地方，我是深知萬物的。我又替他制服一部分惡魔，他們替他潛水，並且做其他工作，我是監督他們的。」

需要特別說明的是，《聖經》故事中的以色列國王大衛，遠沒有《古蘭經》中的達伍德完美神聖。撒母耳選中大衛時，大衛還是個未成年的牧童，大衛為王的塗油儀式是祕密進行的，受膏後的大衛只是無職無權的候補國王。

少年大衛是一位無師自通的詩人和音樂家，他不但會唱歌，而且會彈豎琴，《聖經‧詩篇》中有73首詩歌的署名都是大衛，《聖經‧詩篇》也因此被稱為《大衛詩篇》。大衛的歌唱贏得了普遍歡迎，只有掃羅對他存有戒心。

掃羅自從受到撒母耳公開指責後患上了精神病。面對非利士人的入侵，精神失常的掃羅遲遲不肯出兵迎戰。將領們只好請來大衛給掃羅唱歌彈琴，掃羅的病情雖然有所好轉，依然不肯與敵軍交戰，最後只好由大衛一個人出面接受挑戰，他在戰場上出奇制勝，一舉殺死了非利士巨人歌利亞。英俊的紅髮少年大衛從此成為以色列人的救星，掃羅的兒子約拿單與大衛結成最好的朋

友，掃羅的女兒米甲也深深地愛上了大衛。身為國王，掃羅不得不有所表示，他任命大衛為戰士長，答應以殺死100個非利士人作為條件把女兒米甲嫁給大衛。大衛滿足了掃羅的條件，兩位政治上的競爭對手變成了一對翁婿。不過，兩個之間並沒有因為翁婿關係而和平共處，大衛為逃避掃羅的一再追殺，在約拿單的保護下逃到猶大山區，成為南部以色列人占山為王的強盜首領。支持大衛的大士師撒母耳，不久之後也離開人世。

沒有屬於自己的領地而只擁有一支400人的軍隊的大衛，在猶大山區長期扮演商隊保鏢和雇傭軍的角色，在最為困難的時期甚至一度投靠以色列人的敵人非利士人。為謀取財富，他還把妻子米甲送給住在迦琳村的一個朋友，另娶迦密酋長的遺孀亞比該為妻。西元前1010年左右，掃羅和兒子約拿單在與非利士人作戰時犧牲了性命，大衛回到希伯倫正式繼承王位。在隨後的七年當中，大衛通過戰爭統一了以色列的12個部族，第一次建立起統一的以色列王國，並且把首都遷移到了耶路撒冷。這裡是從非洲到美索不達米亞平原的交通要道，也是以色列人的商業中心。

大衛先在耶路撒冷為自己修建了一座宮殿，然後又著手修建一座新的聖殿，以便把裝有「摩西十誡」的神聖約櫃安放在新建首都耶路撒冷。這樣一來，耶路撒冷不僅是世俗政權的首都，同時也是以色列人的宗教中心。當時的巴勒斯坦還有其他一些宗教聖地，一直壟斷祭司職務的利未人為確保自己的既得利益，與大衛達成政治上的妥協諒解：利未人堅決支持大衛的世俗權力，大衛下令把國內其他的祭祀場所一律關閉，迫使朝拜者全部到耶路撒冷向耶和華獻祭。在處理好這些宗教事務之後，大衛又通過與周邊國家的戰爭與談判圈定邊界，為以色列王國帶來了一段難能可貴的和平歲月。

　　不受限制的絕對權力必然導致絕對的腐敗，以色列王國的統一之王大衛，同樣沒有逃出這一鐵律。與大同人類中所有的精神生命體一樣，大衛有他的七情六欲和人性弱點。據《舊約聖經‧撒母耳記》第十一章介紹，在耶路撒冷建都之後，大衛逐漸表現出擁有絕對權力的專制者荒淫好色、不擇手段的另一面。

　　夏天的一個夜晚，大衛與往常一樣坐在王宮房頂上乘涼觀賞，他遠遠看到一個漂亮女子在自己家的院落裡裸體沐浴。經過調查，大衛得知漂亮女子的名字叫拔示巴，是正在前線服役的將領烏利亞的妻子。大衛派人把拔示巴接進宮中同住了一個晚上，然後又把她送回家中。過了不久，拔示巴告訴大衛已經懷上了他的孩子。大衛知道自己做了錯事，想把事情掩蓋起來，就調烏利亞回來彙報軍情，然後讓他回家休息，沒想到烏利亞和同伴們一起在宮廷外過夜，說是「我的元帥和同伴都在前線作戰，我怎能一個人回家享福呢！」

　　在這種情況下，大衛不是坦白承認自己的過失，反而變本加厲地犯下了新的罪惡。他給自己的侄子、正統帥大軍與亞捫人作戰的約押下達密令，讓他派烏利亞到最危險的地方參加戰鬥。在大衛的精心導演下，烏利亞在戰場上不明不白地充當了犧牲品，拔示巴不久便成為大衛眾多妻子中最受寵愛的一位。

　　耶和華對於大衛的罪行大為不滿，委派先知拿單當面斥責。大衛與拔示巴生育的第一個兒子，也因為耶和華的懲罰夭折而亡。大衛為此寫下一首懺悔詩：「上帝啊，求你為我造清潔的心，使我裡面重新有正直的靈。」

　　所羅門是大衛與拔示巴生育的第二個兒子，在大衛死後成為以色列人最為著名也最有智慧的國王。被大衛剝奪了王位繼承權的大兒子押沙龍，因為叛亂而死於親生父親的武力討伐。

第四節　素萊曼與所羅門

　　與《聖經》故事中的所羅門一樣，《古蘭經》中的素萊曼不僅是人間的統治者，而且是熟悉各種動物語言、能夠統帥各種精靈的一個超人。《古蘭經》第二七章所介紹的，就是素萊曼對於人類以及動物界的偉大號召力：

　　　　我確已把學問賞賜達伍德和素萊曼，他倆說：「一切讚頌，全歸真主！他曾使我們超越他的許多通道的僕人。」素萊曼繼承達伍德；他說：「眾人啊！我們曾學會百鳥的語言，我們曾獲得萬物的享受，這確是明顯的恩惠。」

　　　　素萊曼的大軍——由精靈、人類、鳥類組成的——被召集到他面前，他們是部署整齊的。等到他們來到蟻谷的時候，一個母蟻說：「螞蟻們啊！快進自己的住處去，以免被素萊曼和他的大軍不知不覺地踐踏。」素萊曼為她的話而詫異地微笑了，他說：「我的主啊！求你啟示我，使我常常感謝你所賜我和我的父母的恩惠，並使我常常做你所喜悅的善功，求你借你的恩惠使我得入你的善良的僕人之列。」他曾檢閱眾鳥，他說：「我怎麼不見戴勝呢？它缺席嗎？我必定嚴厲地懲罰它，或殺掉它，除非它帶一個明證來給我。」它逗留不久，就來了，它說：「我知道了你不知道的事，我從賽百邑帶來了一個確實的消息給你。我確已發現一個婦人，統治一族人，她獲得萬物的享受，她有一個龐大的寶座。我發現她和她的臣民都舍真主而崇

拜太陽，惡魔曾以他們的行為，迷惑他們，以至阻礙他們
走上正道，所以他們不遵循正道。他們不崇拜真主──揭
示天地奧秘，而且深知你們所隱諱和表白的主。真主，除
他外，絕無應受崇拜者，他是偉大的寶座的主。」他說：
「我要看看你究竟是誠實的，還是說謊的。你把我這封
信帶去投給他們，然後，離開他們，你試看他們如何答
覆。」她說：「臣僕們啊！我接到一封貴重的信。這封信
確是素萊曼寄來的，這封信的內容確是『奉至仁至慈的真
主之名。你們不要對我傲慢無禮，你們應當來歸順我』」
她說：「臣僕們啊！關於我的事，望你們出個意見。我從
來不決定任何一件事，直到你們在我面前。」他們說：
「我們既有武力，又有勇氣。我們對你唯命是從，請你想
一想，你要我們做什麼。」她說：「國王們每攻入一個城
市，必破壞其中的建設，必使其中貴族變成賤民，他們這
些人，也會這樣做的。我必定要派人送禮物去給他們，然
後，等待著看使臣帶回什麼消息來。」

　　當使者到了素萊曼面前的時候，他說：「你們怎麼
以財產來資助我呢？真主所賜我的，勝過他所賜你們的。
不然，你們為你們的禮物而洋洋得意。你轉回去吧，我必
定統率他們無法抵抗的軍隊去討伐他們，我必定把他們卑
賤地逐出境外使他成為受凌辱的。」他說：「臣僕們
啊！在他們來歸順我之前，你們中有誰能把她的寶座拿來
給我呢？」一個強梁的精靈說：「在你離席之前，我把它
拿來給你。我對於這件事確是既勝任又忠實可靠的。」那
深知天經的人說：「轉瞬間我就把它拿來給你。」當他看
見那個寶座安置在他面前的時候他說：「這是我的主的恩

惠之一，他欲以此試驗我，看我是感謝者還是辜負者。感謝者，只為自己的利益而感謝；辜負者（須知）我的主確是無求的、確是尊榮的。」他說：「你們把她的寶座改裝一下，以便我們看她能否認識自己的寶座。」當她來到的時候，有人說：「你的寶座像這樣嗎？」她說：「這好像是我的寶座。」在她之前，我們已獲得知識，我們已是歸順的。她舍真主而崇拜的，妨礙她，她本是屬於不通道的民眾。有人對她說：「你進那宮殿去吧！」當她看見那座宮殿的時候她以為宮殿裡是一片汪洋，（就提起衣裳）露出她的兩條小腿。他說：「這確是用玻璃造成的光滑的宮殿。」她說：「我的主啊！我確是自欺的，我（現在）跟著素萊曼歸順真主——全世界的主。」（27:15-45）

《古蘭經》第三四章中還介紹了素萊曼呼風喚雨、驅使精靈的特異功能：「我確已賞賜達伍德從我發出的恩惠。群山啊！眾鳥啊！你們應當和著他讚頌，我為他使鐵柔軟，我對他說：『你應當製造完善的鎧甲，你應當定好鎧甲的寬度。你們應當行善，我確是明察你們的行為的。』我曾使風供素萊曼驅使，風在上午走一月的路程，在下午也走一月的路程。我為他使熔銅像泉水樣湧出。有些精靈奉主的命令在他的面前工作；誰違背了我的命令，我就使誰嘗試烈火的刑罰。他們為他修建他所欲修建的宮殿、雕像、水池般的大盤、固定的大鍋。（我說）：『達伍德的家屬啊！你們應當感謝。』我的僕人中，感謝者是很少的。我決定他死亡的時候，只有吃他的手杖的柱蟲，指示他們他已經死了。當他倒下的時候，精靈們恍然大悟：假若他們能知幽玄，那麼，他們未曾逗留在凌辱的刑罰中。」

　　與《古蘭經》的記載相印證，《聖經》故事中的所羅門是一個既神通廣大又揮金如土的以色列國王，他即位不久就在睡夢中遇到耶和華上帝的聖靈，耶和華問他最希望得到什麼禮物，他的回答是智慧。在古希伯來語中，「智慧」也可以當作「狡猾」來理解。所羅門的智慧和狡猾，主要用在了盡可能多地收繳稅賦方面，這些稅賦集中用於建造和維修王宮、聖殿、米羅的階梯城堡、耶路撒冷的城牆以及三座邊界城市。

　　從西元前943年到西元前903年，所羅門做了40年國王，大部分時間都在從事各種建築物的大規模建設。繼位後第三年他就開始在耶路撒冷東北部山丘建造聖殿，歷時七年才告完工。耶路撒冷聖殿動用了世界各地的能工巧匠和建築物資，由於以色列人不喜歡光禿禿的石頭房子，這座用石頭砌成的聖殿的地面、牆壁和天花板，都覆蓋裝飾了一層杉木板或雪松板，這些板材外面又鍍上了一層薄薄的金箔。在聖殿中心的至聖所裡，站著兩個巨大的木雕天使，在天使的雙翼下安置著裝有摩西十誡石刻的神聖約櫃。

　　所羅門為自己修建的宮殿，歷時十三年之久，王宮分黎巴嫩宮、貴賓廳、審判宮、寢宮、埃及公主宮五個部分，另外還有供眾多後妃居住的豪華房間。《古蘭經》中所說的賽百邑女王，其實是阿拉伯半島西南部以盛產黃金著名的示巴國女王，她是在聽說所羅門建造的宏偉建築後，慕名來耶路撒冷訪問的。

　　所羅門在外交方面實行和平共處、通商互惠的政策，通過與埃及聯姻，與推羅結盟，保證了周外地區的和平穩定，大規模船隊的建造，使以色列成為地中海沿岸最為繁榮的商業中心。由於他過於奢侈腐化，在加重民眾勞役負擔的同時，也直接導致國庫的虧空。為償還債務，他不得不把北部加利利地區的二十座城市割讓給盟國推羅。

　　所羅門出於國家利益的考慮，先後迎娶了周邊幾個更加強大的鄰國的公主，她們分別來自埃及人、摩押人、赫梯人、以東人、亞門人、腓尼基人的王宮。於是，在耶路撒冷王宮的高牆內，充滿了來自亞洲、非洲、歐洲的各種異教偶像和祭壇。正是因為這個原因，《聖經·舊約·列王記》中把所羅門認定為分裂以色列王國的罪魁禍首：

　　　　耶和華向所羅門發怒，因為他的心偏離向他兩次顯現的耶和華以色列神所吩咐的。所以耶和華對他說：「你既行了這事，不遵守我所吩咐你守的約和律例！我必將你的國奪回，賜給你的臣子！然而因你父親大衛的緣故，我不在你活著的日子行這事，必從你兒子手中奪回！只是我不將全國奪回，要因我僕人大衛，和我選擇的耶路撒冷，還留一支派給你的兒子。」

　　這種宗教性的神聖解釋，顯然不切合於歷史事實。導致以色列國分裂滅亡的最為重要的原因，恰恰在於以色列人所信仰的政教合一的民族宗教，既不能克服上帝選民的種族偏見，又不能有效約束專制國王的絕對權力。

第五節　猶太人的出現

　　所羅門去世後，他與亞捫族女子拿瑪生育的兒子羅波安繼承王位。所羅門生前的反對派領袖耶羅波安一直在埃及避難，得知所羅門去世後，在埃及第二二王朝法老示撒的支持下回到以色列，要求通過選舉競爭國王。

　　來自全國各地的部族代表聚集在耶路撒冷，他們並不反對羅波安繼承王位，只是建議先通過一個能夠約束專制權力的大憲章，以保證他們有權抵制過於苛刻繁重的賦稅。面對代表團的要求，愚蠢無知而又專制蠻橫的羅波安回答說：「我父親在你們身上套上了沉重的枷鎖，這很好。我，你們的新國王，打算讓這副枷鎖更加沉重。我父親用鞭子教訓你們，而我用來教訓你們的是帶刺的棘鞭！」

　　一席話惹惱了代表團，10個部族拒不承認羅波安，只有南部的猶大和便雅憫兩個部族效忠于羅波安。西元前930年，以色列國一分為二，從此再也沒有統一過。北部的以色列王國與南部的猶大王國相比，有三倍大的領土和兩倍多的人口，牧場面積卻只有猶大王國的四分之三。

　　西元前722年，亞述人的鐵騎攻佔以色列王國，近10萬以色列人被當作俘虜帶離家園。西元前586年，新巴比倫國王尼布甲尼撒經過18個月的強攻征服佔領了耶路撒冷聖城，成千上萬的以色列人成為「巴比倫之囚」。西元前538年，被以色列人視為異族救世主的波斯王居魯士率領軍隊從一道水門攻入巴比倫城，第二年，居魯士國王恩准被稱為「巴比倫之囚」的色列人返回耶路撒冷，重建被尼布甲尼撒摧毀的宗教聖殿。

　　西元前400年左右，耶路撒冷聖殿的重建工程已經完成，以色列人100多年前的宗教熱情也趨於冷淡。由於當時的巴勒斯坦依然是波斯帝國的一個省，以色列人沒有自己的政治權力中心，生活腐化的祭司們熱衷於拋棄本民族的結髮妻子去另娶外邦女子為妻。以先知尼希米、以斯拉、瑪拉基等人為代表的以色列人，發動了一場純潔本民族的血統和信仰的宗教運動，要求本民族人與異族妻子離婚，否則，「耶和華必從雅各的帳篷中剪除他」。

這些先知還預言說：將會有一位叫以利亞的先知奉命前來勸化以色列選民，應該為「立約的使者」的到來做好準備。正是這場大規模的宗教運動產生了今天所說的猶太人，也就是民族血統和宗教信仰純正潔淨的以色列人，同時還為施洗者約翰和耶穌基督的出世，進行了輿論上的準備。

在波斯人較為寬鬆的統治下，猶太人接受了由古波斯人的偉大導師瑣羅亞斯德——也就是尼采筆下的查拉圖斯特拉——創立的瑣羅亞斯德教。瑣羅亞斯德教又稱拜火教，在瑣羅亞斯德教義關於智慧善良之神與愚昧邪惡之神不斷作戰的宗教觀念啟發下，猶太人開始相信有一個叫撒旦的惡魔，專門與上帝耶和華作對。猶太教的《聖經‧舊約》，就是在波斯皇帝的扶持和瑣羅亞斯德教的影響下編纂成形的，從事《聖經‧舊約》的編纂整理的巴比倫猶太學士，逐漸發展成享有政教特權的猶太貴族集團。

西元前332年，從希臘最好的學校裡培養出來的馬其頓國王亞歷山大，率領遠征軍攻克耶路撒冷，巴勒斯坦連同周邊的埃及、波斯、敘利亞，全都變成馬其頓帝國的殖民地。西元前323年，亞歷山大大帝在巴比倫王宮發燒去世，馬其頓帝國四分五裂，帝國將領托勒密自封為埃及國王，巴勒斯坦變成埃及王國的附屬國。由托勒密興建的埃及亞歷山大城，隨後成為猶太學者的活動中心，在接下來的300年時間裡，猶太教經典被翻譯成希臘文並傳入歐洲各國，這就是遍布世界各地的現代人所閱讀的《聖經‧舊約》。

第八章
宗教經典中的耶穌與爾撒

多數學者認為，《古蘭經》中的麥爾彥，就是基督教《聖經·新約》中的聖母瑪利亞。麥爾彥的兒子爾撒，就是基督教的救世主耶穌。但是，《古蘭經》中的麥爾彥和爾撒與《聖經·新約》中的瑪利亞和耶穌，又是存在著很大差異的。

第一節　聖母瑪利亞與麥爾彥

在《聖經·新約·馬太福音》中，一開始就介紹了耶穌基督的家譜：從亞伯拉罕到大衛，共有十四代；從大衛到遷至巴比倫的時候，也有十四代；從遷至巴比倫的時候到耶穌，又有十四代。「約瑟，就是瑪利亞的丈夫，那稱為基督的耶穌，是從瑪利亞生的。」這裡給出的是一個歷史循環的輪迴週期：每隔十四代，在以色列人中就要出現一位偉大人物，亞伯拉罕是以色列人的始祖，大衛是受到耶和華讚揚的以色列國王，耶穌是上帝之子和全人類的救世主。

關於耶穌的誕生，《馬太福音》寫道：「瑪利亞已經許配給約瑟，還沒有迎娶，瑪利亞就從聖靈懷了孕。她丈夫是個義人，不願意明明白白地羞辱她，想要暗暗地把她休了。正思念這件事的時候，有主的使者向他夢中顯現，告訴他說：『大衛的孫子約瑟，不要怕！只管娶過你的妻子瑪利亞來，因為她所懷的孕，是

從聖靈來。她將要生一個兒子，你要給他取名叫耶穌，因他要將自己的百姓從罪惡裡救出來。這一切事情的結果，是要應驗主借先知所說的話：必有童女，懷孕生子，人們把他叫做彌賽亞。』約瑟夢醒後，就遵照主的使者的吩咐，把妻子娶過來，只是沒有和她同房。當她生了兒子，就給他起名叫耶穌。」

在希伯萊語中，「彌賽亞」的意思是「神與我們同在」，「耶穌」的意思是「主是拯救」。關於救世主耶穌的出生過程，《聖經·新約》中有反反復複的敘述，關於聖母瑪利亞的身世卻很少提到。正是這個空檔盲區給《古蘭經》留下了充分發揮的餘地。《古蘭經》第三章的標題「儀姆蘭的家屬」，就是以麥爾彥父親儀姆蘭的名字來命名的，其中用較大篇幅介紹了「儀姆蘭的家屬」：

> 真主確已揀選阿丹、努哈、易卜拉欣的後裔，和儀姆蘭的後裔，而使他們超越世人。那些後裔，是一貫的血統。真主是全聰的，是全知的。
>
> 當時儀姆蘭的女人說：「我的主啊！我誓願以我腹裡所懷的，奉獻你，求你接受我的奉獻。你確是全聰的，確是全知的。」當她生了一個女孩的時候，她說：「我確已生了一個女孩。」真主是知道她所生的孩子的。男孩不像女孩一樣。「我確已把她叫做麥爾彥，求你保佑她和她的後裔，免受被棄絕的惡魔的騷擾。」她的主接受了她，並使她健全的成長，且使宰凱里雅撫育她。宰凱里雅每次進內殿去看她，都發現她面前有給養，他說：「麥爾彥啊！你怎麼會有這個呢？」她說：「這是從我的主那裡降下的。」真主必定無量地供給他所意欲的人。

　　在那裡，宰凱裡雅就祈禱他的主說：「我的主啊！求你從你那裡賞賜我一個善良的子嗣。你確是聽取祈禱的。」正當宰凱裡雅站在內殿祈禱的時候，天神喊叫他說：「真主以葉哈雅向你報喜，他要證實從真主發出的一句話，要長成尊貴的、克己的人，要變成一個善良的先知。」他說：「我的主啊！我確已老邁了，我的妻子是不會生育的，我怎麼會有兒子呢？」天神說：「真主如此為所欲為。」宰凱里雅說：「我的主啊！求你為我預定一種跡象。」天神說：「你的跡像是你三日不說話，只做手勢。你當多多的紀念你的主，你當朝夕贊他超絕。」

　　當時，天神說：「麥爾彥啊！真主確已揀選你，使你純潔，使你超越全世界的婦女。麥爾彥啊！你當順服你的主，你當叩頭，你當與鞠躬的人一同鞠躬。」這是關於幽玄的消息，我把它啟示你；當他們用拈鬮法決定誰撫養麥爾彥的時候，你沒有在場，他們爭論的時候，你也沒有在場。

　　當時，天神說：「麥爾彥啊！真主的確把從他發出的一句話向你報喜。他的名字是麥爾彥之子麥西哈·爾撒，在今世和後世都是有面子的，是真主所親近的。他在搖籃裡在壯年時都要對人說話，他將來是一個善人。」她說：「我的主啊！任何人都沒有和我接觸過，我怎麼會有兒子呢？」天神說：「真主要如此創造他所意欲的人。當他判決一件事情的時候，他只對那件事情說聲『有』，它就有了。」他要教他書法和智慧，《討拉特》和《引支勒》，他要使他去教化以色列的後裔。（3:33-49）

麥德彥出生後被母親送到耶路撒冷的聖殿裡供奉真主，被她年老無子的姨父、神殿祭司宰凱裡雅負責撫養。宰凱里雅就是基督教《聖經‧新約》中先知約翰的父親撒迦利亞，由童貞女麥德彥生育的麥西哈‧爾撒，就是《聖經‧新約》中的救世主耶穌。阿拉伯文中的「麥哈西」與希伯萊文的「彌賽亞」一樣，是救世主的意思。

《古蘭經》第三九章是以麥德彥的名字命名的，關於童貞女子麥德彥的受孕生子，這一章節另有更加具體的介紹說明：

> 你應當在這部經典裡提及麥爾彥，當日她離開了家屬而到東邊一個地方。她用一個帷幕遮蔽著，不讓人們看見她。我使我的精神到她面前，他就對她顯現成一個身材勻稱的人。她說：「我的確求庇於至仁主，免遭你的侵犯，如果你是敬畏的。」他說：「我只是你的主的使者，我來給你一個純潔的兒子。」她說：「任何人沒有接觸過我，我又不是失節的，我怎麼會有兒子呢？」他說：「事實是像這樣的，你的主說：這對於我是容易的。我要以他為世人的跡象，為從我發出的恩惠，這是已經判決的事情。」
>
> 她就懷了孕，於是她退避到一個僻遠的地方。陣痛迫使她來到一棵椰棗樹旁，她說：「啊！但願我以前死了，而且已變成被人遺忘的東西。」椰棗樹下有聲音喊叫她說：「你不要憂愁，你的主已在你的下面造化了一條溪水。你向著你的方向搖撼椰棗樹，就有新鮮的、成熟的椰棗紛紛落在你的面前。你吃吧，你喝吧，你愉快吧！如果你見人來，你可以說：『我確已向至仁主發願齋戒，所以今天我絕不對任何人說話。』」她抱著嬰兒來見她的族

人，他們說：「麥爾彥啊！你確已做了一件奇事。哈倫的妹妹啊！你父親不是缺德的，你母親不是失節的。」她就指一指那個嬰兒，他們說：「我們怎能對搖籃裡的嬰兒說話呢？」那嬰兒說：「我確是真主的僕人，他要把經典賞賜我，要使我做先知，要使我無論在那裡都是有福的，並且囑咐我，只要活著就要謹守拜功，完納天課，（他使我）孝敬我的母親，他沒有使我做霸道的、薄命的人。我在出生日、死亡日、復活日，都享受和平。」

這是麥爾彥的兒子爾撒，這是你們所爭論的真理之言。「真主不會收養兒子——讚頌真主，超絕萬物——當他判決一件事的時候，他只對那件事說：『有』，它就有了。真主確是我的主，也確是你們的主，所以你們應當崇拜他。這是正路。」（19:16-36）

《古蘭經》中所說的「真主不會收養兒子」，顯然是針對基督教聖經的《新約全書》而言的，基督教認為，耶穌是聖父、聖子、聖靈三位一體的第二位，是上帝的獨生子，為救贖世人而道成肉身，來到人間宣傳上帝的福音。他被釘在十字架上用自己的血作「贖罪祭」，從而以人類「中保」的身分與上帝訂立「新約」，使世人與上帝像伊甸園時期那樣和好如初。耶穌死後復活升天，將來還要再次降臨並審判世界。《古蘭經》與《聖經‧新約》之間最大的爭點，就是爾撒即耶穌的身分問題。

第二節　耶穌與爾撒

與《聖經‧新約》中的聖母瑪利亞明顯不同，《古蘭經》

中的童貞女子麥德彥是沒有丈夫的。與《聖經・新約》中的救世主耶穌有所不同的是，《古蘭經》中的爾撒並不是真主阿拉的兒子，也沒有被釘在十字架上處死，而是被真主及時接到了天上，等到末日審判來臨的時候，他將光榮地坐在真主身旁為世人作證。為了強調《古蘭經》絕對正確的權威性，第四章經文針對猶太教徒進行了嚴厲駁斥：

（我棄絕他們），因為他們破壞盟約，不信真主的跡象，枉殺眾先知，並且說：「我們的心是受蒙蔽的。」不然，真主為他們不通道而封閉了他們的心，故他們除少數人外，都不通道。又因為他們不信爾撒，並且對麥爾彥捏造一個重大的誹謗。又因為他們說：「我們確已殺死麥爾彥之子麥西哈・爾撒，真主的使者。」

他們沒有殺死他，也沒有把他釘死在十字架上，但他們不明白這件事的真相。為爾撒而爭論的人，對於他的被殺害，確是在迷惑之中。他們對於這件事，毫無認識，不過根據猜想罷了。他們沒能確實地殺死他。不然，真主已把他擢升到自己那裡。真主是萬能的，是至睿的。信奉天經的人，在他未死之前，沒有一個信仰他的，在復活日他要作證他們。

我禁止猶太教徒享受原來准許他們享受的許多佳美的食物，因為他們多行不義，常常阻止人遵循主道，且違禁而取利息，並借詐術而侵蝕別人的錢財，我已為他們中不通道的人而預備痛苦的刑罰。但他們中學問淵博的，確信正道的──確信降示你的經典，和在你之前所降示的經典──和謹守拜功的，完納天課的，和確信真主與末日的

人，這等人，我將賞賜他們重大的報酬。（4:155-162）

針對基督教《聖經·新約》中聖父、聖靈、聖子三位一體的說法，《古蘭經》第四章中另有否定和警告：「信奉天經的人啊！你們對於自己的宗教不要過分，對於真主不要說無理的話。麥西哈·爾撒——麥爾彥之子，只是真主的使者，只是他授予麥爾彥的一句話，只是從他發出的精神；故你們當確信真主和他的眾使者，你們不要說三位。你們當停止謬說，這對於你們是有益的。真主是獨一的主宰，讚頌真主，超絕萬物，他絕無子嗣，天地萬物只是他的。真主足為見證。」

以「筵席」命名的《古蘭經》第五章，是降示時間最晚的經文，也是對於《古蘭經》全部經文的一個總結。「筵席」的所指，就是《聖經·新約·馬太福音》中介紹過的「主能從天上降筵席」的故事。爾撒即耶穌的身分問題，依然是這章經文的重點內容，其中所採用的言辭也更加激烈，甚至於直接請爾撒即耶穌本人出面來否定基督教徒的相關傳說：

　　妄言真主就是麥爾彥之子麥西哈的人，確已不通道了。麥西哈曾說：「以色列的後裔啊！你們當崇拜真主——我的主，和你們的主。誰以物配主，真主必禁止誰入樂園，他的歸宿是火獄。不義的人，絕沒有任何援助者。」妄言真主確是三位中的一位的人，確已不通道了。除獨一的主宰外，絕無應受崇拜的。如果他們不停止妄言，那麼，他們中不通道的人，必遭痛苦的刑罰。難道他們還不向真主悔罪，求得寬恕嗎？真主是至赦的，是至慈的。麥爾彥之子麥西哈，只是一個使者，在他之前，有許

多使者確已逝去了。他母親是一個誠實的人。他們倆也是吃飯的。你看我怎樣為他們闡明一切跡象，然後，你看他們是如何悖謬的。（5:72-75）

當時，真主將說：「麥爾彥之子爾撒啊！你曾對眾人說過這句話嗎？『你們當舍真主而以我和我母親為主宰』。」他說：「我讚頌你超絕萬物，我不會說出我不該說的話。如果我說了，那你一定知道。你知道我心裡的事，我卻不知道你心裡的事。你確是深知一切幽玄的。我只對他們說過你所命我說的話，即：你們當崇拜真主——我的主，和你們的主。我同他們相處期間，我是他們的見證。你使我死去之後，盟護他們的是你，你是萬物的見證。如果你要懲罰他們，那麼，他們是你的奴僕[由你懲罰]；如果你赦宥他們，那麼，你確是萬能的，確是至睿的。」（5:116-119）

有趣的是，在《古蘭經》第六一章中，另有借「麥爾彥之子爾撒」之口，預言艾哈默德也就是穆罕默德的使者身分的經文：「當時，麥爾彥之子爾撒曾說：『以色列的後裔啊！我確是真主派來教化你們的使者，他派我來證實在我之前的《討拉特》，並且以在我之後誕生的使者，名叫艾哈默德的，向你們報喜。』」

正是通過對於爾撒（耶穌）是真主（上帝）之子的特殊地位的否定和對於穆罕默德是爾撒（耶穌）之後又一位真主使者的肯定，《古蘭經》確立了阿丹（亞當）、努哈（挪亞）、易卜拉欣（亞伯拉罕）、穆薩（摩西）、爾撒（耶穌）、穆罕默德同為阿拉的六大使者的神聖道統。《古蘭經》第三三章的「穆罕默德不是你們中任何男人的父親，而是真主的使者，和眾先知的封印」

一句話，又把阿拉使者的神聖道統澈底截斷，從而在伊斯蘭世界裡樹立起穆罕默德是真主的最後使者、《古蘭經》是最後的「天經」的絕對權威。

第三節　關於耶穌基督的現代考證

　　世界上幾乎所有的人都知道耶穌的聖誕日是西元元年的12月25日，而在事實上，《聖經·新約》的「四福音書」以及全部的《聖經·新約》裡面，都沒有關於耶穌生於何年何月的明確記載，耶誕節其實是基督教羅馬教會在西元336年的事後追認。之所以要選定12月25日，是因為羅馬帝國此前已經確定這一天是太陽神的誕辰紀念日，這一天同時還是在羅馬士兵中祕密流傳的密特拉教所信奉的太陽神的祭日。換言之，耶誕節是外來的基督教與羅馬本土的傳統宗教相互妥協的產物，與耶穌本人並不相干。

　　1947年發現的「死海古卷」中，有關於艾賽尼派的支派拿撒勒派的記載，其創始人就是《聖經·新約》「福音書」中一再宣稱的「拿撒勒人耶穌」、「約瑟的兒子耶穌」和「瑪利亞的兒子耶穌」。由此可見在猶太教及基督教的發展歷史上，確實有過一個叫耶穌的教派教主，他反對猶太教上層祭司的腐化墮落，倡議進行宗教改革，他的門徒後來出於宣傳需要，把猶太先知關於救世主降示的預言全部集中在他的身上，於是便有了《聖經·新約》中的耶穌基督。

　　關於耶穌的身世，《聖經·新約·馬太福音》中有這樣一段記載：「當希律王的時候，耶穌生在猶大的伯利恆，有幾個博士從東方來到耶路撒冷說：『那生下來做猶太人之王的在哪裡？我們在東方看見他的星，特來拜訪他。』」這幾個來自東方的博

士，據說是來自波斯的瑣羅亞斯德教的祭司，他們出於祭拜太陽的目的，長期觀測天文星象。當他們發現天空中出現一顆大星的時候，認定是發現了吉象，就沿著那顆大星指引的路線找到耶路撒冷，然後又一直找到住在伯利恒的耶穌家裡。

1603年耶誕節快到的時候，因為發現行星運動三定律而聞名於世的德國天文學家開普勒，觀察到土星與木星的軌道出現在同一平面上，遠遠看去就像一顆光芒四射的大星。後來的天文學家根據開普勒定律進行推算，發現西元前7年也曾經出現過3次土星與木星會聚成大星的現象。這一天文學現象不僅證明當年那些東方博士所進行的星象觀測的準確性，同時也證明耶穌其實是出生於西元前7年。查證歷史文獻，這一年恰好是希律王在位的時間。美國學者蘇拉米·莫萊在《破譯〈聖經〉》中推算說：「耶穌在西元元年的時候已經有8歲了，而耶穌接受施洗者約翰的洗禮並開始傳教的時候已經有33歲。」[27]

隨著西元前63年羅馬大將龐培攻佔耶路撒冷，猶大國成為羅馬帝國的一個省，猶太人的希律王朝不過是聽命於羅馬總督的傀儡政權。耶和華將派出一位彌賽亞來充當「復國救主」的神奇傳說，在當年的猶太人當中廣為流傳。在這種背景下，幾位東方博士帶來的消息，在小小的猶大王國迅速傳播，從而引起一場屠殺。為了保住自己的王位，年老多病的希律王下令殺死過去3年中出生在伯利恒的所有男孩兒，迫於暴政，木匠約瑟和妻子瑪利亞不得不帶著耶穌逃離家鄉。等到希律王去世以後，約瑟一家才重新返回伯利恒的拿撒勒，這是坐落在盆地中的一個田園小鎮，是全巴勒斯坦唯一能夠使靈魂從壓抑中得到解脫的地方。

---

[27] [美]蘇拉米·莫萊著，方晉譯《破譯〈聖經〉》，吉林攝影出版社，1999年，292頁。

　　事實上，耶穌並不僅僅是作為猶太人企盼的「復國救主」彌賽亞開始他的傳教事業的，而是作為上帝之子和全世界的救世主而傳播福音的。他常行奇事是為了治病救人，而不是進行精神性的威懾和懲罰；他樂於進行平等的說教，傳道不分種族，無論是猶太人，還是被猶太人蔑視仇恨的撒瑪利亞人，他都一視同仁。當年的撒瑪利亞像小島一樣被夾在猶太人的猶大與以色列人的加利利之間，它在巴勒斯坦地區幾乎就是與猶太人相對隔絕的一個特區，猶太教士甚至有「撒瑪利亞人的一塊麵包便是豬肉」的歧視性教規。耶穌打破常規，路過撒瑪利亞時特意向一個農婦討水喝。婦人說：「我主啊，我們的祖先在這山上禮拜，而你們，你們說應當禮拜的地方是耶路撒冷。」耶穌的回答是：「婦人，相信我，既不在這山上也不在耶路撒冷，人人禮拜上帝的時候到了！真正的禮拜者用精神和真理禮拜天父的時候到了！」

　　從說出這句話的那一天起，耶穌就成了全人類的上帝之子。當有人問他向羅馬皇帝凱撒納稅是不是合法時，他的回答是：「把凱撒的還給凱撒，把上帝的還給上帝吧！」

　　正是這句意義深遠的經典話語決定了基督教的未來，它劃定了私人性質的精神信仰領域與公共性質的世俗權力之間的普世鴻溝，破除了神聖宗教政教合一的絕對權威，為世界性宗教奠定了一塊普世大同的人道基石，從而與狹隘苛刻的猶太教義形成尖銳對立。

　　耶穌也有好戰的一面，他公開宣布說：「你們也許相信我是來給大地以和平的，不是，我是來給它以決鬥的。在五口之家裡，三個人對抗兩個人，兩個人會對抗三個人。我的到來，是在離間父子母女和姑媳。此後，一個人的仇敵就在他自己的家裡。」「我是到大地上來放火的，如它已經燒著了，那就更好了。」

　　耶穌猛烈攻擊的主要對象，並不是羅馬帝國的殖民政府，而是壟斷了猶太教義的解釋權的世襲祭司階層，以及把猶太教極端神聖化、教條化的法利賽教派的文士們。《聖經·新約》中記錄有耶穌聲討這些人的神聖吶喊：「偽善的文士和法利賽教徒啊，你們是被詛咒的！你們拿走了學問之鎖，卻只用來把人們鎖在天國之外。你們不進天國去，而又阻止別人進去。你們是被詛咒的！你們吞沒寡婦的產業，裝腔作勢進行冗長的禱告……」

　　正是博愛平等的世界宗教與狹隘僵化的民族宗教之間的嚴重分歧連同基於現實利益的實際考慮，直接導致耶穌的殉教悲劇。耶路撒冷的祭司和法利賽教徒議論紛紛：「這人行好些神跡，我們怎麼辦呢？若這樣由著他，人人都要信他。」

　　為表示自己連女人都不敢看而帶上面罩或閉著眼睛走路的法利賽教徒，充當了陷害耶穌的急先鋒，他們操縱猶太公會用30個銀幣的代價收買耶穌的門徒猶大，在猶大帶領下祕密逮捕了耶穌，然後向羅馬總督彼拉多告發耶穌為了當上猶太人的國王而圖謀造反。彼拉多執行的是世俗法律，他並不想介入猶太人的宗教糾紛，他對祭司長和眾人說：「我查不出這個人有什麼罪！」但是，陷害耶穌的法利賽教徒越發激烈地表示說：「他煽惑百姓，在猶大遍地傳道，從加加利起傳到這裡來了！」

　　為了推卸責任，彼拉多下令把耶穌送給傀儡國王處理。這時的希律王，是當年為保住王位而不惜殺害伯利恆所有3歲男童的老希律王的兒子，史稱小希律王。小希律王和他的士兵把耶穌侮辱戲弄一番後又交還給彼拉多。彼拉多面對來自全城的猶太狂熱者的巨大壓力，只好妥協說：「流這義人的血，罪不在我，你們承當吧！」眾人回答說：「他的血歸到我們和我們的子孫身上！」

就這樣，剛剛傳教三年的耶穌，與另外兩名犯人一同被釘上十字架。耶穌死後被名叫約瑟的義士取走屍體，用細麻布裹好安放在用石頭鑿成的墳墓裡。三天後，兩名虔誠的婦女前來悼念，意外發現屍體已經消失，只留下長約四米的一段細麻布，於是便有了基督復活的傳說。耶穌留下的裹屍布至今仍被保存在義大利的都裡若，1978年8月，在羅馬教皇的默許下，由40名據說是無神論者的美國宇航局專家調查團來到義大利，對著名的「都裡若聖布」進行科學分析，三年之後公布了研究報告：聖布曾經包裹過的耶穌基督，是一個身高176釐米、體重79公斤、年齡30多歲、臉上長鬍鬚的猶太男人！他的頭部被打傷後流了血，手腕與腿部都被釘子穿透過，他的雙膝處也曾經受傷出血。

應該說，無論耶穌是否復活，他的精神都是永恆的，他所傳播的博愛教義──「你要盡心、盡性、盡意地愛你的上帝，這是戒律中的第一條，也是最重要的。第二條戒律是要像愛自己一樣愛別人。」──已經並將永遠流傳在人類社會的各個角落。借用美國學者蘇拉米·莫萊的話說：「儘管基督耶穌在宗教仇恨中被殺害，但是，基督教並沒有因為基督耶穌的死而停止發展，乃至消失。恰恰相反，出乎猶太教徒意料的是，基督教不僅在巴勒斯坦的影響越來越大，而且在它澈底拋棄民族宗教猶太教的狹隘和封閉之後，在基督耶穌的眾多使徒的帶領下，傳教活動最終走出巴勒斯坦本土，覆蓋了羅馬帝國這個多民族國家幾乎全部的勢力範圍。於是，基督教開始了從巴勒斯坦到羅馬的歷史，走出了邁向世界宗教的第一步！」[28]

---

[28] 《破譯〈聖經〉》，301頁。

第九章
穆罕默德與《古蘭經》

　　穆罕默德沒有接受過正規教育，連最簡單的阿拉伯文字都不會書寫，這些並沒有影響他成為阿拉伯民族出類拔萃的偉大先知。當時的阿拉伯民族，整體上還處於《古蘭經》中所說的「蒙昧時代」，是真主阿拉向穆罕默德降示的《古蘭經》，開始把阿拉伯民族帶出「蒙昧時代」的漫漫長夜。從這個意義上說，穆罕默德是阿拉伯民族的一顆不可替代的啟明星。

第一節　穆罕默德的神聖家族

　　關於穆罕默德的家族歷史和個人經歷，《古蘭經》中並沒有給出翔實完整的介紹說明。這裡只能依據埃及作家阿布杜・哈米德・薩哈爾的《伊斯蘭教宗教故事集》的相關內容簡要敘述。

　　自從易卜拉欣的長子易司馬儀發現滲滲泉之後，阿拉伯人開始在滲滲泉周邊定居下來，並且發展壯大為許多家族部落，其中最為著名的是麥加城區的古萊什部落。由古萊什部落的遠祖易卜拉欣和易司馬儀共同建造的天房克爾白，也逐漸成為遠近聞名的宗教聖地。古萊什部落的首領，經常用自己和本部落富裕人家的財物款待並資助朝拜天房的遠方客人，當地人稱之為「里發達」；他們還把給朝拜者供應飲料叫作「西加耶」。如果發生戰爭，古萊什部落的首領負責給將領們授予戰旗，當地人稱之為

「利瓦厄」。「里發達」、「西加耶」、「利瓦厄」，實際上就是阿拉伯部落中的權力象徵。

隨著歲月的流逝，滲滲泉一度被沙土掩埋，阿拉伯人也一度放棄對於真主阿拉獨一無二的絕對崇拜，他們從外地帶來許多偶像供奉在天房裡，最多時達到360個。

阿布杜・麥那弗是古萊什部落首領古塞伊的兒子，他此前已經生育了一個叫穆塔里布的兒子，妻子又給他生下一對連體男孩，一個孩子的手長在另一個孩子的額頭上。兩個孩子被分開後血流不止，有人預言兩個人的後代之間將要發生流血事件。阿布杜・麥那弗給其中的一個孩子起名為阿姆爾，另一個叫阿布杜・舍木斯，他們分別是哈希姆家族和倭馬亞家族的祖先，他們的後代哈希姆人與倭馬亞人之間，後來爆發了一輪又一輪的戰爭衝突。

古塞伊去世後，他的長子阿布杜・達爾成為新一代的首領「希賈拜」，掌握著准許人們進入天房朝觀和向整個部族發號施令的權力。阿姆爾和阿布杜・舍木斯長大後，覺得讓伯父阿布杜・達爾和他的兒子們壟斷全部特權不夠公平，就向對方發出挑戰，雙方經過反復較量協商而達成協議：阿布杜・麥那弗家族負責招待前來朝觀天房的人，阿布杜・達爾家族掌握向部族將領授旗的權力。

負責招待朝觀者的阿姆爾，逐漸成為麥加最為富有的人，他的孿生弟弟阿布杜・舍木斯離開麥加去了敘利亞。當時的阿拉伯人總體上還是游牧民族，即使在麥加城區定居的古萊什人，也依然保持著隨季節變換而組織遷徙的游牧習慣。阿姆爾利用這種民族習俗，以麥加城為中心為古萊什部落規定了每年兩次的商業旅行：一次在冬季，商隊到氣候溫暖的葉門和埃塞俄比亞；一次在

夏季，商隊去氣候涼爽、水源潔淨的敘利亞。為保證商隊安全，阿姆爾親自到敘利亞與統治敘利亞的羅馬皇帝簽訂相關協議，同時派遣他的哥哥穆塔里布去和葉門、埃塞俄比亞的國王簽訂類似的商業協議。

有一年，麥加周邊發生嚴重乾旱，阿姆爾把自己儲備的食物全部拿出來賑濟古萊什災民，還拿出自己的錢財到敘利亞購買食物賑濟災民，古萊什人從此稱呼他為「哈希姆」，意思是「掰碎麵食的人」。

阿布杜‧舍木斯的兒子倭馬亞長大之後，為爭奪招待朝覲者的權利，向伯父哈希姆發出挑戰。挑戰失敗後，他去敘利亞投奔自己的父親。這是倭馬亞人與哈希姆人之間的第一次結怨。若干年後，隨著阿拉伯民族的偉大先知穆罕默德告別人世，倭馬亞人與哈希姆人之間將爆發曠日持久的大規模戰爭。

第二節　象年戰爭

有一年，哈希姆帶領商隊做夏季旅行，途經麥迪那時恰好趕上這裡一年一度的集市，一位指揮僕人做買賣的漂亮女子引起他的注意。經過瞭解，得知這位女子是當地望族阿姆爾‧本‧宰德的女兒塞勒瑪，哈希姆就登門向她求婚。塞勒瑪高興地答應了哈希姆的求婚。婚後不久，哈希姆帶領商隊去敘利亞，留在麥迪那的塞勒瑪生育了頭上有一撮白頭髮的男孩兒，取名叫夏伊白，意思就是白髮。

哈希姆在最後一次經商旅行時，病死在當時屬於敘利亞的加沙，他囑咐隨從把自己的全部遺產交給留在麥迪那的兒子夏伊白。

哈希姆去世後，他的哥哥穆塔里布接任負責朝覲者飲食的「西加耶」和「里發代」的職位。等到夏伊白長大的時候，穆塔里布親自到麥迪那把侄子接回麥加。人們見穆塔里布和夏伊白同騎一峰駱駝走在路上，以為是穆塔里布從遠方購買了一名奴隸，便叫夏伊白「阿布杜・穆塔里布」，意思是「穆塔里布的奴隸」。阿布杜・穆塔里布從此就成了夏伊白的別名。

穆塔里布在一次商業旅行中病死在葉門，阿布杜・穆塔里布繼承了「西加耶」和「里發代」的職位。在朝覲季節，池塘裡的水源供不應求。有一天，睡在禁寺裡的阿布杜・穆塔里布夢到有人在對他說話：「你去挖滲滲泉吧。」醒來後他大惑不解，由於年代久遠，不僅滲滲泉消失了，連祖先伊司馬儀發現滲滲泉的傳說也已經失傳。

第二天，睡在禁寺裡的阿布杜・穆塔里布再一次夢到同樣的情景：有一個人在對他說話：「你去挖滲滲泉吧。」阿布杜・穆塔里布問道：「什麼是滲滲泉？」這個人的回答是：「它可以供給很多朝覲者的飲水。」

阿布杜・穆塔里布要挖滲滲泉的消息傳出後，許多人都來找他，表示要一同去尋找水源。阿布杜・穆塔里布解釋說：「這是我的事情，你們不能參加。如果你們不相信，就找一個公斷人來為我們作證。」

公斷人被推選出來了，由阿布杜・麥那弗家族派出20人，其他家族也派出20人一同到沙漠尋找滲滲泉，直到大家隨身帶的飲水全部喝光，滲滲泉也沒有出現，每個人只好在自己挖的坑道裡等待死亡。為了挽救同伴，阿布杜・穆塔里布一個人騎上駱駝繼續尋找，突然間從駱駝腳下噴出一股泉水。泉水的發現拯救了大家的生命，他們紛紛向阿布杜・穆塔里布表示：「這眼泉已經為

你做出了公斷，這就是滲滲泉。以阿拉的名義起誓，我們永遠不和你爭奪它。」

若干年後，埃塞俄比亞的一名基督徒阿布拉哈‧艾希拉姆殺死葉門國王自立為王，為阻止人們到麥加朝觀，他用紅、白、黃三色大理石在葉門修建一座基督教教堂，命令人們向它朝拜。然而，人們所要朝觀的只是麥加的克爾白天房。阿布拉哈‧艾希拉姆惱怒之下，決心發動戰爭來毀滅天房。他率領的軍隊用大象作前鋒直奔麥加，不僅打敗了前來攔截的阿拉伯軍隊，還搶走了阿布杜‧穆塔里布的200峰駱駝。

麥加人在一片恐慌中找到阿布杜‧穆塔里布請教對策，阿布杜‧穆塔里布告訴大家，古萊什部落戰勝不了阿布拉哈圖的象軍，應該立即躲到山上去。等到大家上山後，阿布杜‧穆塔里布一個人來見阿布拉哈，索要他的200峰駱駝。阿布拉哈迷惑地問：「難道你只跟我談200峰駱駝的事情，而不關心天房的事情？我可是來毀滅天房的。」

阿布杜‧穆塔里布鎮靜地說：「我只是駱駝的主人，至於天房，它的主人會保護它的。」

阿布杜‧穆塔里布說完就揚長而去，到山上去尋找他的族人。當阿布拉哈的象軍向克爾白進攻的時候，突然從北方飛來一群群的大鳥，往象軍隊伍裡投擲石塊，天花和麻疹也開始在象軍中蔓延，阿布拉哈驚慌失措，急忙率領軍隊逃走了。

這是麥加地區的阿拉伯人所參與的一場最大規模的國際戰爭，這一年也因此被命名為象年。阿布杜‧穆塔里布的孫子、阿拉伯民族的偉大先知穆罕默德，就是在象年即西元570年出生的。40年後，真主阿拉開始向穆罕默德降示《古蘭經》，《古蘭經》第一〇五章就是以「象」來命名的，其中所說的「象的主

人」就是阿布拉哈的軍隊：「難道你不知道你的主怎樣處治象的
主人們嗎？難道他沒有使他們的計謀，變成無益的嗎？他曾派遣
成群的鳥去傷他們，以粘土石射擊他們，使他們變成吃剩的乾草
一樣。」

第三節　穆罕默德的少年時代

　　阿布杜‧穆塔里布與妻子法蒂瑪‧賓‧阿慕爾生育了阿布‧
塔里布和阿布‧杜拉兩個兒子，又與另外三個妻子分別生育了哈
姆紮、阿巴斯、哈瑞斯、阿布‧拉哈布四個兒子。其中的阿布杜
拉，就是穆罕默德的父親。

　　阿布杜拉長大後，愛上麥迪那城奈加爾氏族一位叫阿米娜的
姑娘，阿米娜的父親叫瓦赫蔔‧本‧阿卜杜‧麥那弗。阿布杜‧
穆塔里布便帶著阿布杜拉到瓦赫卜‧本‧阿卜杜‧麥那弗家裡求
婚，阿布杜拉結婚後按照阿拉伯人的習慣在阿米娜家裡住了三
天，然後與妻子一起回到麥加。一個多月後，阿布杜拉跟隨商隊
到當時隸屬於敘利亞的加沙地區去經商，途經麥迪那返回麥加時
生了重病，去世時只有25歲，穆罕默德是在父親去世6個月後才
出生的。

　　在穆罕默德出生前的一天夜裡，阿布杜‧穆塔里布在天房
裡休息，睡夢中看見一棵發光的大樹，樹梢直指蒼穹，枝葉向東
方和西方伸展，阿拉伯人和波斯人都對這棵大樹朝拜，樹身變得
越來越高，也越來越光芒四射。他還看到一些古萊什人喜愛這棵
樹，另外一些古萊什人想把大樹砍倒，最後是一個眉清目秀的少
年阻止了他們的行為。阿布杜‧穆塔里布伸手撫摸這棵大樹時，
從夢中醒了過來。第二天清晨，他到女巫家裡圓夢，女巫告訴他

說：「你的夢如果實現，你的子孫當中會出現一位統領東方和西方的、受人崇拜的君主。」阿布杜‧穆塔里回到家裡，把這件事告訴兒子阿布‧塔里布，並且說：「但願這個孩子就是你。」

穆罕默德當時正孕育在母親阿米娜的身體裡。阿米娜懷孕期間也做了許多夢，她夢見自己身上發著光，甚至把敘利亞的宮殿都照亮了。一天夜裡，有一個人來到她的夢裡對她說：「阿米娜，你肚子裡的孩子是人間的領袖，他出生後，你要給他取名叫穆罕默德。這件事你不要對任何人講。」

阿米娜從睡夢中醒來，見房間裡並沒有別的人，等她再次進入夢鄉時，那個聲音又響了起來。

西元570年8月20日清晨，也就是伊斯蘭教曆紀元前54年3月12日，穆罕默德在麥加誕生。穆罕默德的意思是「受讚美的人」，他的全名是穆罕默德‧本‧阿布杜拉。

阿米娜為丈夫的去世悲痛不已，以至於沒有奶水餵養孩子，只好把孩子交給薩德部落的一位婦女帶回家裡去代養，這位奶媽叫哈利瑪，她和丈夫是為了逃避乾旱到麥加逃荒的。

薩德是一個游牧部落，穆罕默德從小就和哈利瑪家的孩子們到山上放羊，養成了凝望天空獨自思考的習慣。穆罕默德6歲的時候，哈利瑪把他送回麥加交給阿米娜。幾個月後，阿米娜帶著穆罕默德去麥迪那看望他的舅舅們，一個月後，母子二人隨商隊返回麥加途中遭遇大風暴的襲擊，身體虛弱的阿米娜不幸遇難，女奴烏姆‧艾伊曼把她背到附近的阿巴瓦村就地埋葬。從此以後，穆罕默德只好跟爺爺阿布杜‧穆塔里布一起生活。爺爺非常喜愛穆罕默德，他在天房的陰涼地裡鋪有一床墊子，兒子們只能圍坐在墊子旁邊說話，誰也不能坐上去。有一次穆罕默德坐了上去，叔叔伯伯們叫他趕快下來，阿布杜‧穆塔里布對他們說：

「讓他坐吧，他可以坐。」

穆罕默德8歲的時候，阿布杜‧穆塔里布離開人世，去世前把穆罕默德托咐給阿布‧塔里布撫養。阿布‧塔里布對侄子的疼愛超過了親生兒子，白天一起吃飯，夜晚一塊睡覺。穆罕默德12歲那年，阿布‧塔里布帶領商隊到敘利亞經商，出發前穆罕默德跑過來抓住他的韁繩哭訴道：「伯伯，我沒有爸爸，也沒有媽媽，你走了誰來管我呢？」阿布‧塔里布的心一下子軟了下來，他把侄子抱上駱駝，穆罕默德第一次走向了世界。

麥加商隊日夜兼程，最後來到約旦東部的布綏拉市場，羅馬商人常來這裡與阿拉伯人交換貨物。市場附近有一個基督教修道院，裡面有一個修道士叫拜希拉，他從來不和阿拉伯人的商隊打交道，這一次卻一反常態，主動邀請阿布‧塔里布的商隊吃飯交談。交談過程中，拜希拉專門詢問阿布‧塔里布：「這孩子是你什麼人？」

阿布‧塔里布回答說：「是我的兒子。」

拜希拉知道，未來的先知是一個孤兒，他肯定地說：「他不是你的兒子，他父親已經死了。」

阿布‧塔里布只好承認穆罕默德是自己兄弟的兒子。拜希拉告誡他說：「帶著你侄子回家去吧，要警惕猶太人，如果他們像我一樣認出他來，他們會殺死他的。」

按照猶太人的傳說，他們一直在等待自己民族的救世主出現，他們當然不會容忍其他民族搶先出現一位偉大的先知和救世主。

從敘利亞回來後，穆罕默德開始替別人家放羊。他和基督教歷史上已經出現過的大多數先知一樣，喜歡在沙漠中凝望天空並思考天地間的各種道理。40歲那年，他終於等來了《古蘭經》的第一次降示。

第四節　穆罕默德的第一次婚姻

　　從幼年時代起，穆罕默德就對阿拉伯社會的腐敗蒙昧異常不滿。當時大部分的麥加人都把時間浪費在喝酒和賭博方面，整個阿拉伯民族四分五裂，每個家族只顧自己眼前的利益，常常會為了一些很瑣碎的事情而發動戰爭。當時的阿拉伯人，還存在著嚴重的性別歧視，不少人把自己剛出生的女嬰活活埋掉。克爾白天房本來是克萊什部族的祖先用來供奉真主阿拉的地方，那時候卻供奉著360座偶像，從而造成信仰上的混亂。

　　穆罕默德長大後，大家都賞識他，尊敬他，公認他是一位「艾敏」，也就是誠實可靠的人。有一天，一個外族商人到麥加做買賣，當地古萊什族的一名貴族青年沒有付錢就拿走了貨物，這個商人只好爬上附近的艾卜古貝斯山大聲呼救。穆罕默德的遠房伯父祖拜爾·本·阿布杜·穆台列蔔聽到吶喊，把他領到伊本·朱罕默德家裡，這裡是古萊什貴族公開議事的地方，穆罕默德應邀前來，與在場的古萊什貴族一致決定幫助受害者討回公道，從而捍衛古萊什人的商業信譽。大家當即來到那個貴族青年的家裡，替外族商人要回貨物，後人為紀念這件事，把它叫做「光榮的誓約」。

　　穆罕默德25歲那年，經伯父阿布·塔里布介紹，為貴族富孀赫蒂徹外出經商。赫蒂徹已經40歲，與穆罕默德同為古塞伊的後代，她先後於14歲和18歲時嫁給麥加城中的兩位富商，20歲時開始守寡。她與兩位前夫先後生育過二男二女，只存活了一個叫杏德的兒子。在麥加人一年兩度的國際貿易中，赫蒂徹每次都要雇用一些男人替自己外出經商，有時也借錢給一些商人來賺取紅利。

穆罕默德與赫蒂徹達成雇傭協定後，帶著赫蒂徹家的奴隸邁依薩拉一同隨商隊去從事商業貿易，商隊到達布斯拉市場後，很快就出售了赫蒂徹的全部貨物。穆罕默德幫助赫蒂徹賺取了一大筆利潤，同時也贏得了赫蒂徹的愛心。赫蒂徹委派邁依薩拉向穆罕默傳達愛意，經穆罕默德同意後，兩個人很快舉辦了婚禮。對於孤苦無依的穆罕默德來說，這次婚姻是他一生中的重大轉折，《古蘭經》認為這是真主阿拉對於穆罕默德的一種賞賜：「你的主將來必賞賜你，以至你喜悅。難道他沒有發現你伶仃孤苦，而使你有所歸宿？他曾發現你徘徊歧途，而把你引入正路；發現你家境寒苦，而使你衣食豐足。至於孤兒，你不要壓迫他；至於乞丐，你不要喝斥他，至於你的主所賜你的恩典呢，你應當宣示它。」

第五節　穆罕默德與天使吉卜利里

穆罕默德在婚禮後正式住進赫蒂徹家裡，夫妻二人十分恩愛，富足的物質生活終於把穆罕默德從繁重的體力勞動中解脫出來，他從此把更多的精力投放在了精神探索方面，並且一步步接近了真主阿拉所希望的宗教境界。

在原始阿拉伯部族的多神崇拜中，有三位女神的地位遠遠高於其他小神，她們是《古蘭經》第五三章所說的「拉特和歐薩，以及排行第三，也是最次的默那」，在這三位女神之上，麥加城的古萊什人還崇拜被視為創造神的男神阿拉。隨著猶太教和基督教的一神教義廣泛傳播，在阿拉伯人中出現了由多神教向一神教過渡的哈尼夫教。哈尼夫教信奉易卜拉欣的一神信仰，反對多神崇拜，反對食用獻祭給偶像神的犧牲品，同時也反對溺嬰。由於

　　哈尼夫教沒有嚴格的儀式，不從事布道傳教，僅僅通過個人隱修來求得與神合一的境界，所產生的影響並不很大，其主要代表人物是赫蒂徹的堂兄瓦爾格・伊本・瑙法勒和歐麥爾的叔父栽德・本・阿莫爾。有關史料顯示，穆罕默德在正式傳教之前，直接接受過哈尼夫教的影響，並且一直保持著每年到山上隱修一段時間的宗教習慣。

　　穆罕默德40歲那年，再一次帶著食品到希拉山洞去隱修。他白天封齋禮拜，夜晚禮拜禱告。在伊斯蘭教曆第九月的一天晚上，裹著鬥蓬熟睡的穆罕默德在睡夢中聽到一個聲音：「誦讀吧！」穆罕默德回答說：「我不會誦讀。」接著他感到有什麼東西緊緊地抱住他，使他喘不過氣來。等到鬆開的時候，他又聽到那個聲音：「誦讀吧！」就這樣持續反復三次之後，穆罕默德問道：「讓我誦讀什麼？」接下來，天使吉卜利里開始向穆罕默德降示《古蘭經》的第九六章經文「血塊（阿賴格）」。

　　穆罕默德從夢中驚醒，飛快地跑出山洞，天使吉卜利里的聲音依然緊跟著他：「穆罕默德，你是真主的使者，我是天使吉卜利里。」穆罕默德跑回家裡，渾身顫抖著對赫蒂徹說：「給我蓋上被子，給我蓋上被子。」

　　赫蒂徹給穆罕默德蓋上被子，穆罕默德慢慢恢復了平靜，他把自己的夢中經歷告訴給妻子。赫蒂徹撫慰丈夫熟睡，出門去找到她的堂兄、哈尼夫教的代表人物瓦爾格・伊本・瑙法勒，對他講述穆罕默德的遭遇。博古通今、熟讀《聖經》的瓦爾格・伊本・瑙法勒告訴赫蒂徹：「赫蒂徹，你要相信我的話，來找穆罕默德的那個天使就是找先知穆薩的那個天使。穆罕默德一定是我們民族的先知，你把這些告訴他，讓他放心。」

　　從此以後，天使吉卜利里不斷向穆罕默德傳授經文。

　　在《古蘭經》中，吉卜利里的名字一共出現過三次。在第二章的經文中，真主阿拉降示說：「你說：「凡仇視吉卜利里的，都是因為他奉真主的命令把啟示降在你的心上，以證實古經，引導世人，並向信士們報喜。凡仇視真主、眾天神、眾使者，以及吉卜利里和米卡里的，須知真主是仇視不通道的人們的。」

　　在第六六章的經文中，真主阿拉在處理穆罕默德的家庭事務時，又一次降示說：「當時，先知把一句話祕密地告訴他的一個妻子，她即轉告了別人，而真主使先知知道他的祕密已被洩漏的時候，他使她認識一部分，而隱匿一部分。當他既以洩漏告訴她的時候，她說：『誰報告你這件事的？』他說：『是全知的、徹知的主告訴我的。』如果你們倆向真主悔罪，（那麼，你們倆的悔罪是應當的），因為你們倆的心確已偏向了。如果你們倆一致對付他，那麼，真主確是他的保佑者，吉卜利里和行善的信士，也是他的保護者。此外，眾天神是他的扶助者。」

　　按照經注家的解釋，《古蘭經》中的天使吉卜利里，就是《聖經》中的迦百利。穆罕默德率麥加地區的穆斯林遷徙到麥迪那後，為了團結當地的猶太人，曾經沿用猶太教1月10日的阿術拉贖罪日為齋戒日，定耶路撒冷為穆斯林的朝拜方向。與猶太人關係破裂之後，穆罕默德宣布真主阿拉降示《古蘭經》的賴買丹月——也就是伊斯蘭教教曆的第九月——為最吉祥、最高貴的齋月，規定齋月內嚴格履行齋戒，禮拜朝向也由耶路撒冷改為麥加的天房克爾白。

　　《古蘭經》第二章中，對於齋月裡的齋戒做出了具體規定，至今依然為廣大穆斯林所嚴格遵守。為了方便沒有讀過經文的普通讀者更加真切地理解伊斯蘭教的齋月和齋戒，我專門把相關文字摘錄如下：

一般愚人將說：「他們為甚麼要背棄他們原來所對的朝向呢？」你說：「東方和西方，都是真主的，他把他所意欲的人引上正路。」……我確已見你反復地仰視天空，故我必使你轉向你所喜悅的朝向。你應當把你的臉轉向禁寺。你們無論在那裡，都應當把你們的臉轉向禁寺。曾受天經者必定知道這是從他們的主降示的真理，真主絕不忽視他們的行為。（2：142-144）

賴買丹月中，開始降示《古蘭經》，指導世人，昭示明證，以便遵循正道，分別真偽，故在此月中，你們應當齋戒；害病或旅行的人，當依所缺的日數補齋。……齋戒的夜間，准你們和妻室交接。她們是你們的衣服，你們是她們的衣服。真主已知道你們自欺，而恕饒你們，赦免你們；現在，你們可以和她們交接，可以求真主為你們註定的（子女），可以吃，可以飲，至黎明時天邊的黑線和白線對你們截然劃分。然後整日齋戒，至於夜間。你們在清真寺幽居的時候，不要和她們交接。這是真主的法度，你們不要臨近它。真主這樣為世人闡明他的跡象，以便他們敬畏。（2:185-187）

第六節　《古蘭經》中的穆罕默德

《古蘭經》中先後五次提到穆罕默德的名字，其中第三章介紹說：「穆罕默德只是一個使者，在他之前，有許多使者，確已逝去了；如果他病故或陣亡，難道你們就要叛道嗎？叛道的人，絕不能傷損真主一絲毫。真主將報酬感謝的人。」

在第三三章中，《古蘭經》再一次明確了穆罕默德的使者身

分：「穆罕默德不是你們中任何男人的父親，而是真主的使者，和眾先知的封印。真主是全知萬物的。」

《古蘭經》第四七章是以穆罕默德的名字命名的，並且在這一章的號召聖戰的經文中介紹說：

> 不通道而且妨礙主道的人們，真主將使他們的善功無效。通道而行善，且信仰降示穆罕默德的天經者——那部天經是從他們的主降示的真理——真主將赦宥他們的罪惡，改善他們的狀況。那是由於不通道的人們遵守虛偽，而通道的人們遵守從他們的主降示的真理。真主如此為眾人設許多譬喻。你們在戰場上遇到不通道者的時候，應當斬殺他們，你們既戰勝他們，就應當俘虜他們；以後或釋放他們，或准許他們贖身，直到戰爭放下他的重擔。事情就是這樣的，假若真主意欲，他必懲治他們；但他命你們抗戰，以便他以你們互相考驗。為主道而陣亡者，真主絕不枉費他們的善功，他要引導他們，並改善他們的狀況，且使他們入樂園——他已為他們說明那樂園了。

《古蘭經》第四八章在肯定穆罕默德的使者地位的同時，還讚美了他的為人：「他因正道和真教而派遣他的使者，以便他使真教勝過一切宗教。真主足為見證，穆罕默德是真主的使者，在他左右的人，對外道是莊嚴的，對教胞是慈祥的。」

《古蘭經》第六一章藉著「麥爾彥之子爾撒」——也就是基督教《聖經‧新約》中的聖母瑪利亞的兒子耶穌，預言了艾哈默德即穆罕默德的使者身分：「當時，麥爾彥之子爾撒曾說：『以色列的後裔啊！我確是真主派來教化你們的使者，他派我來證實

在我之前的《討拉特》，並且以在我之後誕生的使者，名叫艾哈默德的，向你們報喜。』」

《古蘭經》之所以要反復強調穆罕默德的使者地位，就是要以至高無上的真主阿拉的名義，在人世間確立穆罕默德的獨一無二的宗教權威地位，以方便伊斯蘭教義的廣泛傳播，以及為此展開的聖戰事業的順利進行。

據艾哈邁德·愛敏在《阿拉伯—伊斯蘭文化史》中介紹：《古蘭經》中的伊斯蘭教義是顧及當時的社會環境而分期漸進的，所以《古蘭經》裡出現了部分「廢止的經文」，就像《古蘭經》第二章所說：「凡是我所廢除的，或使人忘記的啟示，我必以更好的或同樣的啟示代替它。難道你不知道真主對於萬事是全能的嗎？」[29]

伊斯蘭教起初有「死了丈夫的婦女，叫她們守限周年」的規定，後來改為「死了丈夫的婦女，叫她們等待四月零十日」。伊斯蘭為團結麥迪那的猶太教徒，曾經把耶路撒冷確定為穆斯林禮拜阿拉的方向，等到征服麥加之後，便把禮拜阿拉的方向確定為麥加的天房。《古蘭經》第二章在駁斥猶太教徒和基督徒時，專門對此做出說明：「東方和西方都是真主的；無論你們轉向哪方，那裡就是真主的方向。真主確是寬大的，確是全知的。」

另外，穆罕默德生前留下的聖訓，也有被廢止的，正如他自己所說：「我從前禁止你積蓄祭品，現在你們可以積蓄了。」「我從前禁止你們遊墳墓，現在你們可以遊墳墓了。」由此可以見出，一句頂一萬句、放之四海而皆準的絕對真理，即使在《古蘭經》裡面也是不存在的。

---

[29] [埃及]艾哈邁德·愛敏著，納忠譯《阿拉伯—伊斯蘭文化史》第一冊，商務印書館，2001年，246頁。

第七節　最早的穆斯林

　　穆罕默德最初是以祕密方式從事宗教活動的，他的妻子赫蒂徹是他的第一個皈依者，並且在精神和物質方面給予他充分支持，從而被後人稱讚為「信士之母」。

　　穆罕默德的堂弟阿里是第二個穆斯林。阿里是穆罕默德的伯父阿布‧塔里布的兒子，比穆罕默德小30歲。幾年前，麥加地區遭遇一場嚴重乾旱，阿布‧塔里布一家由於人口太多而陷入貧困。穆罕默德為報答阿布‧塔里布對於自己的撫養之恩，找到另一位伯父阿巴斯談了自己的想法：「伯父阿布‧塔里布孩子多，生活困難，我們應該幫助他減輕一些負擔，你幫他撫養一個孩子，我幫他撫養一個孩子好不好？」

　　阿巴斯和穆罕默德一同來到阿布‧塔里布家裡，阿巴斯認養了賈發爾，穆罕默德認養了阿里。阿里從此一直留在穆罕默德家中，長大後還娶了穆罕默德與赫蒂徹的小女兒法蒂瑪，從而成為堂兄穆罕默德的嫡親女婿。

　　有一天，穆罕默德與赫蒂徹正在家裡做禮拜，阿里走了進來，好奇地詢問是怎麼回事？穆罕默德告訴他說：「這是真主阿拉選定的宗教，希望你也能信仰阿拉是唯一的主，不要再崇拜拉特和歐紮那樣的偶像神。」

　　阿里當時只有10歲，他想回家與父親商量一下，穆罕默德不願意阿里洩露祕密，便對他說：「阿里，如果你不相信，就不要把此事說出去。」

　　阿里是一個很有主見的少年，他回到自己房間思索了一個晚上，第二天早上向穆罕默德表明了自己的抉擇：「真主的使者，

在信仰方面，我不能聽從我父親的，也不能跟他商量，因為真主造化我的時候並沒有同他商量。」

穆罕默德和赫蒂徹婚後生育有兩個男孩子和四個女孩子，兩個男孩子幼年時不幸夭折。正是為了彌補這種不幸，穆罕默德在收養阿里之前，把赫蒂徹的一個奴隸宰德‧本‧哈瑞斯認養為義子，宰德‧本‧哈瑞斯比穆罕默德小5歲，是第一個奴隸出身的穆斯林。

穆罕默德的宗教活動逐漸被麥加人知道，出生於麥加古萊什部落台姆家族的貴族富商阿布‧伯克爾，主動找到穆罕默德瞭解情況。穆罕默德介紹說：「阿布‧伯克爾，至高無上的真主使我成為報喜者和警告者，使我成為易卜拉欣先知的宣傳者。」

阿布‧伯克爾說：「你沒有說過謊，你的虔誠，你的出身和你的品行都使你勝任這一使命。把你的手伸出來，我宣誓跟隨你。」

賽阿德‧本‧艾比‧瓦嘎斯是穆罕默德的母親阿米娜的叔叔，他在睡夢中夢見自己在黑暗中行走，看不到任何東西。天上突然出現了一輪月亮，阿布‧伯克爾，阿里和宰德‧本‧哈瑞斯都在月亮上向他招手。第二天早上，阿布‧伯克爾便來到他的家裡，給他解釋《古蘭經》的宗教教義，賽阿德跟隨阿布‧伯克爾來到穆罕默德面前誦讀了證詞：「我作證萬物非主，唯有真主，我作證穆罕默德是真主的使者。」

阿布‧伯克爾是擁有很高地位和很大號召力的古萊什貴族，負責整個麥加城區的仲裁權，他的加入對於伊斯蘭教的傳播起到非常關鍵的作用。赫蒂徹去世後，穆罕默德與阿布‧伯克爾9歲的女兒阿伊莎訂婚。穆罕默德去世後，阿布‧伯克爾成為阿拉伯帝國的第一任哈里發，也就是穆罕默德的第一位繼承人。

　　一天夜裡，阿布‧伯克爾外出散步時走到古萊什貴族倭馬亞‧本‧哈萊夫的家門口，喊出了倭馬亞‧本‧哈萊夫家的黑奴比拉勒，告訴他「我們的民族出了個先知，他就是穆罕默德‧本‧阿布杜拉。」比拉勒因此成為第一個信仰伊斯蘭教的黑人奴隸，同時也是從倭馬亞家族站出來的第一個穆斯林。

　　由此可見，伊斯蘭教從一開始就以相容並包的開放態度爭取不同性別、不同民族、不同膚色、不同身分的人士參與共同的宗教事業，從而表現出世界性宗教廣泛的包容性和強大的適應力。

第十章
穆罕默德的聖戰事業

　　從西元610年開始，穆罕默德默默地、耐心地開展他的傳教工作。三年下來，信仰伊斯蘭教的穆斯林還不到30個，來自古萊什貴族的迫害卻日益加劇。直到遷徙麥迪那之後，為主道而戰的聖戰事業才逐步展開。

第一節　穆斯林的艱難歲月

　　伊斯蘭的原意是和平，與戰爭、仇恨是反義詞，在《古蘭經》中，凡是順服真主阿拉，服從歷代先知的人，統稱穆斯林，用《古蘭經》第四章的經文來說，就是「你們當服從真主，應當服從使者和你們中的主事人」。

　　伊斯蘭教的根本教義是「認主獨一」，正如《古蘭經》第一一二章所介紹：「你說：他是真主，是獨一的主；真主是萬物所仰賴的；他沒有生產，也沒有被生產；沒有任何物可以做他的匹敵。」

　　伊斯蘭教「認主獨一」的一神教信仰，對於麥加城內崇拜多神偶像的人，尤其是依賴克爾白天房的朝覲收入維持高等生活和特權地位的古萊什貴族來說，構成了一種巨大挑戰。他們既不願意改變已經習慣的多神信仰，也不甘心失去既得的利益，於是便不惜一切手段扼殺摧殘處於萌芽狀態的伊斯蘭教。

　　一天，正當穆罕默德帶領弟子在麥加城外的薩法山上做禮拜的時候，貴族青年阿布‧傑赫勒帶著幾個人來到這裡，年紀最大的穆斯林賽阿德‧本‧艾比‧瓦嘎斯，成為他們攻擊嘲笑的對象。賽阿德在自衛過程中抄起一根駱駝骨，狠狠打在一個人的臉上，他自己的耳朵也被對方打傷。穆罕默德親自為賽阿德包紮傷口，並且安慰說：「賽阿德，你的血是為真主而流的。」

　　事件發生後，天使吉卜利里向穆罕默德傳達真主阿拉的命令，要他公開傳播伊斯蘭教。於是，穆罕默德登上薩法山，召集古萊什人公開傳教：「阿布杜‧麥那弗的孫子們，祖赫拉的子孫們，泰伊姆的子孫們，邁赫祖姆的子孫們，埃塞德的子孫們，真主命令我面諭我的親朋好友，我不掌握你們今世的利益，也不掌握來世的報酬，我只要你們說：『萬物非主，唯有真主。』」

　　穆罕默德的叔父阿布‧拉哈布帶頭髮難：「去你的吧，你招呼我們來就是要說這個嗎？」說完，他帶著妻子揚長而去，在場的古萊什人也紛紛離開。

　　第一次公開傳教失敗後，穆罕默德很是傷心，他吩咐阿里準備宴席，邀請親友到家裡聚會，他的伯父和叔父阿布‧塔里布、哈姆紮、阿巴斯、阿布‧拉哈布全都到場。穆罕默德對眾人說：「阿布杜‧穆台列卜的子孫們，我給你們帶來了今世和來世的好處，真主命令我號召你們接受它。你們誰願意幫助我執行這個命令，他就可以成為我的兄弟和我的遺囑繼承人。」

　　大家都沉默不語，年齡最小的阿里站出來說：「真主的使者，我願意幫助你。」

　　穆罕默德拉住阿里的手對眾人說：「現在他就是我的兄弟，我的遺囑執行人，我的繼承人。你們要聽從他，順從他。」

　　大家開始取笑阿布‧塔里布：「你聽見了嗎？他命令你聽從

你兒子的，還要順從他。」

　　一場精心準備的聚會不歡而散，穆罕默德只好和弟子們躲到薩法山附近的艾爾格姆家裡聚會禮拜，來自古萊什貴族的迫害不僅沒有停止，反而變本加厲。一天，阿布‧傑赫勒在路上遇到穆罕默德，一見面就大罵他和他的宗教，穆罕默德面對辱罵一言不發。穆罕默德的伯父哈姆紮是一個英勇無畏的獵人，他打獵回來聽說此事，徑直到聚集在天房旁邊的人群中，舉起手中的弓把阿布‧傑赫勒痛打一頓，隨後來到穆罕默德家裡鄭重表態：「我證明你是絕對誠實的，公開你的宗教吧。我既不希望享有天下的任何東西，為什麼還要堅持原來的信仰呢？」

　　哈姆紮的支持堅定了穆罕默德的信心，他開始公開指責古萊什人崇拜的多神偶像。一些古萊什貴族找到阿布‧塔利布家中，要求他制止穆罕默德的行為。阿布‧塔利布把穆罕默德叫到家裡勸告說：「孩子，這些人都是我們民族的長老，他們請求你不要咒罵他們的神，他們也不管你和你的神了。」

　　穆罕默德解釋說：「伯父，我要他們做的，對他們是有好處的。」

　　阿布‧塔利布問道：「你要他們做什麼呢？」

　　穆罕默德說：「我只要他們說一句話：『萬物非主，唯有真主。』」

　　古萊什貴族拒絕了穆罕默德的要求，阿布‧塔利布只好勸說穆罕默德：「你為我著想，也為你自己著想一下吧，不要讓我為難了。」

　　穆罕默德以為伯父要把他交給這些貴族們，便誓死如歸地表白說：「伯父，他們就是把太陽放在我的右手，把月亮放在我的左手，讓我放棄這項任務，我也絕對不答應。」說完，他痛哭著

走了出去。阿布・塔利布的心再一次軟了下來，他走出去告訴穆罕默德說：「你去吧，孩子，你想說什麼就說什麼吧，我也不管你的事了。」

古萊什貴族不敢直接處罰穆罕默德，只好找自己家族中的穆斯林發洩怨氣。倭馬亞・本・哈萊夫把黑奴比拉勒帶到沙漠裡，在他胸膛上壓上一塊大石頭，然後威脅說：「你如果不背叛穆罕默德，崇拜拉特神和歐紮神，我就讓你死在這裡。」幸虧阿布・伯克爾路過這裡，花錢把比拉勒買了下來，然後把他給釋放了。

麥赫祖姆家族把阿馬爾・本・亞希爾和他的父母趕到烈日下處罰他們，穆罕默德對他們說：「要堅持住，你們的歸宿是天堂。」他們就這樣一直堅持著，失去耐心的阿布・傑赫勒，用標槍紮死了阿馬爾的母親蘇邁亞。蘇邁亞是伊斯蘭教的第一位殉道者。西元615年，為了讓部分穆斯林逃避古萊什貴族的迫害，穆罕默德命令他們遷徙到埃塞俄比亞去傳教，這是伊斯蘭教歷史上的第一次遷徙。

歐麥爾是麥加古萊什部落阿迪家族的貴族富商，是伊斯蘭教的堅決反對者。在穆斯林紛紛遵照穆罕默德的命令逃往埃塞俄比亞的時候，歐麥爾身佩寶劍準備親手殺死穆罕默德，路上被一位好心人勸阻下來：「你要是把穆罕默德殺死了，阿布杜・麥那弗家族會放過你嗎？你還是看看你家裡人在幹什麼吧。你妹妹法蒂瑪和她的丈夫塞伊德都信仰了伊斯蘭教，成了穆罕默德的信徒。」

歐麥爾大吃一驚，急忙趕到妹妹法蒂瑪家裡，正巧碰到一個穆斯林在教妹妹和妹夫誦讀《古蘭經》經文。歐麥爾為爭奪經文，舉劍向妹夫刺去，法蒂瑪連忙用身體擋住丈夫，歐麥爾見寶劍刺在妹妹身上，感到十分後悔，只好退一步說：「把你們念的

那張紙給我，我要看看穆罕默德給你們帶來的是什麼？」

法蒂瑪忍痛說道：「你是多神教徒，你的手太髒，不能摸它，只有洗乾淨的人才能看《古蘭經》。」

歐麥爾清洗雙手後接過經文，讀過之後讚歎不已，當即找穆罕默德皈依了伊斯蘭教，成為早期穆斯林的重要成員之一。

隨著伊斯蘭教的影響越來越大，古萊什貴族再一次商定要殺死穆罕默德。阿布‧塔里布得到這個消息，把家族成員召集起來，命令他們把穆罕默德藏進堡壘。古萊什貴族經過協商做出決定：全體古萊什人從此不准與穆斯林交往，更不能與穆斯林進行交易和通婚。他們還把這一決定寫成公約掛在克爾白天房裡面。

經過三年的殘酷封鎖，穆罕默德找到伯父阿布‧塔里布，告訴他說：「真主已經命令白螞蟻把掛在天房裡的那張紙吃掉了。」

阿布‧塔里布召集貴族到天房查看，發現那張紙果然消失了，貴族們只好解除了對於穆斯林的封鎖。封鎖解除後的第三天，穆罕默德飽經磨難的妻子赫蒂徹去世，終年65歲。沒過多久，他的伯父阿布‧塔里布也不幸去世。穆罕默德在一年之內失去了兩位最為親近的支持者和保護者，這一年是西元620年和伊斯蘭教曆紀元前一年，後人稱之為「悲痛之年。

失去阿布‧塔里布和赫蒂徹的支持和保護，繼續留在麥加變得更加危險，穆罕默德只好到120公里外的塔伊夫尋求支持。這裡是遠近聞名的葡萄種植中心，當地的貴族大都是葡萄園主和釀酒商人，自然不願意接受反對飲酒的伊斯蘭教。穆罕默德先找到塞基夫部落的三兄弟，他們不僅拒絕接受伊斯蘭教，還讓奴隸坐成兩排阻止穆罕默德離開。穆罕默德從這些奴隸中間走過時，每走一步都要忍受他們用石塊打擊。他強忍疼痛，一直走到一棵椰

棗樹下才坐下休息。危難之中，一位名叫阿達斯的基督教奴隸給穆罕默德送來一串葡萄，連同以耶和華上帝的名義送來的一份祝福。

第二節　遷徙麥迪那

　　艱苦卓絕的穆罕默德在麥加播種的宗教種子，卻是在麥迪那結出豐碩果實的。

　　麥迪那原名雅茲里布，是漢志也就是現在的沙烏地阿拉伯境內除麥加之外的另一個重要城邦，當地居民主要由一個猶太人部落和兩個阿拉伯部落組成，三個部落之間經常發生大大小小的武裝衝突。受到猶太教徒期盼救世主降臨的宗教信仰之影響，哈茲拉吉部族和奧斯部族的阿拉伯人，同樣期待著本民族的救世主來到人間。

　　西元621年，穆罕默德與從雅茲里布來麥加朝覲的10名哈茲拉吉人和2名奧斯部族人在阿克巴約會，決定派穆薩布去雅茲里布傳教，並參與調解兩個部落之間的矛盾糾紛。作為回報，這12名雅茲里布人發誓效忠於穆罕默德，伊斯蘭教史稱之為第一次阿克巴協定。622年，73名雅茲里布人到麥加朝覲，邀請穆罕默德前往傳教，在穆罕默德的伯父阿巴斯的公證下，達成保障穆罕默德生命安全的第二次阿克巴協定。穆罕默德命令麥加地區的穆斯林分批往雅茲里布遷徙。

　　為了阻止穆斯林從麥加出走，古萊什貴族決定從每個家族抽出一名青年人，讓他們每人拿一把劍共同殺死穆罕默德，這樣就可以逃避阿布杜·麥那弗家族的復仇行為。

　　這天夜裡，阿布·傑赫勒帶人包圍穆罕默德的住宅，穆罕默

德發現後安排阿里睡在自己的床上，自己安然走出家門住進阿布‧伯克爾家中。阿布‧傑赫勒天亮後準備動手，沒有想到從穆罕默德房間走出來的卻是阿里。

此時的穆罕默德，已經與阿布‧伯克爾9歲的女兒阿依莎訂婚，婚姻的紐帶把兩個家庭更加緊密地聯結在一起。這天清晨，穆罕默德和阿布‧伯克爾一起躲進麥加郊外索爾山的山洞裡。阿布‧伯克爾一邊安排兒子阿卜杜拉打探消息，一邊命令奴隸把羊群往山上轉移。三天之後，穆罕默德和阿布‧伯克爾帶領家人和財產離開麥加，踏上了向雅茲里布遷徙的道路。

麥加城中名叫蘇拉格‧本‧馬利克的貴族青年一心想得到古萊什貴族的懸賞，騎著快馬拿著長矛追趕而來，眼看著要追趕上了，卻突然從馬背上摔了下來。他爬起來再次追趕，馬腿又陷在沙丘裡。反覆幾次後，他醒悟到自己正在遭受真主阿拉的懲罰，便請求穆罕默德給他一份赦罪證書。穆罕默德命人給他寫下一份赦罪證書，他在騎馬返回麥加的路上，把所有追捕穆罕默德的人都勸了回去。

關於穆罕默德的這次遷徙，《古蘭經》第八章解釋說：「當時，不通道的人對你用計謀，以便他們拘禁你，或殺害你，或驅逐你；他們用計謀，真主也用計謀，真主是最善於用計謀的。」

關於這次遷徙，《古蘭經》第九章中另有解釋：「如果你們不相助他，那麼，真主確已相助他了。當時，不通道的人們把他驅逐出境，只有一個人與他同行，當時，他倆在山洞裡，他對他的同伴說：『不要憂愁，真主確是和我們在一起的。』真主就把寧靜降給他，而且以你們所看不見的軍隊扶助他，並且使不通道者的言詞變成最卑賤的；而真主的言詞確是最高尚的。真主是萬能的，是至睿的。」

　　穆罕默德和阿布‧伯克爾到達雅茲里布時已經是這一年的九月份，他們受到全體穆斯林的熱烈歡迎。先期從麥加遷徙而來的穆斯林已經在這裡安家落戶，人們都希望穆罕默德能夠住進自己家裡。為公平起見，穆罕默德決定任由自己的駱駝在城中走動，代他選擇一塊居留的地方。駱駝最後在一塊荒地上停下來，這塊荒地的主人是兩個孤兒。穆罕默德買下這塊荒地，用來修建第一所禮拜寺，寺旁邊還建有供客人居住的小屋。從此以後，這所禮拜寺和世界各地所有的禮拜寺（清真寺），都兼具多項功能和用途：它既是穆斯林的禮拜場所，也是穆斯林商討公共事務的聚會場所，同時還是無家可歸者的避難所和外來旅客的臨時住所。

　　穆罕默德不喜歡猶太人用吹喇叭的方式召集禮拜，就採用了基督教通過敲鐘召集禮拜的方式。有一天，一位穆斯林跑到清真寺裡告訴穆罕默德，說是夢中見到一位穿著兩層綠衣服的人，向他演示用宣禮詞召集禮拜的方法：「大哉真主，大哉真主，大哉真主。我證真主。我證萬物非主，唯有真主。我證萬物非主，唯有真主。我證穆罕默德是真主的使者，我證穆罕默德是真主的使者。來做禮拜吧！大哉真主，大哉真主，萬物非主，唯有真主。」

　　穆罕默德認為這是真主的意志，便委任嗓音悅耳的黑人穆斯林比拉勒充當宣禮員。

　　雅茲里布距離麥加200多公里，遠遠超出了古萊什人的勢力範圍，從麥加遷徙到雅茲里布的穆斯林，得到當地穆斯林的熱心幫助，前者被稱為「遷士」，後者被稱為「輔士」。穆罕默德率領70名由麥加遷入的「遷士」與當地被稱為「輔士」的穆斯林代表聚會協商，決定改雅茲里布為「麥迪那‧納比」，意思是「先知之城」，簡稱麥迪那。經過協商制定出的《麥迪那社團章程》，明確規定在麥迪那創建以穆罕默德為首的穆斯林公社，麥

迪那從此成為伊斯蘭教的宗教和政治中心。

遷士與輔士的聯合，標誌著伊斯蘭教事業進入一個嶄新階段，這一點在《古蘭經》中表現得最為明顯。在麥加，《古蘭經》的啟示主要是有關宗教信仰的，篇幅一般比較簡短。在麥迪那，《古蘭經》的啟示成為包羅萬象的百科全書，內容涉及到社會生活的方方面面。《古蘭經》中的伊斯蘭教義不再是相對單純的信仰追求，而是穆斯林社會普遍遵守的生活準則和社會規範。隨著穆斯林社會的發展壯大，《古蘭經》中的伊斯蘭教義，也在與時俱進地吸納包容不斷湧現的新生事物。

第三節　《古蘭經》的聖戰號召

遷士們習慣了麥加地區乾燥高溫的沙漠氣候，來到麥迪那後水土不服，有許多人因此病倒，其中包括阿布・艾伯爾和他的黑人釋奴比拉勒。已經與穆罕默德結婚的阿依莎回到娘家看望父親，阿布・艾伯爾和比拉勒向她傾訴了對於故鄉麥加的思念之情。阿依莎回家後告訴穆罕默德，穆罕默德祈禱說：「真主啊，讓我們像熱愛麥加一樣熱愛麥迪那吧。」

話雖這麼說，對於被迫丟下財產背井離鄉的遷士們來說，以勝利者的身分回到麥加，一直是他們最為強烈的一樁心願。西元624年1月，在按照慣例禁止搶劫的朝覲期間，穆罕默德派出10多人到麥加與塔伊夫之間的納赫拉，伏擊從葉門返回麥加的商隊，打敗了由4個人組成的商隊衛隊，劫持了商隊財物，史稱納赫拉之戰。

納赫拉之戰雖然取得勝利，卻引起麥迪那人的一致反對。針對這件事，《古蘭經》第二章中專門有一段經文來平息紛爭：

戰爭已成為你們的定制，而戰爭是你們所厭惡的。也許你們厭惡某件事，而那件事對你們是有益的；或許你們喜愛某件事，而那件事對於你們是有害的。真主知道，你們確不知道。他們問你禁月內可以作戰嗎？你說：「禁月內作戰是大罪；妨礙主道，不信真主，妨礙（朝覲）禁寺，驅逐禁寺區的居民出境，這些行為，在真主看來，其罪更大。迫害是比殺戮還殘酷的。」如果他們能力充足，勢必繼續進攻你們，務使你們叛教。你們中誰背叛正教，至死還不通道，誰的善功在今世和後世完全無效。這等人，是火獄的居民，他們將永居其中。通道的人，離別故鄉並且為主道而奮鬥的人，這等人他們的確希望真主的慈恩。真主是至赦的，是至慈的。

　　這是《古蘭經》中關於聖戰的最早說明。在此後的幾年裡，聖戰成為《古蘭經》中最為重要的內容，後世的樂園，是真主阿拉許諾給聖戰犧牲者的最高獎賞。關於這一點，第四章的經文介紹說：「以後世生活出賣今世生活的人，教他們為主道而戰吧！誰為主道而戰，以致殺身成仁，或殺敵致果，我將賞賜誰重大的報酬。……沒有殘疾而安坐家中的信士，與憑自己的財產和生命為主道而奮鬥的信士，彼此是不相等的。憑自己的財產和生命而奮鬥的人，真主使他們超過安坐家中的人一級。真主應許這兩等人要受最優厚的報酬，除安坐者所受的報酬外，真主加賜奮鬥的人一種重大的報酬。」

　　同樣的意思在第九章中另有表達：「通道而且遷居，並借自己的財產和生命為主道而奮鬥者，在真主看來，是品級更高的；這等人就是成功的。他們的主以自己的慈恩、喜悅和樂園向他們

報喜，他們將在樂園裡享受永恆的恩，而永居其中。在真主那裡確有重大的報酬。」

需要說明的是，《古蘭經》提倡的聖戰並不是不擇手段的超限戰和無限戰，而是有嚴格規則和明確限度的正義之戰。第二章經文在號召聖戰的同時還明確規定：「你們當為主道而抵抗進攻你們的人，你們不要過分，因為真主必定不喜愛過分者。你們在那裡發現他們，就在那裡殺戮他們；並將他們逐出境外，猶如他們從前驅逐你們一樣，迫害是比殺戮更殘酷的。你們不要在禁寺附近和他們戰鬥，直到他們在那裡進攻你們；如果他們進攻你們，你們就應當殺戮他們。不通道者的報酬是這樣的。如果他們停戰，那麼，真主確是至赦的，確是至慈的。你們當反抗他們，直到迫害消除，而宗教專為真主；如果他們停戰，那麼，除不義者外，你們絕不要侵犯任何人。」

第五章經文在講述阿丹（亞當）的兒子該隱與亞伯骨肉相殘的故事時，還提到比「聖戰」的「定制」更加古老的另一種「定制」：

　　因此，我對以色列的後裔以此為定制：除因復仇或平亂外，凡枉殺一人的，如殺眾人；凡救活一人的，如救活眾人。我的眾使者，確已昭示他們許多跡象。此後，他們中許多人，在地方上確是過分的。敵對真主和使者，而且擾亂地方的人，他們的報酬，只是處以死刑，或釘死在十字架上，或把手腳交互著割去，或驅逐出境。這是他們在今世所受的凌辱；他們在後世，將受重大的刑罰。惟在你們能懲罰他們之前已經悔罪的人，你們須知真主對於他們是至赦的，是至慈的。通道的人們啊！你們當敬畏真主，

當尋求親近真主的媒介，當為主道而奮鬥，以便你們成功。

在聖戰事業的實際操作過程中，穆罕默德更傾向於採用低傷亡甚至零傷亡的和平談判及讓步妥協，而不主張沒有節制的殺死對方並犧牲自己。這與伊斯蘭教「認主獨一」的和平信仰是保持一致的，與當今伊斯蘭世界各種各樣的聖戰組織的濫殺無辜，並不是一回事。

第四節　白德爾戰役的輝煌勝利

西元624年3月，穆罕默德得到麥加古萊什貴族的軍事領袖阿布·蘇富揚帶領商隊從敘利亞返回的消息，親自率領由313人組成的穆斯林軍隊前去阻擊。阿布·蘇富揚是迫害穆斯林的罪魁禍首之一，他對穆罕默德的進攻早有防備。在逃脫穆斯林軍隊襲擊的同時，他及時派人回到麥加召集增援部隊。麥加人從阿布·蘇富揚的信使那裡得到消息，立即出動近千人的隊伍迎擊穆斯林軍隊，和他們一同出征的還有一些打鼓助威的歌女。

這是一次力量懸殊的較量，麥加軍隊僅騎馬前來的先頭部隊就有200多人，穆斯林軍隊只有兩匹馬和七十峰駱駝。穆罕默德採取以逸待勞的戰術，帶領穆斯林在麥迪那西南約32公里的小鎮白德爾的泉水旁邊挖出一個蓄水池，等待麥加軍隊前來爭奪水源。

第一個出面挑戰的古萊什貴族朝著水池衝上來，穆罕默德的伯父哈姆紮一劍砍斷了他的一條腿，把他殺死在水池旁邊。緊接著又有三名古萊什貴族出面挑戰，歐貝德·本·哈里斯、哈姆紮和阿里上前迎戰，很快就結束了戰鬥。在穆罕默德指揮下，穆斯

林軍隊乘勝出擊，在混戰中殺死了古萊什貴族的首領阿布‧傑赫勒，倭馬亞‧本‧哈萊夫也被他以前的黑奴比拉勒一劍刺死，麥加軍隊的傷亡人數超過140人。《古蘭經》第三章的經文中，把這次以少勝多的聖戰明確歸功於至高無上的真主：

> 白德爾之役，你們是無勢力的，而真主確已援助了你們。故你們應當敬畏真主，以便你們感謝。當時，你對信士們說：「你們的主降下天神三千來援助你們，還不夠嗎？不然，如果你們堅忍，並且敬畏，而敵人立刻來攻你們，那麼，你們的主，將使襲擊的天神五千來援助你們。」真主只以這應許對你們報喜，以便你們的心境因此而安定。援助只是從萬能的、至睿的真主那裡降下的。（他援助你們），以便對於不通道的人，或剪除一部分，或全部加以凌辱，以便他們失敗而歸。

白德爾戰役的勝利，強化了伊斯蘭教的聖戰信仰，鞏固了穆罕默德的權威地位，並且贏得了麥迪那人的廣泛支持，凡是參加這次戰役的人，都被尊稱為「伊斯蘭貴人」。

第五節　伍侯德戰役與壕溝之戰

在白德爾戰役中大敗而歸的古萊什貴族，一直在尋求復仇的機會。西元625年3月，阿布‧蘇富揚率領3000人的軍隊偷襲麥迪那，他的妻子辛德也一同前往。辛德的父親和哥哥在伯德爾戰役中分別被哈姆宰和阿里殺死，她是專門為父親和哥哥來復仇的。

考慮到麥迪那穆斯林的戰鬥人員只有1000人，穆罕默德得到

消息後主張緊閉城門進行防守。麥迪那當地的穆斯林首領阿布杜拉‧本‧伍比耶贊同穆罕默德的意見，年輕的穆斯林卻極力主張出城迎敵，他們認為讓敵人進入麥迪那是穆斯林的恥辱。在這種情況下，穆罕默德回家換上戰袍，在清真寺前集合並檢閱部隊，阿布杜拉‧本‧伍比耶對此極為不滿，說是「你們服從他而背叛我，真不知道我們為什麼自己害自己。」

阿布杜拉‧本‧伍比耶帶走了他的300多名追隨者，跟隨穆罕默德出征的穆斯林軍隊只剩下600多人。穆罕默德把軍隊分成兩部分，一部分在伍侯德山居高臨下迎擊敵人，一部分弓箭手埋伏在另一座山頭進行策應，明確要求他們沒有得到命令不得離開陣地。

兩軍陣前先是一對一的格鬥拼殺，穆罕默德的伯父哈姆紮和堂弟阿里先後殺死兩名挑戰者。混戰開始後，古萊什軍隊的騎兵首領哈立德‧本‧韋立德指揮騎兵包抄穆斯林軍隊的後路，被埋伏在另一個山頭的弓箭手射退。穆斯林軍隊取得初步勝利，弓箭手擅自離開陣地收繳戰利品，哈立德率領騎兵再次包抄過來，很快就扭轉了戰局。混戰之中，一名有「野人」之稱的埃塞俄比亞黑人奴隸，發揮投擲標槍的絕技刺殺了哈姆紮，身受重傷的穆罕默德，在阿里、阿布‧伯克爾、歐麥爾等人護衛下退出戰場，戰場上隨後傳出穆罕默德犧牲的消息。

阿布‧蘇富揚聽說穆罕默德已經戰死，以為給妻子報仇的目標已經實現，便命令軍隊停止戰鬥。辛德在戰場上找到哈姆紮的屍體，取出肝臟當場咀嚼以發洩她的仇恨之情，伍侯德戰役以穆斯林軍隊的慘敗而宣告結束。

伍侯德戰役的失敗並沒有阻止伊斯蘭教的發展壯大，西元627年，阿布‧蘇富揚聯合11個部落的1萬多名阿拉伯人和猶太

人，再次向麥迪那發起進攻。面對強敵，穆罕默德採納波斯人賽爾曼的建議，利用麥迪那三面熔岩環抱的天險，在城北面挖出一條塹壕來防禦敵人。

賽爾曼是一位知識淵博的宗教學者，他起初是波斯地區——也就是現在的伊朗——的瑣羅亞斯德教教徒，改奉基督教後從伊斯法罕赴敘利亞研究教義，後來又先後赴羅馬和摩蘇爾等地傳播教義。在阿拉伯半島的庫拉河谷定居期間，他被那裡的游牧民族貝都因人當作奴隸賣給了猶太人，跟隨猶太人來到麥迪那後又皈依了伊斯蘭教，並且得到穆罕默德的充分信任。他把波斯人利用塹壕來防禦敵人的方法傳授教給穆斯林軍隊，為塹壕之戰的勝利發揮了決定性作用。

阿布·蘇富揚率領聯軍來到麥迪那城外，多次組織強攻都沒有成功。一個月後，有一隻古萊什軍隊一度從最窄處越過塹壕，當即被阿里率領的穆斯林軍隊英勇擊退。正當城裡的穆斯林饑寒交迫的時候，一場颶風席捲了聯軍的帳篷，掀翻了聯軍的鍋灶，人心渙散的聯軍於一夜之間全部撤退。

在阿布·蘇富揚的聯軍圍困麥迪那的時候，與穆罕默德締結過睦鄰和約的麥迪那猶太人古賴宰部落背信棄義，直接參與了聯軍方面的軍事行動。聯軍撤離後，穆罕默德立即調動穆斯林軍隊攻佔古賴宰部落的城堡，殺死了猶太人部落所有的壯丁。

第六節　《侯達比亞協議》的和平談判

西元628年的朝覲季節，穆罕默德率領1400多名穆斯林騎駱駝前往朝覲。全體穆斯林身穿白色衣服，沒有攜帶任何武器。走到距麥加不遠的侯達比亞時，被古萊什人攔住去路。穆罕默德向

古萊什貴族解釋自己不是來打仗的，而是來朝覲天房的。為打消古萊什人的疑慮，他派出倭馬亞家族的奧斯曼進城與他的叔叔阿布‧蘇富揚等人當面協商。

奧斯曼遲遲沒有回來，並且從城裡傳出他已經被殺的消息。穆罕默德召集穆斯林，要求他們宣誓為奧斯曼報仇，這次宣誓被稱為利達旺誓約。正當人們準備復仇時，奧斯曼突然出現，並且帶來了古萊什人的談判代表蘇海勒‧本‧阿慕爾。雙方經過和平談判達成《侯達比亞協定》，協定中規定：穆斯林當年不到天房朝覲，次年朝覲時，古萊什人應離城3天。雙方休戰10年。願加入雙方任何一方的部落，另一方不得干涉。穆斯林應交回古萊什部落的投奔者，穆斯林投奔麥加的，可以不予交回。

協議條款由阿里執筆書寫，經穆罕默德和蘇海勒‧本‧阿慕爾共同簽字後生效。歐麥爾對協定的簽訂大為不滿，許多穆斯林也對協定條款表示失望，然而，此後的事實證明穆罕默德的決策靈活和深謀遠慮。正是通過該項協定的簽訂，伊斯蘭教在阿拉伯半島獲得合法地位，並且樹立了誠信寬容的良好形象，為穆斯林和平進入麥加創造了條件。古萊什貴族中最英勇善戰的哈立德和最足智多謀的阿慕爾‧本‧阿斯，就是在協議簽訂後不久，主動到麥迪那投奔穆罕默德的。穆罕默德通過和平談判方式取得了大規模聖戰所不能夠得到的勝利成果。

《侯達比亞協議》的簽訂，還為穆斯林軍隊集中優勢兵力對付麥迪那周邊的部落勢力創造了條件。西元628年，麥迪那附近的奈迪爾猶太人部落的貴族，被逐出麥迪那後逃到猶太人的重鎮海巴爾，為穆罕默德發動針對猶太人的聖戰提供了理由。穆罕默德統率大軍圍攻海巴爾11個晝夜，切斷了通往鎮裡的所有水源，迫使猶太人出城投降。穆罕默德迎娶被殺死的猶太人首領的妻子

沙非亞，准許猶太人以繳納一半收成為代價繼續耕種這裡的土地，同時還通過《古蘭經》明確保留了猶太人的一些宗教習慣和生活習俗，譬如男子行割禮，禁止吃自死物、豬肉等不潔食物。正是因為穆罕默德的措施得當，麥迪那周邊其他部落的阿拉伯人和猶太人，或以類似的條件承認了麥迪那伊斯蘭教公社的統治地位，或皈依了伊斯蘭教「認主獨一」的宗教信仰。[30]

第七節 重返麥加

西元629年，穆罕默德派往巴士拉傳教的使者，在敘利亞邊境城市莫爾塔被拜占廷帝國殺害，穆罕默德派遣義子宰德率領3000多人的部隊前往討伐，宰德和另外兩個將領戰死，哈立德自告奮勇，率領殘部突破重圍返回麥迪那，穆罕默德為表彰哈立德的英勇無畏，在向穆斯林講演時，稱讚哈立德是「阿拉之劍」。繼此之後，哈立德以「阿拉之劍」的名義統帥穆斯林軍隊南征北戰，多次贏得輝煌勝利。

西元630年1月，與麥加結盟的伯克爾部落襲擊歸順麥迪那伊斯蘭教公社的胡紮阿部落，參與其事的麥加人違背了侯達比亞協定，協定條款因此失效。穆罕默德聞訊後立即組織1萬多人的穆斯林進軍麥加。

在部隊沒有出發之前，古萊什部落的軍事首領阿布·蘇富揚來到麥迪那，試圖與穆罕默德重新確認侯達比亞協議。此時的

---

[30] 《古蘭經》所規定的伊斯蘭教的飲食禁忌，基本上跟猶太教的《聖經·舊約》保持一致，只有個別規定存在差異。如猶太教徒忌食駱駝，伊斯蘭教不忌。《聖經·舊約·利未記》第十一章第四節說：「但那倒嚼，或分蹄之中不可吃的，乃是駱駝。」伊斯蘭教經學家認為，忌食駱駝，源於葉爾孤白（雅各）先知，因為他患有坐骨神經病，吃了會犯病，這是個人習慣，不能引為常例。

穆罕默德，已經娶阿布‧蘇富揚死去丈夫的女兒烏姆‧哈比白為妻。阿布‧蘇富揚首先來到女兒烏姆‧哈比白的住處，女兒見父親來了，連忙收起床上的被子。阿布‧蘇富揚不解地問道：「孩子，你是不讓我坐在被子上還是不滿意我？」女兒回答說：「你是個骯髒的多神教徒，不能坐在真主使者的被子上。」

阿布‧蘇富揚憤然離開女兒的住處去尋找穆罕默德，穆罕默德拒絕與他當面交談。他又先後找到阿布‧伯克爾、歐麥爾和阿里，三個人都不願意替他向穆罕默德說情，阿布‧蘇富揚沒有辦法，只好失望而歸。

穆罕默德帶領軍隊日夜兼程直奔麥加，路上遇到他的伯父阿巴斯前來投誠。部隊到達麥加城外，阿巴斯騎著穆罕默德的騾子進城勸降，迎面見到帶人出城察看的阿布‧蘇富揚，阿巴斯說：「如果真主的使者打敗了你，肯定會殺死你的。快爬上騾子，我帶你去見真主的使者，替你向他求情。」

阿布‧蘇富揚聽從阿巴斯的建議，與他同騎一匹騾子進入穆斯林軍隊的營地，當面向穆罕默德請求皈依伊斯蘭教。

第二天，穆罕默德兵分四路進攻麥加，除南路遭遇微弱抵抗之外，穆斯林軍隊基本上是採用和平方式征服佔領了麥加城。穆罕默德帶領穆斯林在克爾白天房周圍繞行七周，然後在天房門口向麥加城的古萊什人發表演講：「萬物非主，唯有真主。真主履行了他的諾言，幫助他的奴僕戰勝了邪惡。古萊什的同胞們，真主清除了蒙昧時代你們祖祖輩輩枉自尊大的陋習，你們知道我會怎麼對待你們嗎？」

古萊什人回答說：「你是一個高尚的兄弟和侄子，你會寬容我們的。」

穆罕默德寬恕了所有人，包括曾經迫害過他並把他趕出家園

的人。他對這些人說：「你們自由了，回自己的家裡去吧！」

接下來，穆罕默德帶人進入克爾白天房，搗毀裡面所有的偶像。關於此事，《古蘭經》第十七章的說法是：「真理已來臨了，虛妄已消滅了；虛妄確是易滅的。」

克爾白天房內的偶像被清除乾淨之後，比拉勒在聖城麥加開始了他的第一次宣禮：「大哉真主，大哉真主。我證萬物非主，唯有真主，我證穆罕默德是真主的使者。」

從此以後，麥加城內的克爾白天房成為伊斯蘭教的禮拜中心和朝覲中心，每天五次傳出召集禮拜的宣禮聲。

第八節　侯奈因戰役與代表團之年

穆罕默德進入麥加後，麥加東南的哈瓦津部落為阻止伊斯蘭教的發展，聯合塔伊夫的達基夫部落及周邊其他部落共2萬多人，企圖攻打駐紮在麥加的穆斯林軍隊。穆罕默德率領從麥加那帶來的1萬多名穆斯林軍隊，連同蘇福揚組織的2千多名麥加軍隊前往迎戰，麥加人還給穆斯林軍隊提供了大批精良武器。

哈瓦津是一個強大的游牧部落，首領馬立克・本・奧夫年僅30歲。為了防止士兵逃跑，他命令士兵各自帶上妻子兒女和全部財產投入戰鬥。黎明時分，穆斯林軍隊進入侯奈因山谷，馬立克事先埋伏在山谷兩側高地上的軍隊，向穆斯林展開猛烈進攻，穆斯林的先頭部隊遭遇襲擊後紛紛逃跑。為鼓舞士氣，穆罕默德一個人向敵軍陣地衝殺過去，邊衝邊喊：「我是先知，我是阿布杜・穆塔里布的孫子。」圍在他身邊的阿里、阿布・伯克爾、阿巴斯等人也高喊著衝上去，將士們見了，轉身重新投入戰鬥，很快把哈瓦津人趕出山谷。哈立德率領的騎兵在山谷外的開闊地帶

左右衝殺，加速了哈瓦津人的潰敗，哈瓦津人的妻子兒女6000多人連同大批財物，變成了穆斯林軍隊的戰利品。

關於侯奈因戰役，《古蘭經》第九章解釋說：「許多戰場上和侯奈因之役，真主確已援助你們。當時，你們自誇人眾，但人數雖眾，對你們卻無裨益；地面雖廣，但你們覺得無地自容，終於敗北。後來，真主把寧靜降於其使者和信士們，並降下你們所未見的軍隊，他懲治了不通道者，那是不通道者的報酬。後來，他准許他所意欲者悔過自新。真主是至赦的，是至慈的。」

哈瓦津人失敗後，與達基夫人一起退守塔伊夫，穆斯林軍隊乘勝追擊，把塔伊夫團團圍住。哈瓦津人用弓箭向攻城的穆斯林射擊，阿布・蘇富揚眼睛中箭，許多士兵中箭身亡。曾經教給穆斯林軍隊塹壕戰術的波斯人塞勒曼，製造了一門可以發射大塊石頭的弩炮供穆斯林攻城，一些穆斯林還採用木制戰車向城牆靠近，都沒有能夠取得成功。一個多月後，久攻不下的穆斯林軍隊主動撤離，哈瓦津人主動派代表向穆罕默德投誠，表示願意放棄多神教信仰而改信伊斯蘭教義。

侯奈因戰役勝利後，穆罕默德還派出軍隊遠征敘利亞，奧斯曼為此捐獻出可以裝備3萬人的1萬枚金幣以及1千隻駱駝。《古蘭經》第五七章第七節就是為此事而降示的：「你們應當信仰真主和使者，你們應當分舍他所委你們代管的財產，你們中通道而且施捨者，將受重大的報酬。」

西元631年，穆斯林軍隊攻入亞喀巴灣附近的敘利亞邊境城市塔布克之後，因士兵厭戰而停止前進。這是穆罕默德生前發動的最後一次聖戰，史稱「塔布克之戰」。

西元631年是伊斯蘭教歷史上最為輝煌的一年。穆罕默德征服麥加之後，充分利用麥加的宗教中心地位和商業中心地位，使

伊斯蘭教以相對和平的方式向整個阿拉伯半島迅速傳播，並且派遣使者向東羅馬、波斯、埃塞俄比亞等國的皇帝及埃及總督宣傳伊斯蘭教。阿拉伯半島內的各個部落先後派出代表團到麥迪那，向穆罕默德表示願意皈依伊斯蘭教，他們有的來自遙遠的阿曼、巴林、哈達拉毛、葉門，有的來自泰伊、哈木丹、肯德。半島內的猶太教和基督教居民，也向麥迪那派出代表團，願意通過交納賦稅和簽訂契約的方式，與麥迪那伊斯蘭教公社和平共處。這一年在伊斯蘭教歷史上，也因此被稱為「代表團之年」。以「勝利」命名的《古蘭經》第四八章，就是在這一年降示的，其中有如下一段話：

> 我確已賞賜你一種明顯的勝利，以便真主赦宥你既往的和將來的過失，並完成他對你的恩典，且昭示你一條正路。真主將給你一種有力的援助。他曾將鎮靜降在信士們的心中，以便他們信念上加信念——天地的軍隊，只是真主的，真主是全知的，是至睿的。以便他使信士和信女們入下臨諸河的樂園，而永居其中，並赦宥他們的罪惡。據真主看來，這是偉大的成功。（48:1-5）

在阿拉伯半島的各個部落先後入教之後，穆罕默德分別派出代表去搗毀各部落的偶像，以確保阿拉伯人只崇拜真主阿拉。居住在塔伊夫的塞基夫部落原來崇拜女神拉特，其標誌是一塊高大的吊掛著各種飾物的白色石頭，部落中的男女成員常常在白石前面宰殺祭品供奉它。塞基夫部落改奉伊斯蘭教後，穆罕默德委派阿布·蘇富揚和穆伊拉·本·舒阿拜去搗毀拉特神像。穆伊拉·本·舒阿拜原本是塞基夫部落的土著居民，為了說服家鄉人，他

先是爬上拉特神像，然後假裝從神像上摔落下來，眾人看到後高喊：「拉特不讓穆伊拉毀掉它，把他摔下來了。」穆伊拉從地上爬起來說：「我這是給你們開玩笑的。」

接著，穆伊拉再一次爬上拉特神像，取下上面的金銀飾品，用斧頭把它砸碎，然後再用火把它燒掉，人們看到過去崇拜的偶像連自己都保不住，也就沒有什麼留戀了。

第九節　告別的朝覲

西元632年，穆罕默德召集麥迪那附近的各個部落一同到麥加朝覲，他的11位妻子坐在駝轎裡，與他一起發動聖戰的戰友們簇擁在他的周圍，10萬多穆斯林一邊禮拜一邊浩浩蕩蕩地向麥加進發。

經過幾天的奔波，朝覲隊伍到達麥加城內的克爾白天房附近，穆罕默德再也沒有氣力步行環繞天房了，他只好騎著駱駝環行七周。

接下來，穆罕默德騎著駱駝來到阿拉法特山的頂部，帶領穆斯林一起禮拜。禮拜結束後，真主阿拉給穆罕默德降示了最後一篇經文，也就是《古蘭經》的第五章。穆罕默德把這些經文誦讀給在場的穆斯林，其中說道：「今天，我已為你們成全你們的宗教，我已完成我所賜你們的恩典，我已選擇伊斯蘭做你們的宗教。」

歐麥爾聽後忍不住失聲痛哭，他意識到穆罕默德已經完成了真主交給他的使命，他的生命快要終止了。

第三天，穆罕默德又騎著駱駝來到米納谷地，發表了他一生當中最後的一次演說，這也是人類歷史最具影響力的一次演說：

　　穆斯林們，你們聽我說，我不知道明年還能不能站在這裡與你們相見，肯定不能了。穆斯林們，你們的生命和財物是不可侵犯的，像在今天和本月一樣不可侵犯，直到你們去見你們的真主。將來你們見到真主後，真主會詢問你們的行為，我已經傳達了。誰有信託物，他就應當把它還給信託他的主人。任何高利貸都是規定不允許的，但資本是屬於你們的。你們不能虧待他人，也不能被人虧待。流血原來在蒙昧時代就是不允許的。穆斯林們，魔鬼對於在你們的土地上受到崇拜已經無望了，但它會尋求別的東西。你們輕視自己的所作所為就會使它滿意。你們要謹防它毀壞你們的宗教。

　　穆斯林們，你們對自己的女人有責任，她們對你們也有責任。你們要囑咐女人行善，她們是你們的助手，她們不執掌何物。

　　穆斯林們，要思考我的話，我已經傳達了。我留給你們重要的東西，如堅持遵守，你們永不迷途，這就是：真主的經典和先知的聖訓。穆斯林們，聽我說，記住我的話，你們知道，每個穆斯林都是兄弟，所有穆斯林都是兄弟。一個人對他的兄弟只能赤誠相待。你們不要互相欺侮。真主啊，我已經傳達了。[31]

　　穆斯林齊聲高喊道：「真主啊，我們謹記在心。」

　　由於這是穆罕默德生前最後的一次朝覲，史稱「告別的朝覲」，這次演說也就成了「辭朝演說」。

---

[31] [埃及]阿卜杜·哈米德·薩哈爾著《伊斯蘭宗教故事選》，楊林海、張亮、梁玉珍譯，世界知識出版社，1987年，154頁。

　　為期三天的朝覲活動結束了，人們陸續離去，穆罕默德也帶
著他的妻子們返回麥迪那，走在他告別人間的道路上。

　　西元632年6月8日，穆罕默德逝世於麥迪那。歐麥爾禁止人
們說穆罕默德死了，阿布・伯克爾在緊要關頭糾正了這種偶像崇
拜傾向，維護了伊斯蘭教認主獨一的根本信仰：「我證萬物非
主，唯有真主，我證穆罕默德是真主的使者。你們當中若崇拜穆
罕默德，穆罕默德已經死了；若崇拜真主，真主才是永生不滅
的。」

　　穆罕默德是把阿拉伯民族帶出蒙昧時代的偉大導師，他不僅
是一位聖戰領袖，也是一位機智靈活並且富於人情味的宗教政治
家。對於他的美好人性和高貴人格，《古蘭經》第三三章的評價
是：「希望真主和末日，並且多多紀念真主者，你們有使者可以
做你們的優良模範。」

第十節　穆罕默德的叔父阿布・拉哈布

　　據《伊斯蘭教小辭典》介紹，以「火焰」命名的《古蘭經》
第一一一章，所詛咒的是穆罕默德的叔父阿布・拉哈布和他的
妻子。[32]這一章只有短短的一段話，現予抄錄：「願焰父兩手受
傷！他必定受傷，他的財產，和他所獲得的，將無裨於他，他將
入有焰的烈火，他的擔柴的妻子，也將入烈火，她的頸上系著一
條堅實的繩子。」

　　「焰父」又譯為「火焰之父」，讀音是阿布・拉哈布，指的
是穆罕默德的父親阿布杜拉的同父異母兄弟，真名叫伊本・阿布

---

[32] 金宜久主編《伊斯蘭教小辭典》，上海辭書出版社，2001年，68頁。

杜·穆塔里布。他的妻子旺母·祝買勒是古萊什軍事首領阿布·蘇富揚的妹妹。在穆罕默德最初的傳教活動中，阿布·拉哈布夫婦一直深懷敵意，旺母·祝買勒甚至唆使弟弟阿布·蘇富揚持劍殺害穆罕默德，因眾怒難犯才沒有下手。據說在穆罕默德與古萊什軍隊大規模衝突的白德爾戰役中，阿布·拉哈布並沒有直接參戰，只是對古萊什人的軍事失敗感到悲哀，並因此憂鬱而死。另有一種說法是阿布·拉哈布雙手被砍傷，在白德爾戰役七天後死去。阿拉伯人常以「擔柴的妻子」來稱呼搬弄是非的婦女，旺母·祝買勒是一位有錢有勢的貴婦，並沒有當真去背柴打草，據說她後來坐在石頭上休息時，被暴徒襲擊而死。

《古蘭經》第一一一章降示于白德爾戰役爆發前的麥加時期。在穆罕默德的聖戰事業中遇到過許多敵人，唯一在《古蘭經》中被明確宣布死後將「入有焰的烈火」的，只有他的叔父阿布·拉哈布及其妻子。對於穆罕默德來說，親情雖然重要，伊斯蘭教的宗教信仰比親情更加重要，當兩者發生衝突時，伊斯蘭教才是他的唯一抉擇。關於這一點，《古蘭經》第九章有明確說明：

> 通道的人們啊！你們不要以自己的父兄為保護人，如果他們棄正信而取迷信的話。你們中誰以他們為保護人，誰是不義者。
>
> 先知和信士們，既知道多神教徒是火獄的居民，就不該為他們求饒，即使他們是自己的親戚。

據傳說，穆罕默德的伯父阿布·塔里布至死也不願意皈依伊斯蘭教，穆罕默德只好在伯父去世後替他向阿拉請求寬恕，後面一節經文就是針對此事而降示的。

第十一章
穆罕默德的婚姻生活

　　婚姻生活既是瞭解一個人的精神面貌的現實依據，也是瞭解一個時代的最佳視窗。與人類社會中同為精神生命體的所有大同個人相比，真主阿拉的使者、伊斯蘭教的先知穆罕默德並不例外。尤其值得一提的是，在供廣大穆斯林誦讀的《古蘭經》中，就有不少經文是真主阿拉針對穆罕默德的婚姻生活而降示的。

第一節　穆罕默德與赫蒂徹

　　西元595年，25歲的穆罕默德與40歲的富孀赫蒂徹結婚，婚後生有三男四女，三個男孩子先後夭折，大女兒宰奈布先嫁給自己的姨表兄，生有一兒一女，後來嫁給在自己家裡長大的堂叔阿里，死於西元630年。二女兒拉姬婭先嫁給自己的一位族兄，離婚後嫁給以巨大財力支持伊斯蘭教事業的倭馬亞家族成員奧斯曼，結婚後一年就去世了。三女兒烏姆・克麗松，先嫁給一位族兄也就是拉姬婭的丈夫的弟弟，在姐姐拉姬婭去世後又改嫁給既是堂叔又是姐夫的奧斯曼。四個女兒中最為著名的是小女兒法蒂瑪，她是穆罕默德去世時唯一活著的子女，她的丈夫就是堂叔加姐夫的阿里。

　　赫蒂徹逝於西元620年，時年65歲。穆罕默德在與赫蒂徹共同生活的25年中，從來沒有接觸過其他女人，穆罕默德生育的

所有兒女中，只有小兒子伊布拉欣不是赫蒂徹親生的。

赫蒂徹逝世一年後，51歲的穆罕默德續娶66歲的薩烏達為妻。薩烏達和穆罕默德同屬哈希姆家族，早年嫁給自己的堂兄，夫妻二人都是最早的一批穆斯林，為逃避古萊什貴族的迫害，於西元615年聽從穆罕默德的命令，遷徙到紅海彼岸的阿比西尼亞——也就是今天的埃塞俄比亞——避難並傳教。一年後，薩烏達的前夫在返回麥加途中死亡，薩烏達從此成為寡婦。穆罕默德與薩烏達結婚，在很大程度上是要為她提供一個庇護所，並以此穩固和凝聚早期穆斯林的宗教信仰。據說薩烏達既不年輕也不美麗，個性急躁而且不拘小節，她沒有為穆罕默德生兒育女，西元644年以89歲的高齡去世。

薩烏達留給人類女權史上的一段佳話，出於《古蘭經》第三章195節的經文：「他們的主應答了他們：『我絕不使你們中任何一個行善者徒勞無酬，無論他是男的，還是女的——男女是相生的——遷居異鄉者、被人驅逐者、為主道而受害者、參加戰鬥者、被敵殺傷者，我必消除他們的過失，我必使他們進那下臨諸河的樂園。』這是從真主發出的報酬。真主那裡，有優美的報酬。」

據說薩烏達曾向先知穆罕默德提問說：「為什麼沒聽說涉及遷居麥迪那的事情中提過婦女？」正是為了應答這位女穆斯林的真誠關切，《古蘭經》難能可貴地談到了在真主的恩典面前，男女雙方相互平等的原則。

第二節　穆罕默德與阿依莎

在與薩烏達結婚的西元622年，穆罕默德又與阿布·伯克爾的9歲女兒阿依莎訂婚。遷徙麥迪那之後，穆罕默德於623年與阿

依莎結婚。這樁婚姻顯然是為了鞏固伊斯蘭宗教事業的策略性婚姻，而不僅僅是基於男女雙方的情感需求。在56歲之前，穆罕默德一直與薩烏達和阿依莎共同生活，他的另外9位妻子是56到60歲之間陸續迎娶的。

在穆罕默德迎娶的所有妻子當中，阿依莎是唯一沒有婚姻經歷的童貞女，也是除原配妻子赫蒂徹之外，最受穆罕默德寵愛的一位。與赫蒂徹被尊稱為「信士之母」相彷彿，阿依莎也被尊稱為「穆民之母」。

按照《古蘭經韻譯》譯者林松的說法，「伊斯蘭曆五年（西元628年），阿衣夏（又譯阿依莎）隨先知出征，途中因下駝轎出恭而耽誤行程，信士索福瓦（又譯沙夫萬）見阿衣夏隻身趕路，便請她上駝追趕隊伍，有些人就竊竊私語，武卑耶（又譯倭馬亞・本・哈萊夫）的兒子阿布頓拉（又譯阿布杜拉）趁機散布流言蜚語，進行破壞搗亂。」[33]在這種情況下，穆罕默德從真主阿拉那裡得到8節經文，用來證明阿依莎的清白無辜。這8節經文就是《古蘭經》第二十四章的11至18節，抄錄如下：

> 造謠者確是你們中的一夥人。你們不要以為這件事對於你們是有害的，其實是有益的。他們中的每個人，各應當受他所謀求的罪惡；他們中的罪魁，應受重大的刑罰。當你們聽見謠言的時候，信士和信女對自己的教胞，為何不作善意的猜想，並且說「這是明顯的謠言」呢？他們為何不舉出四個見證來證明這件事呢？他們沒有舉出四個見證，所以在真主看來他們是說謊的。若無真主在今世和後

---
[33] 《古蘭經韻譯》，中央民族學院出版社，1988年，626頁。

世所賜你們的恩惠和仁慈，你們必因誹謗而遭受重大的刑
罰。當時，你們道聽而途說，無知而妄言，你們以為這是
一件小事；在真主看來，確是一件大事。當你們聽見謊言
的時候，你們為何不說：我們不該說這種話，讚頌真主，
超絕萬物！這是重大的誣衊。真主勸告你們永遠不要再說
這樣的話，如果你們是信士。真主為你們闡明一切跡象。
真主是全知，是至睿的。

接下來，這章經文中另有告誡：「凡告發貞節的而且天真
爛漫的信女的人，在今世和後世，必遭詛咒，他們將受重大的刑
罰。」剛剛15歲的阿依莎，正是一位「貞節的而且天真爛漫的信
女」。

穆罕默德最後就是在阿依莎的房間裡養病和去世的。穆罕默
德逝世後，18歲的阿依莎開始參與政治生活，她指責過穆罕默德
的女婿、第三任哈里發奧斯曼，並且與同樣是穆罕默德女婿的第
四任哈里發阿里打過仗。

阿依莎異常聰明，背誦過《古蘭經》，熟悉蒙昧時代的阿拉
伯文學，在聖門弟子中享有崇高地位。關於宗教和教律問題，聖
門弟子大都向她請教過。她所傳述的2200多段聖訓，大部分是一
般的聖門弟子不易知道的家庭婚姻問題。聖訓學家布哈里和穆斯
林姆都引用過阿依莎講述的一段話：「穆聖從外地回來時，我已
將放有偶像的窗臺掛上了幔帳，穆聖發現後，便撕下幔帳，氣得
臉色都變了。說道：阿依莎呀！復活日時，要受到最嚴厲懲罰的
是那些與真主造物攀比的人。我們將幔帳撕碎，用它做了兩個枕
頭。」

西元678年，阿依莎在麥迪那去世，享年65歲。

第三節　穆罕默德與宰納白

從56歲到60歲之間，穆罕默德接連有過10次婚姻，此後3年
再沒有與別的女人結婚，加上前面的三次婚姻，他一生中共迎娶
過13位妻子。

穆罕默德晚年的婚姻生活與伊斯蘭教的迅速擴張幾乎是同步
的，他的每一次婚姻都是伊斯蘭教發展史上的一個生動故事，並
且與當時的形勢發展、政治需要和立法實踐息息相關。

穆罕默德的第四位妻子是歐麥爾的女兒哈福賽。阿布‧伯克
爾和歐麥爾都是既富於財產又擁有巨大影響力的古萊什貴族，是
穆罕默德從事伊斯蘭教事業的最為得力的夥伴和助手。西元624
年，哈福賽的前夫死於白德爾戰役，歐麥爾為了給女兒找到一個
歸宿，同時替女兒向阿布‧伯克爾和奧斯曼求婚，兩個人相互推
諉，誰也不肯答應。當歐麥爾向穆罕默德談到此事時，穆罕默德
答應娶20歲的哈福賽為妻。這既是他對於死者家屬的安置，也是
為了通過聯姻的方式強化伊斯蘭教核心團隊的凝聚力。

出身高貴的哈福賽性格倔強，同穆罕默德其他妻子的關係
一直比較緊張，與阿依莎更是因相互嫉妒而針鋒相對。西元666
年，她在麥迪那去世。

穆罕默德的第五位妻子是大宰納白，她出生於麥加希拉利家
族，是最早的穆斯林戰士阿布杜拉的妻子，其前夫在白德爾戰役
中犧牲後，她依然以慷慨好施和樂於助人贏得穆斯林的尊重。穆
罕默德於625年娶她為妻，她婚後3個月便病死於麥迪那。

杏德是穆罕默德的第六位妻子，她本是麥加城中的貴族子
女，前夫是她的一位堂弟，夫妻二人生育有一男三女。她的前夫

在伍侯德戰役中身受重傷，臨死前希望她嫁給「最好的男人」穆罕默德。

杏德是一位有主見的女人，西元628年3月，穆罕默德在麥加城外與古萊氏貴族簽訂胡德比亞協議時，遭到歐麥爾等人強烈反對，杏得建議穆罕默德用破指削髮的方式向眾人表明自己的決心，從而保證了該項協定的順利簽訂。杏德去世於西元680年，是穆罕默德最後去世的一位妻子。

穆罕默德與第七位妻子小宰納白的婚姻，是作為立法方面的創新範例而締結的。小宰納白是相對於第五位妻子大宰納白而言的，她出生於西元590年，是穆罕默德的姑媽的女兒，全稱是宰納白‧賓特‧吉哈史。她自幼心靈手巧，擅長縫補編織，同時又孤傲任性。她比表兄穆罕默德小20歲，在赫蒂徹生前就向穆罕默德求過婚，穆罕默德勸說她嫁給被自己收為義子的釋奴宰德。議婚之時，宰納白認為宰德出身低賤，拒絕接受穆罕默德的安排，她的弟弟阿布杜拉‧本‧吉哈史，也不同意這門婚事，於是便有了《古蘭經》第三三章第36節經文：「當真主及其使者判決一件事的時候，通道的男女對於他們的事，不宜有選擇。誰違抗真主及其使者，誰已陷入顯著的迷誤了。」

小宰納白與宰德勉強結婚之後，兩個人的婚姻生活並不融洽。到了西元625年，50歲的宰德主動提出與35歲的小宰納白離婚。西元627年壕溝戰役勝利後，穆罕默德和小宰納白結婚，這是他的第七次婚姻。這樁婚姻在當時引起很大爭議，按照阿拉伯人的舊風俗，收養的孩子也是要以兒子相稱的，父親不可以娶兒子的妻子。穆罕默德與小宰納白結婚，實際上是以身作則地確立了兩項新法度：一是離過婚的女子再結婚是合法的；二是以收養方式建立的父子關係不是真正的父子關係。《古蘭經》第三三章

專門就此事做出過相關的解釋和規定：

> 當時，你對那真主曾施以恩惠、你也曾施以恩惠的
> 人說：「你應當挽留你的妻子，你應當敬畏真主。」你把
> 真主所欲昭示的，隱藏在你的心中，真主是更應當為你所
> 畏懼的，你卻畏懼眾人。當宰德離絕她的時候，我以她為
> 你的妻子，以免信士們為他們的義子所離絕的妻子而感覺
> 煩難。真主的命令，是必須奉行的。先知對於真主所許他
> 的事，不宜感覺煩難。真主曾以此為古人的常道。真主的
> 命令是不可變更的定案。先知們是傳達真主的使命的，他
> 們畏懼他，除真主外，他們不畏懼任何人。真主足為監察
> 者。穆罕默德不是你們中任何男人的父親，而是真主的使
> 者，和眾先知的封印。真主是全知萬物的。（33:37-41）

小宰納白熱愛自己的丈夫穆罕默德，她以自己的婚姻由真
主阿拉直接安排而感到自豪，她曾經對穆罕默德的其他妻子說：
「是真主為我主的婚，而你們則是你們的父母主的婚。」

小宰納白平時以憐憫窮人、為人慷慨著稱，歐麥爾擔任第二
任哈里發時，曾經送給她12000枚銀幣，她全部用於救濟窮人。
小宰納白於641年去世，是繼穆罕默德之後去世的第一位妻子。

第四節　穆罕默德晚年的婚姻生活

《古蘭經》中標題為「披衣的人」的第七三章裡，專門介紹
過麥加時期的穆罕默德以身作則的忙碌生活：「披衣的人啊！你
應當在夜間禮拜，除開不多的時間，半夜或少一點，或多一點。

你應當諷誦《古蘭經》，我必定以莊嚴的言辭授予你，夜間的覺醒確是更適當的；夜間的諷誦確是更正確的。你在白天忙於事務，故你應當紀念你的主的尊名，你應當專心致志地敬事他。他是東方和西方的主，除他之外，絕無應受崇拜的，故你應當以他為監護者。」

麥迪那時期的穆罕默德比麥加時期更加忙碌也更加以身作則。作為麥迪那政教合一的最高領導人，穆罕默德既是穆斯林的精神導師和宗教領袖，又是軍事上的最高統帥和行政事務中全能全知的執法者。然而，他的居所中的家具只有幾張草席墊子、一些陶壺瓦罐和一些氈毯之類的簡單用品。他生活的清貧簡樸竟然到了幾位妻子不得不向他要求一些諸如被褥之類的日常用品的程度，結果是她們什麼也沒有得到，反而受到幾乎要喪失婚姻的嚴厲訓導。《古蘭經》第三三章專門談到這件事情：

先知啊！你對你的眾妻說：「如果你們欲得今世的生活與其裝飾，那麼，你們來吧！我將以離儀饋贈你們，我任你們依禮而離去。如果你們欲得真主及其使者的喜悅，與後世的安宅，那麼真主確已為你們中的行善者，預備了重大的報酬。」

先知的妻子們啊！你們中誰作了明顯的醜事者，將受加倍的刑罰，這事對於真主是容易的。你們中誰服從真主及其使者，而且行善，我將加倍報酬誰，我已為她預備了優厚的給養。

先知的妻子們啊！你們不像別的任何婦女，如果你們敬畏真主，就不要說溫柔的話，以免心中有病的人，貪戀你們；你們應當說莊重的話。你們應當安居於你們的家

中，你們不要炫露你們的美麗，如從前蒙昧時代的婦女那樣。你們應當謹守拜功，完納天課，順從真主及其使者。

先知的家屬啊！真主只欲消除你們的汙穢，洗淨你們的罪惡。你們應當謹記在你們家中所宣讀的真主的跡象和格言，真主是玄妙的，是徹知的。（33:28-34）

由此可知，穆罕默德並不是放縱自己貪戀女色的一個人。他所迎娶的妻子中，只有未成年的阿伊莎是處女，其他妻子不是孀婦就是離婚女子。穆罕默德迎娶這些妻子，更多的是要承擔責任、履行義務。原因很簡單，一次次的宗教迫害和宗教聖戰，製造了一批又一批寡婦和孤兒，勸說別人迎娶這些無依無靠的婦女並撫養她們的兒子，成了穆罕默德必須解決的實際問題。這是他比追隨者擁有更多妻子的一個重要原因。

穆罕默德的多數婚姻，都是出於男女情愛之外的實際考慮。他與阿布·伯克爾未成年的9歲女兒阿依莎結婚，連同他與歐麥爾的女兒哈福賽結婚都是如此。他與阿布·蘇富揚的女兒烏姆·哈比白的婚姻，同樣是出於聖戰事業的實際考慮。烏姆·哈比白的前夫奧貝德拉是麥加城中最早的一位穆斯林，西元615年聽從穆罕默德的命令，遷徙到紅海彼岸的阿比西尼亞——也就是今天的埃塞俄比亞——避難並傳教；不幸的是，他在那裡改信基督教並死於酗酒，烏姆·哈比白只好帶著與奧貝德拉生育的女兒回娘家守寡。西元628年，穆罕默德與麥加古萊氏貴族簽訂胡德比亞協定，為了保證協定的切實履行，他主動向烏姆·哈比白求婚，並且送上400塊第納爾金幣的聘禮，烏姆·哈比白因此成為穆罕默德的第九位妻子。阿布·蘇富揚是麥加古萊什貴族的軍事統帥，有了這樁婚姻充當紐帶，在一定程度上為穆斯林軍隊於西元

630年和平進入麥加城準備了條件。

穆罕默德的第十一位妻子是他的伯父阿巴斯的妻妹美莫娜，年過40的美莫娜已經結過兩次婚，喪夫之後住在麥加城中守寡。西元629年3月到麥加朝覲時，穆罕默德出於憐憫之心，經伯父阿巴斯做媒與美莫娜結婚，並把她帶回麥迪那。這次婚姻對於穆罕默德爭取當時還沒有信仰伊斯蘭教的阿巴斯，起到了很大作用。

穆罕默德另有兩位妻子是來自敵對一方的俘虜，俘虜問題也是戰爭年代必須面對的實際問題。伊斯蘭教的聖戰是一種有條件、有節制的戰爭，而不是為所欲為、濫殺無辜的無限戰和超限戰，這就需要對戰爭中的俘虜給予盡可能人道的妥善安置。

穆罕默德的第八位妻子茱瓦瑞雅是麥加附近的一個部落酋長的女兒，她的前夫在一次戰鬥中被穆斯林軍隊殺死，她本人被俘後皈依伊斯蘭教。她的父親送來大量贖金要把她贖回去，她卻出於對真主阿拉的真誠信仰，於西元627年自願嫁給了穆罕默德，這大筆贖金作為嫁妝及時緩解了穆罕默德的經濟危機，整個穆斯塔利克部落和四周的幾個結盟部落，就是依靠這筆資金購買補充了急需的給養。

沙菲亞是穆罕默德的第十位妻子，她是麥迪那的猶太人，父親是奈迪爾猶太人部落的首領，她先後結過兩次婚，第二位丈夫死於西元629年的海巴爾戰役，她自己也在這次戰役中成為俘虜。穆罕默德通過與沙菲亞結婚，在一定程度上消除了居住在阿拉伯半島的猶太人的對立情緒，同時也體現了伊斯蘭教超越狹隘民族意識的世界宗教的特徵。沙菲亞去世於西元674年。

婚姻關係的確立還是穆罕默德最大限度地打破宗教、地域、種族、主奴之類的身分歧視，從而真正確立伊斯蘭教「每個穆斯林都是兄弟，所有穆斯林都是兄弟」的世界宗教信仰的最佳手段。

穆罕默德的第十二位妻子瑪莉耶是埃及北部的科普特派基督徒，她是東羅馬駐埃及亞歷山大總督居魯士於西元629年贈送給穆罕默德的兩名年輕侍女中的一個。瑪莉耶是一位美麗動人的白人女子，曾經為穆罕默德生育過一個兒子，名字叫易卜拉欣，這是穆罕默德與赫蒂徹之外的妻子所生育的唯一的孩子，可惜不久就夭折了。穆罕默德娶瑪莉耶為妻，一方面是出於對居魯士的尊重，同時也是為了提高男女奴隸的社會地位。

穆罕默德的第十三位元妻子，是埃塞俄比亞地區的阿比亞尼亞皇帝贈送給他的黑人女子澤納布。穆罕默德與澤納布結婚，也是他對於一位鄰國國君的友好表示，早期的穆斯林兄弟曾經在這位君王的土地上避難和傳教。

穆罕默德先後與不同宗教、地域、種族、身分的13位女性結婚，本身就是對於「每個穆斯林都是兄弟，所有穆斯林都是兄弟」的世界宗教觀的以身作則、身體力行，從而為世世代代的穆斯林樹立了相容並包、寬大為懷的最高表率。

第五節　穆罕默德的婚姻禁戒

《古蘭經》第六六章是以「禁戒」為標題的，其中集中講述了先知穆罕默德的婚姻禁戒。

穆罕默德非常喜歡大女兒宰奈布，宰奈布去世後，年近60的他感到非常悲傷，希望能夠再生育一個孩子，以彌補自己內心的寂寞。西元629年，東羅馬駐埃及亞歷山大總督居魯士贈送給穆罕默德兩名白人侍女，穆罕默德愉快地接受下來，並且娶其中的瑪莉耶為妻。新婚不久，瑪莉耶就懷孕了，隨後便生下了易卜拉欣。穆罕默德對母子二人寵愛備加，從而引起其他妻子的嫉妒。

　　有一段時間，穆罕默德的第四位妻子哈福賽回娘家長住，穆罕默德就把瑪莉耶母子接到哈福賽的住處。哈福賽回來後嫉火中燒，穆罕默德為了平息她心中的怒火，主動提出不再親近瑪莉耶，同時也要求哈福賽替他保守這個祕密。哈福賽並沒有遵守承諾，而是偷偷把此事告訴了阿依莎，兩個人還合夥趕走了瑪莉耶。

　　事情傳出後，穆罕默德十分惱怒，決定與自己所有的妻子分居一個月。他來到一間用椰棗樹枝搭成的儲藏室，這裡沒有床鋪，只好在一張草席上休息。他讓一名僕人守在門外，不許任何人進屋。麥迪那的穆斯林聽到這個消息後非常震驚，認為先知把自己的妻子們全部休掉了。

　　歐麥爾來到儲藏室求見穆罕默德，經過與守門僕人的一番爭吵才獲准進入，穆罕默德告訴他，自己並沒有休掉任何一位妻子。事情平息下來後，真主阿拉為此事降示了一段經文，這就是《古蘭經》第六六章的1至5節：

　　　　先知啊！真主准許你享受的，你為什麼加以禁戒，以便向你的妻子們討好呢？真主是至赦的，是至慈的。真主確已為你們規定贖誓制，真主是你們的保佑者。他是全知的，是至睿的。當時，先知把一句話祕密地告訴他的一個妻子，她即轉告了別人，而真主使先知知道他的祕密已被洩漏的時候，他使她認識一部分，而隱匿一部分。當他既以洩漏告訴她的時候，她說：「誰報告你這件事的？」他說：「是全知的、徹知的主告訴我的。」如果你們倆向真主悔罪，（那麼，你們倆的悔罪是應當的），因為你們倆的心確已偏向了。如果你們倆一致對付他，那麼，真主確是他的保佑者，吉卜利里和行善的信士，也是他的保護

者。此外，眾天神是他的扶助者。如果他休了你們，他的
主或許將以勝過你們的妻子補償他，她們是順主的，是通
道，是服從的，是悔罪的，是拜主的，是持齋的，是再醮
的和初婚的。

應該說，《古蘭經》正是圍繞著穆罕默德的婚姻生活，正式
確立了一系列的婚姻法規。這一點在第三三章中有較為集中的
體現：

先知啊！我確已准你享受你給予聘禮的妻子，你的奴
婢，即真主以為你的戰利品的，你的從父的女兒、你的姑
母的女兒、你的舅父的女兒、你的姨母的女兒，她們是同
你一道遷居的。通道的婦女，若將自身贈與先知，若先知
願意娶她，這是特許你的，信士們不得援例——我知道我
為他們的妻子與奴婢而對他們做出的規定——以免你感受
困難。真主是至赦的，是至慈的。

你可以任意地離絕她們中的任何人，也可以任意地
挽留她們中的任何人。你所暫離的妻子，你想召回她，對
於你是毫無罪過的。那是最近於使她們感到安慰而無悲哀
的，並且都滿意你所給予她們的。真主知道你們的心事，
真主是全知的，是至睿的。

以後不准你再娶婦女，也不准你以她們換掉別的妻
子，即使你羨慕她們的美貌，除非是你的奴婢。真主是監
視萬物的。

信士們啊！你們不要進先知的家，除非邀請你們去
吃飯的時候；你們不要進去等飯熟，當請你去的時候才進

去；既吃之後就當告退，不要留戀閒話，因為那會使先知
感到為難，他不好意思辭退你們。真主是不恥於揭示真理
的。你們向先知的妻子們索取任何物品的時候，應當在帷
幕外索取，那對於你們的心和她們的心是更清白的。你們
不宜使使者為難，在他之後，永不宜娶他的妻子，因為在
真主看來，那是一件大罪。

如果你們要表白什麼，或隱匿什麼，（真主總是知道
的），因為真主確是全知萬物的。她們無妨會見她們的父
親、兒子、弟兄、侄子、外甥、通道的婦女，和自己的奴
婢。你們應當敬畏真主，真主確是見證萬物的。真主的確
憐憫先知，他的天神們的確為他祝福。信士們啊！你們應
當為他祝福，應當祝他平安！

誹謗真主和使者的人，真主在今世和後世必棄絕他
們，並為他們預備凌辱的刑罰。以信士們和信女們所未犯
的罪惡誹謗他們者，確已擔負誣衊和明顯的罪惡。

先知啊！你應當對你的妻子、你的女兒和信士們的
婦女說：她們應當用外衣蒙著自己的身體。這樣做最容易
使人認識她們，而不受侵犯。真主是至赦的，是至慈的。
（33:50-59）

這裡所說的「先知」和「使者」，就是穆罕默德，所謂「信
士們不得援例」，所強調的是只有穆罕默德才可以同時擁有11位
妻子。這種特權意識在另一段經文中有更加明確的表現：「先知
對信士的權利，重於他們自身的權利，他的眾妻，是他們的母親。
血親與血親相互間的權利，依真主的經典，是重於信士和遷士的
權利的，除非你們對自己的親友行善。這是記錄在天經裡的。」

第六節　郝萊的辯訴

　　《古蘭經》第五八章的標題是「辯訴者」，講述的是被丈夫憤而休棄的少婦郝萊的故事。

　　有一天，郝萊正在家中虔誠地禮拜真主阿拉，他的丈夫奧斯突然有了性欲衝動，走上前來抱住她求愛，被她斷然加以拒絕。奧斯盛怒之下說出了絕情話語：「今後你對我，就如我母親的脊背。」按照當時的阿拉伯風俗，這是一句堅決休妻的誓詞，一經出口就不能收回。郝萊只好哀訴於先知穆罕默德，說是自己兒女成群，離婚後沒有辦法撫養兒女，請求先知保全她的婚姻生活。

　　穆罕默德回答說，在真主阿拉沒有降示經文之前，他沒有辦法處理這個事情。郝萊只好苦苦相求，直至上達天庭，穆罕默德突然進入昏迷狀態，這是真主阿拉給他降示經文的徵兆。片刻之後，穆罕默德念出了真主阿拉的經文：

　　　　真主確已聽取為丈夫而向你辯訴，並向真主訴苦者的陳述了。真主聽著你們倆的辯論；真主確是全聰的，確是全明的。你們中把妻室當母親的人們，她們不是他們的母親；除他們的生身之母外，沒有任何人，可以稱為他們的母親；他們的確說出惡言和謊話；真主確是至宥的，確是至赦的。把妻子當作母親然後悔其所言者，在交接之前，應該釋放一個奴隸。那是用來勸告你們的，真主是徹知你們的行為的。沒有奴隸者，在交接之前，應該連續齋戒兩月。不能齋戒者，應該供給六十個貧民一日的口糧。這因為要你們表示信仰真主和使者。這些是真主的法度。不信

的人們，將受痛苦的刑罰。違抗真主和使者的人，必遭折磨，猶如他們以前的人曾遭折磨一樣。我確已降示許多明證，不信者，將受凌辱的刑罰。（58:1-5）

郝萊聽了這段經文，高高興興地回家去了。穆罕默德立即派人找來奧斯，向他傳達真主阿拉的旨意。考慮到奧斯的實際困難，穆罕默德幫助他向60個貧民提供了一天的口糧，使得這對年輕夫妻重歸於好。

後來降示的《古蘭經》第三三章的經文中，對於此事另有涉及：「真主沒有在任何人的胸膛裡創造兩個心。你們的妻子，你們把她們的脊背當作自己的母親的脊背——真主沒有把她們當作你們的母親，也沒有把你們的義子當作你們的兒子。這是你們信口開河的話。真主是說明真理的，是指示正道的。」

第七節　《古蘭經》的婚姻觀

關於一般信士也就是普通穆斯林的婚姻生活，以「婦女」命名的《古蘭經》第四章中，曾經做出如下規定：

眾人啊！你們當敬畏你們的主，他從一個人創造你們，他把那個人的配偶造成與他同類的，並且從他們倆創造許多男人和女人。你們當敬畏真主——你們常假借他的名義，而要求相互的權利的主——當尊重血親。真主確是監視你們的。你們應當把孤兒的財產交還他們，不要以（你們的）惡劣的（財產），換取（他們的）佳美的（財產），也不要把他們的財產併入你們的財產，而加

以吞蝕。這確是大罪。如果你們恐怕不能公平對待孤兒，那麼，你們可以擇你們愛悅的女人，各娶兩妻、三妻、四妻；如果你們恐怕不能公平地待遇她們，那麼，你們只可以各娶一妻，或以你們的女奴為滿足。這是更近於公平的。（4:1-3）

　　這段經文是在西元625年的「伍侯德戰役」之後降示的，在這次戰役中，有許多穆斯林男子陣亡，留下不少的寡婦和孤兒，迎娶那些因丈夫陣亡而留下的孀婦為妻，是名正言順地照顧寡婦和孤兒的最好方式。《古蘭經》是在保護寡婦和孤兒的正當權利的人道前提上，允許穆斯林同時擁有幾個妻子的。與此同時，所謂「以你們的女奴為滿足」的規定，又顯示出古代戰爭的殘酷野蠻的另一方面。「女奴」大多數是戰爭中俘虜到的敵對一方的成年及未成年的女子，在允許穆斯林任意處置和對待「女奴」這一點上，《古蘭經》是存在歷史侷限性的。

　　據瓦西底‧尼沙浦裡在《古蘭經下降的原因》一書中介紹，蒙昧時代和伊斯蘭教初期的麥迪那有這樣一種婚姻習俗：父親死後留下的妻子，他的另一個妻子的兒子或其他近親拿蓋頭蓋在她的頭上，便擁有處置她的優先權。願意娶她就和她結婚，不給什麼聘金，死者給過的聘金，就算是他的聘金。願意嫁她，就把她給嫁出去，而享受她從死者那裡得到的聘金，不讓她拿走一文錢。假使不娶不嫁，就將她囚禁起來虐待她，逼著她用死者給她的聘金來贖買自由。[34]有一個叫艾布‧蓋斯的穆斯林死了，留下一個妻子叫庫白依莎。死者與另一位妻子所生的兒子用蓋頭拋在

---

[34] [埃及]艾哈邁德‧愛敏著，納忠譯《阿拉伯－伊斯蘭文化史》上冊，商務印書館，2001年，244頁。

繼母的頭上和她結婚，不久又拋棄她並斷絕她的衣食，逼著她用聘金贖買自由。庫白依莎去見穆罕默德陳訴自己的遭遇，穆罕默德讓他回去靜候真主阿拉的默示。麥迪那的婦女聽到這個消息紛紛前來求見穆罕默德，訴說她們和庫白依莎相同的痛苦和遭遇，於是便有了《古蘭經》第四章的另外一段經文：

> 通道的人們啊！你們不得強佔婦女，當作遺產，也不得壓迫她們，以便你們收回你們所給她們的一部分聘儀，除非她們作了明顯的醜事。你們當善待她們。如果你們厭惡她們，（那麼，你們應當忍受她們），因為，或許你們厭惡一件事，而真主在那件事中安置下許多福利。如果你們休一個妻室，而另娶一個妻室，即使你們已給過前妻一千兩黃金，你們也不要取回一絲毫。難道你們要加以誣衊和虧枉而把它取回嗎？你們怎能把它取回呢？你們既已同床共枕，而且她們與你們締結過一個堅實的盟約。你們不要娶你們的父親娶過的婦女，但已往的不受懲罰。這確是一件醜事，確是一件可恨的行為，這種習俗真惡劣！真主嚴禁你們娶你們的母親、女兒、姐妹、姑母、姨母、姪女、外甥女、乳母、同乳姐妹、岳母以及你們所撫育的繼女，即你們曾與她們的母親同房的，如果你們與她們的母親沒有同房，那麼，你們無妨娶她們。真主還嚴禁你們娶你們親生兒子的媳婦，和同時娶兩姐妹，但已往的不受懲罰。真主確是至赦的，確是至慈的。（4:19-23）

與上述規定相配套，《古蘭經》第四章還較為集中地談到了伊斯蘭教的婦女觀：「男人是維護婦女的，因為真主使他們比

她們更優越，又因為他們所費的財產。賢淑的女子是服從的，是借真主的保佑而保守隱微的。你們怕她們執拗的婦女，你們可以勸戒她們，可以和她們同床異被，可以打她們。如果她們服從你們，那麼，你們不要再想法欺負她們。真主確是至尊的，確是至大的。」

在《古蘭經》第二章中，也有關于穆斯林婚姻的一些規定，這裡一併抄錄：

> 你們不要娶以物配主的婦女，直到她們通道。已通道的奴婢，的確勝過以物配主的婦女，即使她使你們愛慕她。你們不要把自己的女兒嫁給以物配主的男人，直到他們通道。已通道的奴僕，的確勝過以物配主的男人，即使他使你們愛慕他。這等人叫你們入火獄，真主卻隨意地叫你們入樂園，和得到赦宥。他為世人闡明他的跡象，以便他們覺悟。他們問你月經的（律例），你說：「月經是有害的，故在經期中你們應當離開妻子，不要與她們交接，直到她們清潔。當她們洗淨的時候，你們可以在真主所命你們的部位與她們交接。」真主的確喜愛悔罪的人，的確喜愛潔淨的人。你們的妻子好比是你們的田地，你們可以隨意耕種。你們當預先為自己而行善。你們當敬畏真主，當知道你們將與他相會。你當向信士們報喜。

伊斯蘭教是一種兩世吉慶的宗教，在復活日之後的後世來生，真主阿拉還預備下一種彼岸性的天堂樂園，等待著穆斯林前去享用。在《古蘭經》所描繪的天堂樂園中，寄託著伊斯蘭教最高的人生理想和人生境界，其中也包含著伊斯蘭教最高的婚姻理

想和婚姻境界。以「大事」命名的第五六章中，所展現的就是這樣一個天堂樂園，抄錄下來作為本章的結束語：

　　當那件大事發生的時候，沒有任何人否認其發生。那件大事將是能使人降級，能使人升級的；當大地震盪，山巒粉碎，化為散漫的塵埃，而你們分為三等的時候。幸福者，幸福者是何等的人？薄命者，薄命者是何等的人？最先行善者，是最先入樂園的人，這等人，確是蒙主眷顧的。他們將在恩澤的樂園中。許多前人和少數後人，在珠寶鑲成的床榻上，彼此相對地靠在上面。長生不老的僮僕，輪流著服待他們，捧著盞和壺，與滿杯的醴泉；他們不因那醴泉而頭痛，也不酩酊。他們有自己所選擇的水果，和自己所愛好的鳥肉。還有白皙的、美目的妻子，好像藏在蚌殼裡的珍珠一樣。那是為了報酬他們的善行。他們在樂園裡，聽不到惡言和謊話，但聽到說：「祝你們平安！祝你們平安！」幸福者，幸福者是何等的人？他們享受無刺的酸棗樹，結實累累的香蕉樹；漫漫的樹蔭；泛泛的流水；豐富的水果，四時不絕，可以隨意摘食；……我使她們重新生長，我使她們常為處女，依戀丈夫，彼此同歲；這些都是幸福者所享受的。他們是許多前人和許多後人。（56:1-40）

第十二章
伊斯蘭教與阿拉伯帝國

在人類社會的文明歷史和現實生活當中，宗教信仰只是必不可少的一個組成部分，而不是人類文明的全部內容。先知穆罕默德留給阿拉伯民族以及全世界穆斯林的是伊斯蘭教，而不是阿拉伯帝國。阿拉伯帝國的興盛與衰弱，是穆罕默德去世之後的事情。

第一節　阿布‧伯克爾任哈里發

穆罕默德生前並沒有為麥迪那的伊斯蘭教公社指定繼承人，也沒有留下選舉繼承人的制度性規則，而是臨時指定比自己年輕3歲的岳父、阿依莎的父親阿布‧伯克爾，代替自己主持禮拜寺裡的禮拜活動。這樣一來，由誰來繼承穆罕默德的領導地位，充當被稱為哈里發的真主使者的代理人，成為必須解決的首要問題。

穆罕默德去世後，他的堂弟阿里、伯父阿巴斯和岳父阿布‧伯克爾一同來到阿依莎的住所，為死者進行埋葬前的淨身儀式，他們都是跟隨穆罕默德一起遷徙到麥迪那的遷士。在遷士們忙著處理喪事的時候，麥迪那的輔士們已經聚集在塞基發部落棚，討論選舉新一任穆斯林領袖的事情。

歐麥爾得到消息，派人找到阿布‧伯克爾和阿布‧歐拜德，幾個人一同去塞基發部落棚會見輔士們，留下哈希姆家族的人處理喪事。處理喪事的哈希姆家族，同樣沒有忘記選舉哈里發的事

情。阿巴斯主動向阿里表示：「我決定選你做哈里發，接受我對你的宣誓吧。此後，人們會說，真主使者的伯父已經選擇真主使者的堂弟為哈里發，並向他宣誓效忠了。這樣，你當哈里發就沒有人會反對了。」

阿里顯然缺乏《古蘭經》中一再強調的「計謀」，他拒絕了伯父的建議，而是十分自信地說：「難道會有人跟我競爭嗎？」

阿里的自信也許來自《古蘭經》的相關規定，在第四章經文中有這樣一句話：「眾人啊！你們當敬畏你們的主，他從一個人創造你們，他把那個人的配偶造成與他同類的，並且從他們倆創造許多男人和女人。你們當敬畏真主——你們常假借他的名義，而要求相互的權利的主——當尊重血親。真主確是監視你們的。」

在第三三章經文中還有一段話：「先知對信士的權利，重於他們自身的權利，他的眾妻，是他們的母親。血親與血親相互間的權利，依真主的經典，是重於信士和遷士的權利的，除非你們對自己的親友行善。這是記錄在天經裡的。」

這裡所講的道理，與中國傳統儒教文化中諸如三綱五常、三從四德之類宗教化的絕對天理頗為相似，先知好比是貴為天子的中國皇帝，他是全體穆斯林獨一無二的家長父親，他所有的妻子是全體穆斯林的母親，他的血親對於最高權力擁有天然的繼承權。而此時的穆罕默德除了11位妻子外，活在世上的親生兒女只有法蒂瑪，法蒂瑪嫁給了自己的堂叔阿里，阿里以及阿里和法蒂瑪所生育的兒女，當然擁有「重於信士和遷士的權利」。後來的什葉派穆斯林，尊稱法蒂瑪為「聖母」，尊稱法蒂瑪與阿里生育的後代為「聖裔」，所遵循的就是這樣的「天經」。

然而，正像中國傳統社會的「存天理，滅人欲」的「天理」

可以有多種多樣的模糊解釋一樣，沒有像契約合同及法律條文那樣被細則條款量化細分的《古蘭經》以及其他的伊斯蘭教義，同樣有被模糊解釋的可能性。

阿布·伯克爾和歐麥爾、阿布·歐拜德來到塞基發部落棚時，聚集在這裡的輔士們已經選舉薩德·本·烏巴達擔任哈里發。正在生病的薩德·本·烏巴達接受了這一選舉結果，還通過兒子大聲宣布了他的理由：

> 輔士們，你們為伊斯蘭教立有汗馬功勞，任何阿拉伯部落都沒有這種功勞。十幾年來，先知穆罕默德一直號召他的部落信奉真主，但只有少數人相信了他，而這些人既不能保護真主的使者，又不能加強他的宗教，甚至不能保護他們自己免遭別人的傷害。真主的使者這才找到了你們，給你們帶來了榮譽。真主要你們信奉他和他的使者，保護他的使者及其信徒，向他的敵人展開聖戰，直到所有阿拉伯人都堅定不移地信奉了真主。你們要在繼承人問題上堅持下去！[35]

阿布·伯克爾當場發表了自己的意見：「真主特別使先知部落的遷士們最早信奉先知，並與他同甘共苦。他們是真主在大地上最早的崇拜者，是最早信奉真主和他的使者的。因此，他們最有權選出哈里發。只有不公平的人才與他們競爭。輔士們對伊斯蘭教的功績是不可否認的，真主挑選你們作為他的宗教和他的使者的輔士。除了最早的遷士外，你們的地位最高。我們是國君，

---

[35] [埃及]阿卜杜·哈米德·薩哈爾著，楊林海、張亮、梁玉珍譯《伊斯蘭宗教故事選》，世界知識出版社，1987年，162頁。

你們是大臣。沒有你們參加，一切事情都不能做出決定。」

輔士們建議說：「我們出一代國君，你們出一代國君。」歐麥爾和阿布‧歐拜德拒絕了這項建議，輔士們當中也開始出現分歧。在這種情況下，阿布‧伯克爾提議說：「這是歐麥爾和阿布‧歐拜德，輔士們，你們從他倆當中選一個作哈里發吧。」

歐麥爾和阿布‧歐拜德表示說：「不，我們不能勝任，你是最優秀的遷士，你繼承先知主持禮拜，對穆斯林來說，禮拜是最高尚的，除了你，沒有人能擔當這樣的重任，請接受我們的選擇和宣誓吧。」

說完話，歐麥爾和阿布‧歐拜德當場向阿布‧伯克爾宣誓，在場的輔士們也站起來向阿布‧伯克爾宣誓。歐麥爾陪同阿布‧伯克爾來到禮拜寺，他先請阿布‧伯克爾坐上宣講台，然後轉過身來以《古蘭經》的神聖名義對在場的穆斯林說道：「真主把曾指引先知的經典留給了你們，如果你們遵循了它，真主就會像賜福先知那樣賜福於你們。真主把你們的事交給了你們中的最優秀者，他是先知的門弟子，你們快向他宣誓吧。」

除了阿里的堅定支持者，在場的所有人都向阿布‧伯克爾宣誓效忠。阿里的支持者聚集到阿里和法蒂瑪的家中，共同商議拒絕阿布‧伯克爾擔任哈里發的對策，歐麥爾聽說後來到法蒂瑪家裡勸說阿里：「人們都已經宣過誓了，你也去宣誓吧。」

阿里拒絕了歐麥爾的要求。然而，當宣禮員召集禮拜的宣禮聲傳來的時候，阿里想到了更重要的事情，他對法蒂瑪說：「你願意這宣禮聲從此消失嗎？」

法蒂瑪回答說：「不願意。」

為了顧全大局，阿里接受了木已成舟的既成事實，他來到禮拜寺向阿布‧伯克爾宣誓，一場爭奪哈里發的風波暫時結束。

第二節　天課風波與叛教暴動

阿布‧伯克爾於西元632年出任哈里發後，所遭遇的最大挑戰是阿拉伯半島內部的許多部落，因拒絕交納天課而暴發的叛教運動。

穆罕默德在世時，阿拉伯各游牧部落與麥迪那宗教公社之間，只是一種鬆散的聯盟關係，各部落的權力依然掌握在部落首領手中，一些部落首領還以先知自居，公然挑戰穆罕默德的先知地位，《古蘭經》第六章就對這些「偽先知」發出過警告：

> 這是我所降示的吉祥的經典，足以證實以前的天經，以便你用它去警告首邑（麥加）及其四周的居民；確信後世的人，都確信它，而且謹守拜功。假借真主的名義而造謠的，自稱奉到啟示，其實，沒有奉到任何啟示的人，或妄言要像真主那樣降示天經的人，這等人誰比他們還不義呢？不義的人正在臨死的苦痛中，眾天神伸著手說：「你們拿出你們的靈魂吧！今天你們要受辱刑的報酬，因為你們假借真主的名義而造謠，並藐視他的跡象。」那時，假若你看見他們的情狀……

伊斯蘭教的教律規定，穆斯林要繳納天課，也就是「奉主命而定」的宗教賦稅，正如《古蘭經》第三一章所說：「行善者，謹守拜功，完納天課，且確信後世。這等人，是遵守他們的主的正道的，這等人確是成功的。」

穆罕默德在世時，天課由他直接派人到各部落收繳，然後集

　　中送到麥迪那用於宗教公社的軍政開支及救濟窮人。穆罕默德去世後，各部落紛紛派出代表來到麥迪那，向阿布・伯克爾表示只做禮拜，不繳天課，阿布・伯克爾拒絕了他們的要求，一些自稱先知的部落首領借天課風波發動了叛教暴動。

　　第一個發動叛教暴動的是阿斯瓦德，他是葉門瑪茲希吉部落的首領，一直以先知自居，他和他的追隨者佔領沙那，與來自麥迪那的平叛軍隊對抗了近兩個月。同樣以先知自居的穆賽里姆是阿拉伯半島中部哈尼發部落的首領，哈尼發部落信奉的是基督教，穆賽里姆和來自達米姆部落的女先知薩賈赫結婚後，試圖以基督教思想為基礎，創建一種信仰「拉赫曼」神的新宗教。天課風波發生後，穆賽里姆和薩賈赫組織兩個部落的4萬多信徒發動暴動，成為實力最強的叛教隊伍。與此同時，自稱先知並發動暴動的還有北部阿沙德部落的首領圖萊哈等人。為平息暴動，阿布・伯克爾先後派出11路軍隊投入戰鬥，除圖萊哈在投降後重新入教外，其他的偽先知全部被殺。

　　叛教暴動的平息，真正實現了阿拉伯半島的初步統一，使穆罕默德生前創立的麥迪那伊斯蘭教公社，演變成為擁有正規軍隊的哈里發國家，為伊斯蘭教向半島外進行聖戰擴張奠定了基礎。

　　西元633年，阿布・伯克爾再接再厲，派遣哈立德攻打伊拉克。當時的伊拉克歸波斯帝國管轄，由波斯國王的代理人胡爾米茲統治。兩軍陣前，哈立德先在一對一的較量中殺死胡爾米茲，由於胡爾米茲為防止士兵逃跑，用鎖鏈把他們連在一起，波斯士兵行動起來極不方便，在接下來的混戰中，哈立德的騎兵很快便占了上風，獲得了阿拉伯人對於波斯人的第一次勝利。

　　在蒙昧時代的阿拉伯人眼裡，文明進步的波斯人幾乎是不可戰勝的。阿拉伯人的土地，大都是乾旱貧瘠的沙漠荒地，伊拉克

境內的美索不達米亞平原，卻是孕育世界最早文明的富饒沃土。哈立德得勝後高興地對士兵們說：「你們看到了嗎？這是一個多麼富饒的地方啊，如果不是為了真主和伊斯蘭教而戰，我們一定會認是為佔領並生活在這些地方而戰的。」

　　哈立德在伊拉克取得勝利的同時，派往敘利亞的三路大軍在羅馬軍隊的攻擊下四分五裂，阿布·伯克爾只好調遣哈立德率精銳騎兵火速增援。哈立德到達敘利亞的亞穆克戰場後，立即把各路將領召集起來，告訴他們說：「今天決定著未來，今天如果我們打了敗仗，今後就再也不可能戰勝他們了。為了滿足你們的心願，我們輪流擔任統帥，今天由我擔任統帥。」

　　將領們同意了哈立德的建議，他們並不知道哈立德早已下定一天之內結束戰鬥的決心。戰鬥進行過程中，麥迪那的信使送來一封信，其中的內容是：阿布·伯克爾去世，繼任哈里發歐麥爾任命阿布·歐拜德任穆斯林軍隊的統帥。哈立德為穩定軍心，暫時隱瞞了信件，率領士兵向羅馬軍隊的陣地發起猛烈進攻，戰鬥結束後，穆斯林只損失3000人，羅馬帝國卻損失了12萬人。

第三節　歐麥爾繼任哈里發

　　西元634年冬天的一天，阿布·伯克爾在做完周身沐浴的大淨之後患上瘧疾，再也不能到禮拜寺帶領穆斯林做禮拜了，確定新一任的哈里發成為當務之急。

　　曾經鼎力支持阿布·伯克爾當上第一任哈里發的歐麥爾，與阿布·伯克爾一樣是穆罕默德的岳父，也是阿布·伯克爾理想的接班人。阿布·伯克爾叫來奧斯曼，請他代寫遺囑：「奉至仁至慈的真主的名義，下面是阿布·伯克爾對穆斯林的遺囑……」

話沒說完，阿布·伯克爾就昏過去了。奧斯曼接著寫道：「我已任命歐麥爾為你們的哈里發……」

等阿布·伯克爾醒來，奧斯曼念了自己所寫的遺囑，阿布·伯克爾高興地說：「大哉真主，你是擔心在我蘇醒過來後人們發生分歧吧。」

就這樣，奧斯曼成為擁護歐麥爾繼任哈里發的第一人，同時也為他自己繼歐麥爾之後擔任第三位哈里發鋪平了道路。然而，同為穆罕默德的聖門弟子的阿布杜·拉赫曼和泰勒哈·本·歐拜杜，堅決反對脾氣粗暴的歐麥爾接任哈里發。泰勒哈·本·歐拜杜與穆罕默德一樣，是阿布·伯克爾的女婿。阿布杜·拉赫曼則是阿布·伯克爾的妻子賓特·阿米斯的哥哥。歐麥爾接任哈里發後，面臨著更加嚴重的內部挑戰。

阿布·伯克爾臨死前，對守在身邊的阿依莎說：「孩子，你不論富有，還是貧窮，都是最高尚的人。我曾給過你土地，希望你把它退給我。根據真主的經典，分給你的兩個弟弟和兩個妹妹，因為他們是財產繼承者。」

阿依莎聽了十分詫異，她只有一個妹妹叫艾斯瑪，正和丈夫一起在前線與羅馬人作戰。阿布·伯克爾說：「是這樣，她還在哈比巴的肚子裡，很快就要出生了。」

阿布·伯克爾能夠為沒有出生的孩子著想，體現出《古蘭經》在一夫多妻制社會中對於孤兒寡婦的正當權利的照顧和尊重。在做最後一次淨身時，阿布·伯克爾問阿依莎：「真主的使者穿了幾件殮衣？」

「穿了三件。」

「那麼，把我這兩件舊衣服洗一下，再買一件新的也就行了。」

「爸爸，我們有錢啊！」

「孩子，活人比死人更應該穿新衣服……就這麼辦吧，把我埋在真主使者的旁邊。」

阿布·伯克爾去世了，他只擔任了不到3年的哈里發。穆斯林的薄葬傳統，就是在穆罕默德和阿布·伯克爾以身作則的垂範之下流傳至今的。

伊斯教是禁止為死者哭喪的。葬禮之後，歐麥爾聽到阿依莎家裡傳出哭號聲，就來到阿依莎門前發出警告，警告無效後，他命令隨從說：「把阿布·伯克爾的妹妹叫出來！」

阿依莎聽了，高喊道：「不准進我的家。」

《古蘭經》中明確禁止外人進入穆罕默德的妻子家裡，並且把穆罕默德的妻子尊為信士之母。歐麥爾沒有權力懲罰阿依莎，只好讓她的姑姑充當替罪羊，他堅持說：「是我准許你進去的。」隨從進去把阿布·伯克爾的妹妹叫出來帶到歐麥爾面前，歐麥爾把她痛打一頓，屋裡的哭號聲也就停止了。

阿布·歐拜德接替哈立德的統帥職務後，立即向敘利亞首府大馬士革進軍。行軍途中探子來報，羅馬皇帝希拉克略從霍姆斯派來的援軍已經抵達大馬士革。阿布·歐拜德猶豫不決，只好寫信給歐麥爾，讓他決定是先進攻大馬士革還是先進攻約旦的法赫勒城，當時的敘利亞和約旦都處於東羅馬拜占廷帝國的統治之下，大部分居民信仰的是基督教的分支東正教。歐麥爾在回信中答覆說：「你們應該先攻大馬士革，因為它是敘利亞的堡壘和首府。同時派出一支騎兵進攻法赫勒，牽制住那裡的敵人。」

穆斯林軍隊到達大馬士革後久攻不下，只好與當地居民簽訂停戰協議。大馬士革居民答應向穆斯林交納人頭稅，條件是穆斯林允許他們的宗教信仰自由，並且保障他們的城市和財產的安

全。協議簽訂後，羅馬軍隊撤出大馬士革，穆斯林軍隊乘勝追擊，哈立德相繼攻陷安條克、阿勒頗等軍事要塞，阿慕爾·本·阿綏和平佔領地中海的蓋薩裡亞，羅馬皇帝希拉克略只好放棄敘利亞，退回東羅馬首都君士坦丁堡。

西元644年的一天早晨，歐麥爾出門到禮拜寺做晨禮時，被波斯釋奴、基督徒阿布·魯爾魯阿刺殺，終年52歲。

在歐麥爾從西元634年到644年擔任哈里發的10年時間裡，穆斯林軍隊先後征服了敘利亞、伊拉克、巴勒斯坦、波斯、埃及等周邊國家及地區，並且在伊拉克境內的巴士拉和庫法修建了兩座大型軍事基地，促進了伊斯蘭教的廣泛傳播和哈里發國家的發展壯大。

在歐麥爾擔任哈里發期間，還正式規定以穆罕默德遷徙麥迪那的西元622年為伊斯蘭教的教曆紀元，並以這一年的阿拉伯太陰年歲首——也就是西元622年的7月16日——為伊斯蘭教教曆的元年元旦。

第四節　第三任哈里發奧斯曼

歐麥爾去世前，派兒子阿布杜勒向阿依莎提出請求，希望能夠與穆罕默德和阿布·伯克爾一起埋葬在阿依莎家的墳地裡。阿依莎同意了這個請求，並對阿布杜勒說：「你代我問候歐麥爾，對他說，穆罕默德的教徒不能沒有領導人，讓他指定一個哈里發吧，不能讓穆斯林在歐麥爾死後成為無人看管的駱駝。我擔心會發生暴亂。」

歐麥爾覺得有道理，就立即派人叫來阿里、奧斯曼、祖白爾、賽阿德、泰勒哈、阿布杜·拉赫曼，讓他們協商三天，到第

四天一定要選出新一任的哈里發。

　　歐麥爾死後，阿里、奧斯曼、祖白爾、賽阿德、阿布杜‧拉
赫曼五個人來到阿依莎家裡，準備在這裡選舉哈里發。由於每個
人都以為自己最有資格擔任哈里發，選舉陷入僵局。阿布杜‧拉
赫曼主動退出選舉擔任仲裁人，他找到阿里單獨談話時說：「你
說你最有資格繼任哈里發，因為你最早信奉伊斯蘭教，而且功勞
最大，同先知的關係也最親。除你之外，你認為這幾個人中誰最
合適？」

　　阿里不假思索地說：「奧斯曼。」

　　阿布杜‧拉赫曼又找到奧斯曼，對他說：「你是阿布杜‧
麥那費家族的長者，又是先知穆罕默德的女婿和堂兄弟，而且功
勳卓著，理應繼任哈里發。但是，除你之外，你看選誰最合適
呢？」

　　奧斯曼毫不猶豫地回答：「阿里。」

　　奧斯曼先後娶了穆罕默德的兩個女兒做妻子，與阿里同為穆
罕默德的女婿。不過，比阿里大13歲的奧斯曼是連體兄弟中的阿
布杜‧舍木斯的後代，是阿布杜‧麥那弗家族中的倭馬亞分支，
穆罕默德和阿里則是同一家族中的哈希姆分支，自從哈希姆與侄
子倭馬亞結下仇怨之後，哈希姆人與倭馬亞人之間有分有合，已
經積累了數不清的是非恩怨。

　　第二天早上，人們陸續來到禮拜寺，聽取阿布杜‧拉赫曼宣
布選舉結果。阿布杜‧拉赫曼先向阿里提問：「你能遵守真主的
經典和先知的聖訓，像前兩位哈里發那樣做嗎？」

　　阿里回答說：「我希望根據我的知識和能力去做。」

　　阿布杜‧拉赫曼又問奧斯曼同樣的問題，奧斯曼的回答只是
一個字：「能！」

阿布杜·拉赫曼宣布說：「我選舉你做信士們的長官。」

人們紛紛向奧斯曼宣誓，阿里也不得不接受這一結果，奧斯曼就這樣當上了第三任哈里發。

阿慕爾·本·阿斯是奧斯曼的妹夫，參加過西元633年攻佔巴士拉、637年攻佔巴勒斯坦和639年攻佔埃及亞歷山大城的戰役，現在的埃及首都開羅，最初就是由他主持修建的。奧斯曼任哈里發後，免去阿慕爾·本·阿斯的埃及總督職務，任命自己奶媽的兒子阿布杜拉·本·賽爾德由上埃及總督改任埃及總督。阿布杜拉·本·賽爾德是一個有嚴重劣跡的人，他在麥迪那擔任穆罕默德的文書期間，私自篡改《古蘭經》記錄並且自稱得到過阿拉的默示，受到責罰後叛逃麥加，穆罕默德征服麥加後赦免了他的罪過。[36]

西元642年，阿布杜拉·本·賽爾德與阿慕爾·本·阿斯等人率領軍隊參加了征服埃及的戰爭，戰功遠在阿慕爾·本·阿斯之下。阿慕爾·本·阿斯被免職後大為憤怒，不僅休掉了奧斯曼的妹妹，還變成了奧斯曼的主要反對者。

穆罕默德·本·艾比·伯克爾是第一任哈里發阿布·伯克爾的小兒子，自從他的母親改嫁給阿里之後一直住在繼父家中，與繼父阿里情同父子。穆罕默德·本·艾比·伯克爾認為是奧斯曼從阿里手中奪走了哈里發職位，為了推翻奧斯曼，他離開麥迪那去了埃及。

阿布杜拉·本·塞巴原是沙那的一個猶太教徒，後來皈依了

---

[36] 傳說《古蘭經》第六章的93節經文，是針對阿布杜拉·本·賽爾德降示的，現予抄錄：「假借真主的名義而造謠的，自稱奉到啟示，其實，沒有奉到任何啟示的人，或妄言要像真主那樣降示天經的人，這等人誰比他們還不義呢？不義的人正在臨死的苦痛中，眾天神伸著手說：『你們拿出你們的靈魂吧！今天你們要受辱刑的報酬，因為你們假借真主的名義而造謠，並藐視他的跡象。』……」

伊斯蘭教，他在埃及與穆罕默德・本・阿布・伯克爾一見如故，兩個人結為同夥一致反對奧斯曼。

穆罕默德・本・艾比・侯宰法是奧斯曼撫養的一名孤兒，他向奧斯曼要求官職被拒絕後也來到埃及，成為穆罕默德・本・阿布・伯克爾的又一同夥。

西元647年，奧斯曼命令阿布杜拉・本・賽爾德西征非洲大陸，當時的非洲是埃及人的殖民地。奧斯曼承諾戰利品的五分之一的五分之一，將歸阿布杜拉・本・賽爾德個人所有。阿布杜拉・本・賽爾德到達北非後請求援助，聖門弟子的後代大都參加了增援部隊，並且發揮了很大作用。戰爭勝利後，將領們對阿布杜拉・本・賽爾德獨佔一份戰利品表示不滿，反對奧斯曼的呼聲越來越高，埃及成為反對奧斯曼的大本營。

為平息各地的反對意見，奧斯曼召回各地的總督研究對策。當總督們離開麥迪那返回任所時，奧斯曼卻留下自己的堂弟即阿布・蘇富揚的第二個兒子穆阿威葉，讓他和聖門弟子中的阿里、泰勒哈、祖白爾、賽阿德等人見面談話。穆阿威葉警告聖門弟子不要煽動反對奧斯曼，奧斯曼本人也承認了自己的一些失誤：「我的兩位前任阿布・伯克爾和歐麥爾對於他們自己和親屬都能嚴格要求。他們因是作為真主使者的親屬而得到重用的。我的貧寒的親屬需要撫養，所以我給予了他們一些財富。我認為這是應該的，如果你們認為是錯誤的，就收回來吧，我服從你們的決定。」

在這種情況下，埃及的反對者們以朝觀的名義召集同黨到麥迪那集合，準備殺死奧斯曼。阿依莎也派人向奧斯曼傳話：「先知的門弟子曾要求你解除阿布杜拉・本・賽爾德的職務，但你拒絕了。這個人曾殺過他們的一個人，你要公平對待他們，不能祖

護你的官員。」

　　奧斯曼迫於壓力，答應由埃及的反對者選出新一任的埃及總督。反對者選舉穆罕默德‧本‧艾比‧伯克爾為新總督，奧斯曼為他寫了委任狀。穆罕默德‧本‧艾比‧伯克爾等人剛剛離開，奧斯曼的親信麥爾旺‧本‧哈木克就以奧斯曼的名義給阿布杜拉‧本‧賽爾德寫信，讓他殺死穆罕默德‧本‧艾比‧伯克爾等人。被派去送信的黑奴在路途中被穆罕默德‧本‧艾比‧伯克爾意外發現，一行人立即折回麥迪那，與從巴士拉和庫法趕來的反對者匯合，當面要求奧斯曼辭職。已經79歲高齡的奧斯曼，依然不願意自動離職，他的解釋是：「我不能脫掉尊嚴的真主給我穿上的官服，這是真主贈給我個人的。但是我可以悔罪，不再做穆斯林不歡迎的事。我是有求於真主的人和懼怕真主的人。」

　　於是，反對者包圍奧斯曼的住宅並切斷水源，在僵持幾天後乾脆翻牆進去刺殺了奧斯曼。奧斯曼的妻子納伊萊為保護丈夫，也被砍斷了手指。

　　奧斯曼從西元644年到656年擔任哈里發共12年，在位期間制定了《古蘭經》的統一版本，史稱「奧斯曼定本」。穆斯林軍隊在這12年中繼續擴張，先後征服了亞美尼亞和北非，並且鎮壓了波斯等地的大規模反抗，進一步擴大了哈里發國家的版圖。

第五節　第四任哈里發阿里

　　奧斯曼被殺後，整個麥迪那陷入恐怖之中，麥爾旺家族和倭馬亞家族的成員紛紛逃往麥加避難。聖門弟子中的元老找到阿里，請他出任哈里發，阿里提出自己的條件：「對我宣誓，要在禮拜寺公開進行，要每個穆斯林都同意。」

阿里和元老們來到禮拜寺，阿里登上講壇宣布說：「我本不願意當你們的長官，可你們一定要我當。我要得到全體穆斯林的承認。但是，你們的金庫的鑰匙在我手裡，我不得到你們的同意，我沒有權力拿一個迪爾汗，你們同意嗎？」

「同意。」穆斯林齊聲答應，阿里從此成為第四任哈里發。

穆罕默德的妻子烏姆‧哈比白是已故阿布‧蘇富揚的女兒，同時也是敘利亞總督穆阿威葉的姐姐。她來到奧斯曼的妻子納伊萊家裡，拿走奧斯曼的血衣和納伊萊被砍掉的手指，派人送給穆阿威葉。穆阿威葉收到這些東西後，把它們放在禮拜寺的講壇上，號召人們為奧斯曼報仇。

早在奧斯曼被殺害之前，穆罕默德的另一位妻子阿依莎就離開麥迪那到麥加朝觀，她聽到奧斯曼被殺的消息並沒有明確表態。回到麥迪那後，一位親戚來告訴她：「奧斯曼被害已經八天了，可現在還沒有選出哈里發。」

「那他們怎麼打算呢？」

「他們都同意阿里任哈里發。」

阿依莎沒有忘記她與阿里之間的一樁私怨。穆罕默德生前，當有人誣陷阿依莎時，阿里曾經對穆罕默德表示說：「女人就是多事。」這件並不嚴重的個人恩怨決定了她的政治態度，她氣憤地說：「如果阿里果真當上哈里發，但願天崩地裂。把我送回麥加去！奧斯曼死得冤枉，我一定要為他報仇！」

阿依莎回到麥加，來到禮拜寺門口大聲宣布：「穆斯林們，各省的暴徒和麥迪那的奴隸枉殺無辜，佔領聖地，攫取了不義之財，觸犯了禁月。奧斯曼被殺得冤枉。我們要為奧斯曼報仇，使伊斯蘭不斷壯大。」

麥爾旺家族和倭馬亞家族的成員全部成為阿依莎的堅定支持

者。聖門弟子泰勒哈和祖白爾，本來是阿里任哈里發的支持者，他們認為阿里會任命他們出任總督，阿里並沒有這麼做，兩個人便離開阿里投靠阿依莎。經過一番協商，這些人決定到巴士拉軍事基地去組織反對阿里的武裝力量。路途上，奧斯曼家族的人向泰勒哈和祖白爾提出勝利後由奧斯曼的兒子擔任哈里發的建議，被泰勒哈和祖白爾當場拒絕，他們兩人也想當哈里發。奧斯曼家族見狀，立即宣布退出並返回了麥加。

到了禮拜時間，麥爾旺對泰勒哈和祖白爾說：「我來宣禮，你們倆誰來領拜？」

泰勒哈和祖白爾以及他們的兒子們各不相讓，爭著要當領拜人。阿依莎訓斥麥爾旺說：「你想讓我們分裂嗎？讓我妹妹的兒子作領拜人。」

阿布杜勒·本·祖白爾是祖白爾與阿依莎的妹妹艾斯瑪所生的兒子，阿依莎的決定第一次把聖門弟子中的元老們拋在一邊，從他們的後代中選拔領導人，稱得上是一種政治上的革命，從中也可以看出她的政治才能，只可惜伊斯蘭教義並沒有承認婦女的參政權力。

阿里得知阿依莎聯合泰勒哈和祖白爾前往巴士拉的消息，帶領部隊前往追擊，雙方在巴士拉附近發生激戰，泰勒哈和祖白爾被亂軍殺死，坐在用鐵甲圍成的駝轎中的阿依莎被俘，史稱「駱駝之戰」。

「駱駝之戰」是伊斯蘭教歷史上的第一次大規模內戰，而且恰好發生在穆罕默德的兩位至親之間，不能不說是伊斯蘭教的最大悲哀。阿依莎乘坐的駱駝被砍倒後，阿里命令自己的養子、阿依莎的弟弟穆罕默德·本·艾比·伯克爾到駝轎前與阿依莎相見。伯克爾先把姐姐送到巴士拉，隨後又送她返回麥迪那。動身

回麥迪那時，阿依莎向在場的穆斯林表態說：「過去我們互相非難，今後你們任何人都不能這麼做了。我與阿里之間過去發生的一切，只是一個女人同她的婆家男人之間的事情。」

阿里也表示說：「阿依莎說得對。我與她之間發生的一切就像她說的那樣。不論今世還是來世，她都是你們先知的夫人。」

43歲的阿依莎從此喪失了參政權力。她在後半生中反而以傳述穆罕默德的聖訓而贏得穆斯林學者的廣泛尊重。

阿里任哈里發的第二年即西元657年，伊斯蘭教的第二次內戰在阿里率領的軍隊與公開反對他的敘利亞總督穆威阿葉的軍隊之間爆發，雙方在幼發拉底河畔的隋芬平原激戰了3個多月，史稱「隋芬戰役」。

聖門弟子中以足智多謀著稱的阿慕爾‧本‧阿斯，曾經是反對奧斯曼的急先鋒，為了恢復自己的埃及總督地位，他又與穆威阿葉達成政治交易，成為穆威阿葉的謀士。在穆威阿葉軍事失利的情況下，阿慕爾‧本‧阿斯提議說：「你的士兵打不過他的士兵，你也不是他的對手，但是，只要你讓他們做一件事，不管他們接受與否，都會出現分歧。你號召他們以《古蘭經》為你和他們的仲裁。」

於是，穆阿威葉命令士兵把《古蘭經》拴在長矛上高舉起來向阿里的軍隊喊話：「阿拉伯人，你們要維護自己的宗教，這部真主的《古蘭經》就在我們和你們之間。」

阿里的軍隊主要由被稱為什葉派的追隨者組成，什葉派軍隊內部很快分裂成為支持用《古蘭經》仲裁和反對仲裁的兩個派別。阿里儘管明白這是阿慕爾‧本‧阿斯設下的圈套，但他顯然不是一個英明果斷的政治家，在自己取得勝利的情況下，他卻與穆阿威葉簽訂休戰一年的和約，簽字地點在杜邁簡代勒。

　　什葉派軍隊中的台米姆族人對於阿里的妥協表現表示不滿，他們脫離阿里的軍隊成為一個獨立的派別，號稱哈瓦利吉派，意思是「出走者」。哈瓦利吉派出走後在庫法附近的哈羅拉村建立據點，並於西元658年3月推舉拉西比為首領。拉西比以勇敢和虔誠著稱，因長時間俯拜，額上生出胼胝，被稱為「有胼胝者」。哈瓦利吉派又稱「軍事民主派」，他們主張恢復早年的伊斯蘭教公社制度，哈里發由穆斯林公開選舉，一切虔誠並熟知教理的穆斯林，不分民族和種族，不管黑人和奴隸，都有權當選，土地和戰利品也應該在普通士兵中共同分配。在提倡原始民主的同時，哈瓦利吉派又極端主張一切異己的穆斯林都不能得救。當今世界的伊斯蘭教聖戰組織，大都是哈瓦利吉派的繼承者，他們直接違背了《古蘭經》中既提倡聖戰又限制聖戰的宗教精神。

　　阿里與穆阿威葉停戰後，雙方代表繼續在杜邁簡代勒舉行以《古蘭經》為依據的仲裁會議，參加會議的還有許多見證人。阿里的代表是由伊拉克什葉派推舉出的伊斯蘭教學者阿布・穆薩，穆阿威葉的代表是阿慕爾・本・阿斯。阿慕爾・本・阿斯提議罷免阿里和穆阿威葉，任命歐麥爾的兒子阿布杜拉・本・歐麥爾為哈里發，阿布・穆薩同意了他的提議。

　　兩個人來到眾人面前，阿慕爾・本・阿斯先讓阿布・穆薩發表意見，阿布・穆薩說道：「善良的人與人民為善。這場叛亂已經折磨了阿拉伯人，我和阿慕爾決定廢黜阿里和穆阿威葉，讓沒有參與這場戰爭的阿布杜拉・本・歐麥爾任哈里發。」

　　阿慕爾・本・阿斯站起來說：「他說的話你們都聽到了，他廢黜他的長官，我也同意廢黜他的長官。我支持我的長官穆阿威葉，因為他是奧斯曼的親屬和復仇人，他最有權繼任奧斯曼的職務。」

阿布‧穆薩指責阿慕爾‧本‧阿斯背信棄義，阿慕爾‧本‧阿斯回答說：「你不過是一頭馱經書的驢子。」

阿里在庫法聽到阿布‧穆薩上當的消息，準備發動新的戰爭，哈瓦利吉派拒絕參戰，伊拉克的什葉派人反而要求阿里攻打哈瓦利吉派。阿里率領什葉派軍隊在伊拉克境內的拿赫魯宛地區打敗哈瓦利吉派，並殺死他們的首領拉西比，為自己三年後的遇刺埋下了禍根。

西元661年的朝覲季節臨近了，穆斯林從四面八方匯聚到麥加朝覲，這其中就有哈瓦利吉派的成員，他們密謀發動自以為絕對正確的伊斯蘭聖戰。一個叫阿布杜‧拉赫曼‧本‧穆勒傑姆的人說：「我來殺死阿里。」一個叫伊本‧阿布杜拉‧薩里米的人說：「我去殺穆阿威葉。」另一個叫紮宰沃的人說：「阿慕爾也必須殺掉，我來殺他。」

阿里晚年一直住在庫法，蓋塔姆是當地哈瓦利吉派的一名漂亮姑娘，她的父親和哥哥都在拿赫魯宛戰役中被阿里殺死，她最大的心願就是替自己的親人復仇。阿布杜‧拉赫曼‧本‧穆勒傑姆來到庫法後，以未婚夫的身分住進蓋塔姆家裡。到了約定時間，蓋塔姆拿來綢布，給阿布杜‧拉赫曼‧本‧穆勒傑姆和他的同伴纏在頭上，阿布杜‧拉赫曼‧本‧穆勒傑姆和同伴帶上利劍等候在庫法禮拜寺附近。

晨禮的時間到了，阿里走出家門呼喚人們到禮拜寺參加禮拜，阿布杜‧拉赫曼‧本‧穆勒傑姆和同伴撲上去刺中了阿里。

與此同時，遠在敘利亞的伊本‧阿布杜拉‧薩里米，用帶毒的匕首刺向了出門做晨禮的穆阿威葉的臀部。阿慕爾這天肚子疼，只好委派哈里傑代替自己主持晨禮，紮宰沃把哈里傑當成阿慕爾給刺殺了。

　　穆阿威葉和阿慕爾都脫險了，阿里卻走到了人生的盡頭。追隨阿里的什葉派人要求指定阿里與法蒂瑪所生的大兒子哈桑為哈里發，阿里給出的回答是：「我要像先知那樣讓你們自己選擇哈里發。」

　　阿里去世了，享年61歲。他的去世結束了伊斯蘭教的正統哈里發時代，代之而起的是穆阿威葉在敘利亞建立的阿拉伯帝國倭馬亞王朝。足智多謀的阿慕爾・本・阿斯如願以償，重新回到埃及擔任了總督。

　　在阿里任哈里發的西元656年至661年，伊斯蘭教世界只有內戰而沒有擴張，幾乎沒有留下一件值得誇耀的事情。與競爭者相比，別人都在不同程度上利用《古蘭經》為自己謀取地位和利益，只有阿里不折不扣地遵照《古蘭經》行事。可以這樣說，把《古蘭經》當作絕對正確的僵化教條來加以遵守，正是阿里政治失敗的決定性因素。關於這一點，伊本・艾比・哈迪德在《辭章之道注釋》中介紹說：

　　　　阿里・本・艾比・塔里布對貴族和平民、阿拉伯人和非阿拉伯人一視同仁，也不奉承那些首領和酋長們。無疑，這成了阿拉伯人背棄他的原因之一。……阿里的朋友們走到他跟前，對他說：穆民的領袖呵！把這些錢分了，讓那些可能反對你的人富裕起來吧！對阿拉伯人和古萊氏貴族要看得重於釋奴和非阿拉伯人。他們對阿里說此話時，穆阿威葉正在用錢作交易，可阿里卻答道：難道你們要我以不公正的手段來贏得勝利嗎？[37]

---

[37] [埃及]艾哈邁德・愛敏著，納忠譯《阿拉伯—伊斯蘭文化史》第二冊，商務印書館，2001年，19頁。

伊斯蘭教歷史上接連三任哈里發遭遇刺殺，足以證明《古蘭經》教義的侷限性和麥迪那伊斯蘭宗教公社的制度缺陷。按照現代文明社會政教分離的普世準則，伊斯蘭教社會最需要的，是把《古蘭經》的宗教信仰和宗教教義，嚴格限定在個人自由、契約平等的民間私生活領域之內；並且在《古蘭經》之外，為法治民主、限權憲政的世俗性的社會公共生活，另行設計制訂出一整套高度量化細分的可供操作執行的實體法律和實體制度。

第六節　倭馬亞王朝和阿巴斯王朝

阿里逝世後，什葉派穆斯林把他尊奉為第一代伊瑪目和從不犯錯誤的「超人」，他與法蒂瑪的長子哈桑，被推舉為哈里發和第二代伊瑪目。幾個月後，面對敘利亞總督穆阿威葉強大的軍事壓力，哈桑以包括庫法的公款500萬第爾汗在內的特別費及優厚年金為代價，放棄哈里發繼承權並隱居麥迪那，據說他後來是死於中毒。

穆阿威葉迫使哈桑放棄哈里發繼承權之後，在一些阿拉伯貴族的擁戴下自任哈里發，襲用波斯帝國和東羅馬拜占庭帝國的王室制度建立起伊斯蘭教世界的第一個專制世襲王國，定都於敘利亞的大馬士革。因穆阿威葉屬麥加古萊什部落的倭馬亞家族，史稱「倭馬亞王朝」。

哈桑死後，阿里與法蒂瑪的次子侯賽因成為什葉派首領。西元680年，侯賽因拒絕效忠於穆阿威葉的兒子、倭馬亞王朝第二任哈里發亞齊德，率領家屬從麥加出發到庫法與支持者會合，到達卡爾巴拉時遭到倭馬亞王朝的騎兵追擊，因寡不敵眾而慘遭殺害，頭顱被送到大馬士革示眾，史稱卡爾巴拉慘案。這一天是伊

斯蘭教教曆的1月10日，什葉派認為侯賽因是殉教聖徒，把這一天定為哀悼日，也就是現在的阿術拉節。侯賽因的頭顱後來被送回卡爾巴拉，與屍體合葬於遇害地，也就是現在的卡爾巴拉禮拜寺。

卡爾巴拉慘案後，什葉派領袖人物穆赫塔樂宣布阿里的另一個兒子穆罕默德・本・哈乃菲亞為馬赫迪，自己則是穆罕默德・本・哈乃菲亞的授權代表，並且提出一系列社會主張，強調阿拉伯穆斯林與非阿拉伯穆斯林之間的平等相處。穆赫塔樂的主張得到新皈依的穆斯林特別是在歷次戰爭中被俘虜的奴隸和釋奴的大力支持，他率領的軍隊於西元685年攻佔庫法，接著又佔領了整個伊拉克地區。西元687年，穆赫塔樂被佔據麥加自立哈里發的阿布杜拉・本・祖拜爾偷襲，兵敗後遇害。西元692年，阿布杜拉・本・祖拜爾又被倭馬亞王朝新任哈里發阿布杜・馬立克殺死。

阿布杜・馬立克在位期間的西元685年至705年，倭馬亞王朝積極推行阿拉伯化和伊斯蘭化，阿拉伯文成為官方文字，同時鑄造刻有《古蘭經》經文的硬幣。這期間的宗教、哲學和歷史學研究相當發達，出現了一批研究《古蘭經》的經注、聖訓和伊斯蘭教教法的著名學者，同時也開始把來自希臘、波斯等地的外來著作翻譯成為阿拉伯文。

倭馬亞王朝是伊斯蘭教大力擴張的又一個黃金時期，它向西擴張領土到北非和西班牙，向東佔領波斯，成為橫跨亞、非、歐三洲的龐大帝國。西元732年10月，由西班牙北進的穆斯林軍隊，與法蘭西王國的軍隊在法國中部的圖爾與普瓦提埃之間遭遇，激戰一整天後統帥陣亡，穆斯林軍隊傷亡殘重，不得不連夜撤退，史稱圖爾戰役。這次戰役標誌著伊斯蘭教向歐洲的擴張，已經達到其峰值極限。

　　在倭馬亞王朝極力擴張的同時，伊斯蘭世界內部的反抗活動一直沒有間斷過。什葉派穆斯林極力主張恢復穆罕默德所在的哈希姆家族的合法繼承權，並且在庫法、麥迪那等地設立活動中心，極力宣傳自己一派的「合法主義」，並且贏得呼羅珊的波斯農民以及其他非阿拉伯民族穆斯林的同情支持。

　　西元716年，穆罕默德・本・哈乃菲之子阿布・哈希姆去世，這一支派的伊瑪目職位傳給了哈希姆家族的另一支派阿巴斯家族的穆罕默德・本・阿里，「合法主義」布道會的領導權轉移到阿巴斯家族手中，位於阿拉伯半島希賈茲商道的侯邁麥村，隨之成為活動中心。受阿巴斯家族派遣，奴隸出身的波斯人阿布・穆斯林於西元747年提出減輕稅收、取消勞役的口號，率領農民、奴隸、手工業者以及不滿倭馬亞王朝的部分波斯貴族，在呼羅珊發動武裝起義。

　　西元750年元月，阿巴斯家族的阿布・阿巴斯在庫法建立阿巴斯王朝。同一年，起義部隊在底格里斯河右岸擊潰倭馬亞王朝的主力軍隊，哈里發麥爾旺二世戰敗被殺，倭馬亞王朝被顛覆推翻。

　　阿巴斯王朝是阿拉伯帝國的第二個王朝，因其崇尚黑色而被中國史書《舊唐書・大食傳》稱之為大食國或黑衣大食。西元762年，阿巴斯王朝的第二任哈里發曼蘇爾把首都從庫法遷到巴格達，從此進入繁榮時期。9世紀後葉，阿巴斯王朝開始衰落。西元945年，布維希人攻佔巴格達。西元1055年，塞爾柱突厥人再次攻佔巴格達，阿巴斯王朝名存實亡。西元1258年，蒙古軍隊攻佔巴格達並殺死哈里發穆斯塔希姆，歷時508年的阿巴斯王朝之阿拉伯帝國，澈底滅亡。

　　倭馬亞王朝滅亡後，王室遺族阿布杜・拉赫曼逃往西班牙，並於西元756年在科爾多瓦建立獨立國家。西元929年，阿布杜・

拉赫曼三世自稱哈里發，史稱後倭馬亞王朝，也就是中國史書
《舊唐書·大食傳》中所說的白衣大食或西大食。

第十三章
伊斯蘭世界的輝煌與變遷

　　在古希臘神話傳說中記載有歐羅巴公主的愛情故事。愛神阿芙洛狄忒給歐羅巴公主賜夢，夢中的亞細亞大陸和歐羅巴大陸變成兩個女人的形象，兩個女人為了得到自己的領地彼此爭吵，來自天上的聲音勸誘歐羅巴說：「來吧！可愛的人兒，我將你帶到宙斯那裡去，因為命運女神已經指定你作為他的情人。」

　　歐羅巴從夢中醒來，愛神之夢已經深深地誘惑了她，她打定主意要遵照神的意旨安排自己的命運，隨時等待神的召喚。與此同時，愛神阿芙洛狄忒派遣自己的兒子厄洛斯向外祖父射出愛情之箭，使諸神之父宙斯墮入情網。為了逃避諸神之母赫拉的嫉妒之火，也為了方便闖入人間少女歐羅巴的純潔心扉，宙斯變成了一頭漂亮的公牛，它全身長滿金黃色的卷毛，前額上閃爍著一個新月形的銀色標記，兩隻藍色的大眼睛在燃燒的激情中不停轉動。歐羅巴情不自禁地跨上牛背，被宙斯帶到陌生的大陸。當天神對於人間少女的新一輪征服完成之後，歐羅巴才開始為喪失童貞而感到悲痛。愛神阿芙洛狄忒帶著兒子厄洛斯出現在歐羅巴面前，給她送上美好祝福：「請息怒吧，歐羅巴！你被神帶走，命中註定要做不可征服的宙斯的人間妻子，你的名字將不朽，因為從此以後，收容你的這塊大陸將被稱為歐羅巴。」

　　宙斯對於歐羅巴的誘惑佔有，其實是人類歷史上不同種族之間的文化征服與文化融合的象徵。這種征服與融合，既有殘酷強

暴的一面，也有發展進步的另一面。阿拉伯民族聖戰擴張的成敗得失，同樣如此。

第一節　阿拉伯民族的蒙昧時代

　　阿拉伯半島位於亞洲西南，北接敘利亞沙漠，東接波斯灣和阿曼灣，南臨印度洋，西臨紅海。蒙昧時期的阿拉伯人主要分為游牧部落和定居部落兩大部分，其中過著游牧生活的貝都因人占大多數，定居在麥加城周邊以務農經商為主業的古萊什人，只佔有很少的一部分。貝都因人不經商，不航海，專靠畜牧產品維持生活，搶劫掠奪是他們的游牧生活的主要組織內容。他們常常襲擊與自己有仇的游牧或定居部落，主要目標是搶駱駝、擄女人。在沒有仇敵可以攻擊的時候，本部族內部也會發生相互搶劫。

　　習慣於游牧生活的人，宗教觀念非常薄弱，除了盲從本部落的原始信仰外，不再相信任何東西。他們從一開始就被當作穆斯林的主要敵人，關於這一點，《古蘭經》第九章介紹說：

　　　　游牧的阿拉伯人是更加不信的，是更加偽信的，是更不能明白真主降示其使者的法度的。真主是全知的，是至睿的。……在你們四周的游牧的阿拉伯人中，有許多偽信者，在麥迪那人中也有許多偽信者，他們長於偽裝；你不認識他們；我卻認識他們；我將兩次懲罰他們，然後，他們將被送去受重大的刑罰。

　　事實上，蒙昧時代的阿拉伯人並不是一個民族共同體，他們連成為一個民族共同體的最基本的條件都不具備。這些基本條件

是：擁有共同的語言和宗教，由某一個人或某一團體行使發號施令的權力。

　　據《塔巴里古蘭經注》介紹，告知穆罕默德的再傳弟子蓋塔戴在分析《古蘭經》第三章經文「你們原是在一個火坑的邊緣上的，是真主使你們脫離那個火坑」時，曾經解釋說：「這些活著的阿拉伯人原是地位最卑微、生活最艱苦、迷誤最深、身無片縷、饑腸轆轆的人，他們在波斯和東羅馬兩頭雄獅前面被驅趕著，在他們的國家，沒有任何東西值得別人羨慕。生前，他們度日如年，死後還要永墮火獄。他們被人宰割，而無力侵犯他人。真的，我們真不知當時地球上的居民中還有誰比他們更倒楣、更渺小。後來，尊嚴的真主帶來了伊斯蘭教，傳給他們《古蘭經》，使他們投入聖戰，給他們開闢生路，並使他們成為統治萬民的國王。」[38]

　　關於阿拉伯人的種族特徵，埃及學者艾哈邁德‧愛敏在《阿拉伯─伊斯蘭文化史》中描述說：

　　　　阿拉伯民族是神經質的民族，常常為了一點細小的事故而暴怒如雷，不可遏止。遇到個人的人格或部落的榮譽被損害時，立刻拔劍而起，犧牲性命也在所不惜。戰爭甚至成為他們平常的習慣和日常生活了。……蒙昧時代──甚至伊斯蘭時代──的阿拉伯歷史，無非是一系列戰爭的記載。歐麥爾為哈里發時，是伊斯蘭的黃金時代，他深切理解阿拉伯人的民族性，所以他全力向外發展，以防止內戰。

---

[38] [埃及]艾哈邁德‧愛敏著，納忠譯《阿拉伯─伊斯蘭文化史》第二冊，商務印書館，2001年，15頁。

　　　　阿拉伯人愛好平等。但是所謂「平等」，是指部落
　　和種族範圍內的平等。他們都以為自己的部落和民族才是
　　最優秀的民族。他們的土地那樣貧瘠，波斯、羅馬那樣
　　富饒，他們仍不肯承認波斯、羅馬的優越。所以征服了波
　　斯、羅馬之後，便以統治者看待被統治者的眼光去看待
　　他們。

　　　　阿拉伯人居住在沙漠區域，烈日如焚，雨水稀少，
　　空氣乾燥，……人們在這樣強烈的、美麗的、殘酷的大自
　　然之下生活，心性未有不馳思於仁慈的造物、化育的主宰
　　的。這或許可以解釋世界上大多數人信仰的三大宗教產生
　　於沙漠地區的祕密：猶太教產生於西奈沙漠，基督教產生
　　於巴勒斯坦，伊斯蘭教產生於阿拉伯沙漠。[39]

　　蒙昧時代的阿拉伯半島介於兩大文明帝國之間，東方是波斯
帝國也就是今天的伊朗，西方的東羅馬統治著包括今天的希臘、
土耳其、埃及在內的廣大地區。波斯人和東羅馬人為避免阿拉伯
貝都因人的襲擊擄掠，幫助邊境地區的阿拉伯游牧部落定居下來
從事農耕並建立城市，使他們成為替自己抵禦阿拉伯貝都因人襲
擊擄掠的屏障。波斯邊境的希拉王國和羅馬邊境的愛薩西奈王
國，便是這樣建立進來的。當時居住在包括敘利亞、黎巴嫩、巴
勒斯坦、約旦在內的大敘利亞地區的阿拉伯人，自稱是「沙姆」
人，他們使用的是阿拉米語和阿拉伯語混合的語言，他們認為自
己與漢志（又譯希賈茲，也就是今天的薩特阿拉伯）地區的阿拉
伯人之間只有商貿往來，而沒有其他關係。當時的阿拉伯商人，

---

[39]　《阿拉伯—伊斯蘭文化史》第二冊，48頁。

曾把波斯、羅馬、埃及、埃塞俄比亞的許多語彙，移植到自己的語言文字中，使之成為民族語言文字中的一部分，《古蘭經》中就採用了許多像這樣的語言文字。

　　早在伊斯蘭教興起之前的數百年甚至上千年間，猶太教已經傳入阿拉伯半島。猶太教徒在阿拉伯半島開闢了許多殖民地，伊斯蘭教興起後改稱為麥迪那的雅茲里布就是其中之一，猶太人早在阿拉伯人之前已經在這裡居住。猶太教徒在阿拉伯半島宣傳《聖經‧舊約》的教義和《聖經‧舊約》中關於創世、復活、賞善、罰惡的神話傳說和宗教故事，後來改奉伊斯蘭教的猶太人注解《古蘭經》時，也常常把《聖經‧舊約》裡的神話傳說和宗教故事攙雜進去。猶太教徒對於阿拉伯語言文字的影響也非常明顯，阿拉伯人原來所不知道的許多單詞和宗教術語，大都來自猶太教徒。

　　基督教的產生比伊斯蘭教早半個世紀，伊斯蘭教興起的時候，基督教已經成為羅馬帝國的國教並且廣泛傳播於世界各地。基督教派別很多，傳入阿拉伯的主要是兩大教派：聶斯脫利派（景教派）和雅各派（一性派）。伊斯蘭教產生之前，基督教的長老和教士到阿拉伯各市場宣傳基督福音並修建修道院，基督教的死後復活、賞善罰惡、天堂地獄之類的教義，已經紮根於阿拉伯人的心目之中。

　　對伊斯蘭教產生過直接影響的還有波斯地區的瑣羅亞斯德教和摩尼教。瑣羅亞斯德就是尼采筆下的古波斯人箚拉圖斯特拉，他於西元前6世紀創立的瑣羅亞斯德教又稱拜火教和襖教。據白魯尼的《遺跡》記載，摩尼約生於西元215或216年，本是哈蘭的一個修道士，看到人世間明暗混淆，善惡難分，就主張禁絕婚姻，以促使世界早日毀滅。摩尼勸人廉潔，每月必齋戒七日，並

制定許多拜功，禮拜之前先用水潔淨，然後肅立，面對太陽禮拜十二拜，每次禮拜都要心誦禱詞。摩尼又戒人殺生，認為殺生是殘忍的行為。摩尼教實際上是對於拜火教、基督教、佛教等宗教思想進行重新整合的產物，摩尼承認耶穌和瑣羅亞斯德是先知，自稱是耶穌所預告的先知和救世主。相傳波斯國王胡爾木茲曾信奉摩尼教，他的兒子拜赫蘭一世繼位後卻反其道而行之，不僅殺害摩尼，還驅逐了他的信徒。摩尼教曾經傳到法國南部，聖奧古斯丁起初就信奉摩尼教，後來才改奉基督教。在漫長的歐洲中世紀時期，摩尼教徒堅持傳播自己的宗教信仰，並以奉伊斯蘭教和基督教為名，在這兩大宗教的蔭庇包裝下祕密傳教。

第二節　聖戰帶來的民族融合

伊斯蘭的原意是和平，與戰爭、仇恨是反義詞，在《古蘭經》中，凡是順服真主阿拉、服從歷代先知的人，統稱信士和穆斯林。伊卜拉欣（亞伯拉罕）、穆薩（摩西）、爾撒（耶穌）、穆罕默德的宗教，都是伊斯蘭教，他們的信徒都是穆斯林。伊斯蘭教專指穆罕默德的宗教、穆斯林專指穆罕默德的信徒，是後來的事情。

伊斯蘭教把崇拜偶像、思想混沌的阿拉伯人的思想提升到了一個嶄新階段，並且用世界性的宗教觀念來超越蒙昧時代狹隘落後的部落思想和宗族觀念。《古蘭經》第四九章的「信士們皆為教胞」的另一種漢語翻譯，就是「全體穆斯林都是兄弟。」關於這層意思，穆罕默德在聖訓中講得更加明白：「每個穆斯林都是兄弟，所有穆斯林都是兄弟。一個人對他的兄弟只能赤誠相待。你們不要互相欺侮。」「阿拉伯人勝過外族人的只有虔誠的信

仰。」第二任哈里發歐麥爾也同樣說過：「如果哈齊法的釋奴薩利姆還活著，我必委以重任。」

蓄奴制度在伊斯蘭教產生之前就盛行於世，羅馬帝國的奴隸比自由人多三倍，羅馬的法律給奴隸主以處置奴隸的絕對權利。猶太教命人善待奴隸，限制蓄奴的限期為7年，7年期滿後便可以脫離奴籍成為自由人。蒙昧時代的阿拉伯人互相攻擊擄掠，擄掠來的男女便蓄為奴隸。阿拉伯人有許多買賣奴隸的市場，蒙昧時代和穆罕默德時代的奴隸，有黃皮膚的阿拉伯人也有非阿拉伯的黑種人及白種人，白種人多為阿拉伯半島周邊的波斯居民和歐洲居民。伊斯蘭教繼猶太教之後主張善待奴隸，鼓勵奴隸主釋放奴隸，規定釋放奴隸的行為是一種善功，可以贖很多的罪。奴隸主可以釋放自己的奴隸，給奴隸以自由。但是在釋奴者和釋奴之間，繼續保持叫作「瓦拉關係」的隸屬關係。聖門弟子中有許多人是奴隸出身：比拉勒原是埃塞俄比亞的黑人；賽爾曼原是白種波斯人；蘇海伯原是伊勒人，後被東羅馬人擄去，因長期居住在東羅馬，人稱「羅馬人」。穆罕默德曾把白人女奴賽綺絲贈送給漢撒・撒比特，賽綺絲原是埃及科普特人。奴隸主與女奴生育的孩子屬於奴隸主所有，生過孩子的女奴可以供主人享樂，但主人不能將她出賣或轉贈。主人死後，她便獲得自由。

奴隸與釋奴制度，在阿拉伯人的思想生活中產生了巨大影響。遭到武裝征服的地區的男女居民，被當作戰利品分配給阿拉伯軍隊，幾乎每一名士兵都佔有幾名男女奴隸，阿拉伯士兵可以隨便同女奴生孩子，從而在阿拉伯人的家庭中混入了波斯人、羅馬人、敘利亞人、埃及人、柏柏爾人的血緣成分。才邁赫舍利在《無辜人的春天》中介紹說，歐麥爾時代，聖門弟子們帶著波斯俘虜回到麥迪那，俘虜當中有三個女子是波斯國王葉茲德吉爾的

女兒。等到出賣俘虜的時候，歐麥爾命令將波斯國王的三個女兒一道出賣。阿里阻止說：帝王的女兒，不能跟市井的女子同樣看待。歐麥爾說：如何處置呢？阿里道：將她們加以教育，等到她們身價高貴時再匹配給人。阿里將一女配給歐麥爾的兒子阿布杜拉，一女配給自己的兒子侯賽因，一女配給艾布‧伯克爾的兒子穆罕默德。後來阿布杜拉生子撒林姆，侯賽因生子阿里‧宰伊尼‧阿比丁，穆罕默德生子葛西姆。撒林姆、阿里‧宰伊尼‧阿比丁、葛西姆，都是波斯國王葉茲德吉爾的外孫。

另據木邦利德在《全史》中介紹，麥迪那人最初討厭與女奴婚配，撒林姆、阿里‧宰伊尼‧阿比丁、葛西姆長大後都成為虔誠的人、有知識的人，而且勝過了麥迪那人。於是麥迪那人都樂意與女奴匹配了。

正是由於有許多被俘虜的外族奴隸及釋奴存在，聖戰勝利後的伊斯蘭民族，已經不再像穆罕默德生前那樣，是語言統一、宗教統一、理想統一的純粹阿拉伯民族，而是許多不同民族的集合體。各個民族在碰撞融合中互有勝負：有時是波斯人勝利，有時是阿拉伯人勝利，有時是羅馬人勝利。總體上說，阿拉伯人只獲得了「語言」和「宗教」兩方面的勝利，而在社會組織、政治制度、科學技術、學術研究等方面，明顯處於劣勢地位。

第三節　倭馬亞帝國的種族矛盾

塔巴里在《先知與帝王歷史》中介紹說，當歐麥爾決定攻打波斯時，阿拉伯人都很懼怕波斯人，不知道如何與波斯人作戰。伊斯蘭教誕生後，阿拉伯人雖然在聖戰精神武裝下很快戰勝了當時最為強大的兩個民族——波斯和羅馬，阿拉伯人狹隘落後的部

落精神並沒有澈底泯滅，於是便出現了兩種相互矛盾的社會傾向：一種傾向是極端維護本部落、本部族、本家族的利益；另一種傾向是用世界宗教的寬容精神超越阿拉伯民族的狹隘利益。

　　儘管《古蘭經》明確號召凡是穆斯林一律平等，但是阿拉伯人，尤其是倭馬亞王朝的阿拉伯人，仍然歧視已經得到釋放的奴隸。至少在這個方面，倭馬亞帝國的阿拉伯人並沒有遵循伊斯蘭教的基本教義。據伊本・阿布得・朗比在《珍奇的串珠》中記載：「穆阿威葉說：我看這般驢子（指波斯人和羅馬人種的釋奴）太多了，他們將會起來反抗阿拉伯人，奪取政權。我打算把他們殺掉一部分，將另一部分送去築街、修路。……後來穆阿威葉並沒有這樣做。」

　　另據艾布・法拉吉在《詩歌集》中記載，倭馬亞王朝時期，一個釋奴和賽里姆族的阿拉伯姑娘訂婚，後來又正式結了婚，穆罕默德・本・巴希爾・哈利及騎著馬跑到麥迪那，向麥迪那總督易卜拉欣・本・希沙姆・本・伊斯瑪儀告狀，總督便派人去這個釋奴家裡，把他和妻子隔離開，抽了他兩百鞭子，還把他的頭髮、鬍子、眉毛統統剃光。穆罕默德・本・巴希爾為此還寫過一首詩：「秉公裁判依教律，皆因你是執法人。鞭打二百示誡懲，刮去眉毛與鬍鬢。恩賜已有波斯女，貪心釋奴複何求。公正判決合情理，釋奴理當配奴婢。」倭馬亞王朝的重臣哈查吉更加嚴格地執行種族歧視政策，在奈伯特人手上一律打上手印，明顯違背了穆罕默德生前對待奴隸和釋奴的態度。[40]

　　對於阿拉伯人與來自外族的女奴所生育的混血子女，阿拉伯人同樣加以歧視，稱他們是「雜種」。伊本・古太白在《史事

---

[40]　《阿拉伯—伊斯蘭文化史》第二冊，20頁。

泉源》中講到這樣一個故事：有一個阿拉伯人，走到法官賽瓦爾跟前說：我父親去世了，留下我和弟弟（邊說邊在地上劃上兩根線），還有一個雜種（說著又在另一邊劃上一根線）。我父親的財產應該怎樣分呢？法官說，如果沒有別的繼承人，就把錢分成三份。這個阿拉伯人說：我想你沒有聽懂我的意思，我是說，父親留下我、我弟弟和一個雜種。賽瓦爾說：錢在你們三人之間平分。這個阿拉伯人說：難道雜種跟我們兄弟拿一樣多的錢嗎？賽瓦爾說：是的。阿拉伯人勃然大怒，對法官說：「以真主的名義起誓，你的母親不是阿拉伯人。」

正如埃及學者艾哈邁德·愛敏所說：「倭馬亞政權確實不是伊斯蘭政權。伊斯蘭政權主張人人平等，善有善報，不管是阿拉伯人還是釋奴都是一樣。而倭馬亞政權下面，統治者不是百姓的公僕，統治阿拉伯人思想的不是伊斯蘭的觀念，而是蒙昧時代的觀念。」[41]

令人欣慰的是，在當年的宗教界和學術界，自由平等的觀念佔據著主導地位。當年的學者，不管是異族的釋奴，還是阿拉伯人，都以學術成果來為自己增光添彩。對於聖門弟子和再傳弟子中的釋奴，人們像尊敬阿拉伯人一樣尊敬他們，只有宗教信仰和學術成果才能區別他們的地位高低。

與阿拉伯人的宗派主義相抗衡的是釋奴——尤其是釋奴中的波斯人——的宗派主義，他們對阿拉伯人的勝利感到疑惑不解，有人說這是由命運開的玩笑。在阿拉伯人面前，他們為昔日的光榮感到自豪，他們是偉大文明的主人，最善於治國安邦。阿拉伯人統治國家不能沒有他們的幫助。到了倭馬亞王朝末期，受壓迫

---

[41] 《阿拉伯—伊斯蘭文化史》第二冊，23頁。

的農民、奴隸、手工業者和對倭馬王朝心懷不滿的波斯貴族，與擁護阿里家族的什葉派信徒主動聯合，在恢復穆罕默德的伯父阿巴斯的後裔的權力地位的號召下，發動了反對倭馬亞王朝的鬥爭，史稱「阿巴斯號召」。

　　呼羅珊是「阿巴斯號召」的發源地。當時的呼羅珊是一片很大的地方，比今天伊朗的霍臘散地區面積大一倍，木達爾人和葉門人的王公貴族統治著這個地區，實行的是阿拉伯式的部落統治。這種情況加劇了波斯人對於阿拉伯人、葉門人和木達爾人的仇恨。隨著「阿巴斯號召」的發展壯大，最終導致倭馬亞王朝的垮臺和阿巴斯王朝的建立。波斯人因此實現了他們的部分願望，阿巴斯王朝的哈里發，以及學者和歷史學家，都相信阿巴斯王朝是建立在波斯人的肩膀之上的，以至於歷史學家把波斯勢力的增長和阿拉伯勢力的削弱，視為阿巴斯時代的一種顯著特點。

第四節　阿巴斯帝國的繁榮與異化

　　正式任用釋奴擔任公職的情況在倭馬亞帝國很少見，絕無僅有的幾次任命也曾經引起過公憤。然而，在倭馬亞時代極其罕見的事情，到了阿巴斯時代卻變得司空見慣。買斯歐迪在《黃金草原》中介紹說，曼蘇爾率先任用釋奴、僕役擔任公職，委以重任，並使其地位高於阿拉伯人。從他兒子起，以後的歷任哈里發均紛紛效仿，從此，阿拉伯人的權勢、地位喪失殆盡，阿拉伯民族沉淪、滅亡了。

　　阿巴斯王朝的哈里發們對伊斯蘭教的態度十分狂熱，他們反對宗教信仰上的「偽信」，卻不與外族人的意識形態作堅決鬥爭。之所以會出現如此情況，是因為他們中的大多數人都是混血

兒。到了伊斯蘭教曆三、四世紀，外族人已經熟練掌握阿拉伯語，他們用阿拉伯語寫作的反對種族歧視、要求種族平等的詩歌日益增多。開風氣之先的是白沙爾・本・布林迪開，接踵而來的是著名詩人迪庫・金尼。據阿布・努瓦斯的《詩歌集》介紹：迪庫・金尼狂熱而執著地反對阿拉伯人，說什麼阿拉伯人對我們沒有任何恩德，我們和他們一樣都是伊卜拉欣的後裔，都信奉伊斯蘭教。阿拉伯人若殺死我們的人，必以命抵命。在伊斯蘭教中，我們並沒有看到至高無上的真主將他們置於我們之上。

波斯人原本是來自歐洲大陸的白種人，與阿拉伯半島和中東西亞的黃種人並不是出於同一個人種體系。但是，波斯穆斯林偏偏仿照猶太人的《聖經・舊約》中的神話傳說，宣稱波斯人是易司哈格・本・伊卜拉欣的後裔，阿拉伯人是伊斯馬儀・本・伊卜拉欣的傳人。易司哈格是自由女人薩拉的兒子，而伊斯馬儀是女奴哈哲爾的兒子。既然波斯人是自由人的後裔，而阿拉伯人是奴隸的後裔，前者自然比後者更加優越和高貴。波斯穆斯林還在波斯籍的聖門弟子賽爾曼身上大做文章，說是穆罕默德有過這樣的聖訓：賽爾曼是我們家族的人，賽爾曼告訴穆罕默德挖壕溝的方法，從那時起，阿拉伯人才知道怎樣在戰爭中使用戰壕。在這方面，阿拉伯人欠了波斯人的債。在阿拉伯人占統治地位的阿巴斯王朝裡，波斯穆斯林的這種表現，其實是一種阿Q式的精神勝利法。

從另一個角度來看，阿拉伯穆斯林中的極端成員與波斯穆斯林之間恰好是針鋒相對的，他們編造許多聖訓來宣揚阿拉伯人的功德，號召人們熱愛阿拉伯人。同為穆斯林的阿拉伯人和波斯人之間，就這樣積累了無窮無盡的種族仇恨。1980年9月22日伊拉克出兵伊朗，伊拉克總統薩達姆就是利用阿拉伯人與波斯人之間

積蓄了上千年的民族仇恨來發動伊斯蘭教的宗教聖戰的；伊朗方面的伊斯蘭教精神領袖霍梅尼，同樣以聖戰名義組織敢死隊來反擊伊拉克的穆斯林軍隊。

伊斯蘭教興起之前，阿拉伯人本來住在無垠的廣漠裡，當時的詩人伊姆拉‧蓋斯是這樣歌詠愛情的：「共乘駝轎，情語綿綿；駝鞍有情，左右款擺。」其中頗有中國《詩經》的古樸風味。而阿巴斯時代的情詩，堪比中國宋詞元曲中的豔詞淫調：「小眠之後，黑夜將我倆聚在一起，一顆心兒緊貼住另一顆心，我倆同度春宵。如將杯酒澆注我倆人緊貼的心窩，也不會漏下一滴到地上。」

波斯自古產生逍遙派和自然派的詩人，清談宴飲，沉浸享樂，從王宮大臣到中上之家大都半天作樂、半天工作。巴格達原為波斯舊地，是來自世界各地的各色人等交流混雜的地方。阿巴斯王朝特別重用波斯人，廣泛接受了波斯文化的影響。《一千零一夜》中所描寫的就是波斯情調的巴格達。在阿巴斯時代，巴格達是阿拉伯帝國的首都，也是各民族神往的地方，它既是波斯貴族的聚居地，又是中國、印度、羅馬等外族移民的落腳點。各個民族中最為優秀的奴隸工匠，也被送到這裡展示其各自民族的文學藝術和科學技術。在每一個時代，歌唱家都是歡樂的中心和淫蕩的根源，阿巴斯帝國毫不例外，打開阿布‧努瓦斯的《詩歌集》，充斥其中的幾乎全部是醇酒美人的尋歡作樂、醉生夢死。

查希茲約出生於西元776年，死於西元869年，是阿巴斯帝國著名的作家和科學家，他在《書信集》中曾經歷數各民族的特長：

中國人擅長手工藝，什麼鑄造、熔煉、花樣翻新的印染、旋工、雕刻、繪畫、織布，無一不精。希臘人善於

雄辯，而不好動手，精通格言和文學。阿拉伯人又有所不
同，他們既非商人，又非工匠；既非醫生，又非會計；既
不務農，這樣可以免於吃苦受累，又不種地，這樣可以免
繳租稅……；既不靠在秤上耍手腕謀生，又不懂銀錢出納
和度量衡，只有在他們把興趣轉向吟詩作詞、巧言舌辯、
語言變化、跟蹤調查、傳播資訊、背誦家譜，以星辰辨別
方向，以遺跡認明道路，探究事物之本，鑒別良馬利劍，
背誦口頭文學，領悟客觀事物，判斷好壞優劣時，才能得
心應手。薩珊家族的特點是精通統治術和政治，而土耳其
人則擅長騎馬打仗。當然，並非全體土耳其人都驍勇善
戰，正如不是每個希臘人都善於思索，每個中國人都心靈
手巧，每個阿拉伯人都出口成誦一樣，只是某一個特點在
某一個民族身上表現得更普遍、更完全、更明顯、更持久
罷了。[42]

　　當談到非洲黑人和印度人時，查希茲寫道：「（非洲黑人）
不用訓練，天生就會按照音樂節拍擊鼓跳舞。世界上沒有哪個民
族比他們的嗓音更美妙。……印度人以數學、占星、醫術、旋
工、木工、繪畫及種種奇巧工藝聞名。」
　　與非阿拉伯人相比，阿拉伯婦女在人數上處於明顯劣勢，因
此，阿拉伯人與非阿拉伯人通婚的欲望非常強烈。他們喜歡外族
女奴勝過本民族的自由女性，原因無非是兩個方面：一是被征服
民族的多數婦女比阿拉伯婦女容貌秀麗。文明富裕的生活、舒適
的自然環境給她們增添了姿色，白白的皮膚、金黃的頭髮、碧藍

---

[42]　《阿拉伯—伊斯蘭文化史》第二冊，6頁。

的眼睛，美不可言。另一個原因是當阿拉伯男子與自由女性結婚時，男人根本看不到他要娶的那個女人，只能聽媒婆信口開河地胡吹亂捧，男女雙方很可能在性格情趣上根本合不來。而女奴就不同了，男人在佔有某個女奴之前總能看到她的面孔。阿拉伯人中有一種廣為流傳的說法：「女奴可以自由買賣，自由女人卻是男人脖子上的枷鎖。」

　　另據查希茲的《書信集》介紹：「巴士拉人最喜歡印度婦女、少女和古拉地方的女人；葉門人最喜歡埃塞俄比亞婦女和少女；沙姆人最喜歡羅馬婦女和少女。每個民族都喜歡被自己民族俘獲的女人，只有個別例外，而例外是沒有標準的。」

　　阿巴斯王朝前期蜚聲希賈茲和伊拉克的女歌唱家，多是麥迪那出生的混血兒。麥迪那的混血女子，父親一般都是阿拉伯人，母親一般都是非阿拉伯人。如果考察一下阿拉伯學者和文學家的身世以及他們祖先的種族，就會發現他們中的許多人的父母都是混血兒，還會發現呼羅珊的混血兒乃至所有非阿拉伯人居住地的混血兒，都以勇敢著稱。

　　阿巴斯時期的猶太人仍然維持其傳統習慣不與外族人通婚；基督徒仍然恪守其宗教儀式和習俗；拜火教徒仍然在修築祭壇、點燃聖火。不管是穆斯林還是基督徒、猶太教徒都蓄養奴隸，而納妾對於猶太教徒和基督徒來說，卻是不合法的事情，只有少數人敢於違法納妾。據查希茲的《動物志》介紹，當亞美尼亞教長台瑪努聽到基督徒奧甯・伊巴迪納妾之後，想宣布他的行為非法。奧甯知道後賭咒發誓威脅亞美尼亞教會說：如果台瑪努果真宣布他非法，他就皈依伊斯蘭教。

　　東羅馬拜占庭帝國禁止非基督徒佔有基督徒奴隸，穆斯林卻允許猶太教徒和基督徒佔有穆斯林奴隸。當時的伊斯蘭教王國的

奴隸買賣與其他國家一樣十分盛行，巴格達就有一條奴隸街專事奴隸買賣。在巴格達有許多有名的奴隸販子，他們之所以出名是因為手上有一批姿色上乘的女奴，使詩人和文學家趨之若鶩。阿布·法拉吉在《詩歌集》中介紹說，庫法城裡有一位奴隸販子叫伊本·拉明，養了一些最優秀的歌女，吸引了許多青年人到他家花錢聽歌。當他帶著歌女赴麥加朝覲時，一位詩人寫道：「長歌問拉明，情人苦可知；身在魂去日，受罪世間時。你去朝聖地，歌女眾相隨。斥聲牧駝人，毀情理難持。如此風流客，羅馬中國無處尋。」

一個男人與自由女人及女奴分別生育了孩子，自由女人生的孩子在女奴的孩子面前總是要傲慢地宣稱：自己的血管裡沒有奴隸的血液。穆罕默德·艾敏和馬蒙的情況就是這樣，他們是國王拉希德的兒子，艾敏的母親是自由女人，而馬蒙的母親是女奴。

據塔巴里在《先知及帝王歷史》中介紹，阿巴斯帝國哈里發的宮殿中釋奴充斥、宦官眾多。在後宮使用宦官並不是阿拉伯人的習慣，而是從東羅馬的拜占庭人那裡學習來的。穆罕默德·艾敏登基後，高價購買了大批太監，白天黑夜跟他們廝混在一起，吃、喝全由他們侍候，命令也由他們傳達，連自由女人和女奴都不要了。他終日尋歡作樂、醉生夢死，直接導致自己被同父異母的兄弟馬蒙所推翻顛覆。

伊斯蘭教是反對飲酒的，對酗酒更是明令禁止。《古蘭經》第五章有這樣一節經文：「通道的人們啊！飲酒、賭博、拜像、求籤，只是一種穢行，只是惡魔的行為，故當遠離，以便你們成功。惡魔惟願你們因飲酒和賭博而互相仇恨，並且阻止你們紀念真主，和謹守拜功。你們將戒除（飲酒和賭博）嗎？」

然而，阿拉伯人古老的飲酒傳統並沒有因為《古蘭經》的

明令禁止而澈底中斷，隨著伊斯蘭聖戰的勝利和阿拉伯帝國的繁榮，阿拉伯人不僅從其他民族那裡引進了許多種類的釀酒方法，而且引進了許多種類的飲酒風尚。阿巴斯人上臺後，酒的種類和飲酒的花樣變得更多，人們常常聚在一起觥籌交錯、尋歡作樂。希賈茲（也就是今天的薩特阿拉伯）和伊拉克都是以飲酒出名的，正如詩歌中所描寫：「縱情歡歌希賈茲，舉杯痛飲伊拉克。」阿巴斯時代著名的阿拉伯詩人伊本・魯米寫道：「伊拉克准飲色酒，白酒酩酊屬禁規。希賈茲色白全是酒，說法不一同醉人。吾取酒字暢懷飲，罪犯、犯罪難區分。」另一位享樂主義詩人艾蔔・努瓦斯更加明目張膽地賦詩說：「禁忌、禁忌只管說，禁忌之中好快樂。暢飲白酒照直說，切莫背人偷偷喝。」

第五節　阿拉伯帝國的文化事業

東方有偏向冥索虛玄、探求神跡、追求自然的習慣，西方有長於精細的研究、深刻的探求的精神，這兩種文化的融合貫通，便產生了在埃及亞歷山大流行的特殊思想。被穆斯林軍隊先後征服的埃及、馬格里布、西班牙、敘利亞都是信奉基督教的西方國家，繼亞歷山大之後崛起的世界文化中心，是阿巴斯王朝的首都巴格達。

哈里發時代的伊斯蘭教文化建設，集中體現在《古蘭經》和穆罕默德聖訓的搜集整理及研究注解方面。「聖訓」指先知穆罕默德的言語和作為，穆罕默德去世以後，聖門弟子所傳述的言行也被列入聖訓的範圍。《古蘭經》裡有許多經文的意義比較空泛含糊，穆罕默德的許多聖訓就是用來補充解釋這些經文的。據艾蔔・賽德的傳述，穆罕默德曾經說過：「你們莫記錄我的言行，

誰寫了《古蘭經》以外的東西，叫他抹去。傳述我的言行，是無妨的；假託我的名故意捏造的，讓他身陷火獄。」

正是藉著聖訓的研究與傳述，各種學術文化得以在伊斯蘭世界廣泛傳播。伊斯蘭歷史中的聖戰事蹟、人物傳記和民族傳統，最初就是採取聖訓的方式流傳各地並被編輯成書的。

伊斯蘭教興起之前，麥加地區的行政管理及司法裁判制度，已經具有相當的規模。麥加人把公共職務分為十項，由十個支族分別管理。如管理天房者、管理泉水者，招待外賓者、主持軍事者、執掌旗幟者……在種種職務的分配中包括有司法裁判的職務。第一任哈里發阿布・伯克爾就曾經擔任裁判職務，古萊什人的抵償金和罰金也由他管理。古萊什人的各部族還共同組織了一個聯盟會議，人們通過聯盟來保護麥加人和外來人，不論是遠親或近鄰，不論是自由人或奴隸，來到麥加都可以受到保護。古萊什人保障所有人的正當權利，有人受到冤枉時必須為他伸張正義。

在伊斯蘭教以前，麥迪那城邦在律例方面也具有相當規模，因為麥迪那人當時與猶太人雜居，猶太人根據《聖經・舊約》和對於《聖經・舊約》的相關注釋創造了不少律例。他們在日常事務中就是遵循猶太教律例來相互約束的。

伊斯蘭教興起後，對於阿拉伯蒙昧時代的法律習慣有承認的，有否認的，也有更改的。穆罕默德在麥迪那居住了十年，這十年也是伊斯蘭教真正的立法時期。這個時期的《古蘭經》包括了若干律例，並且產生暸解釋新生事件的相關聖訓，為後起的阿拉伯帝國提供了立法依據。

阿巴斯帝國的繁榮時期正是歐洲基督教國家最為黑暗的中世紀，據梅茲在《伊斯蘭教的興起》中介紹，中古時代，伊斯蘭

國家與基督教歐洲的區別在於：大批信奉伊斯蘭教以外其他宗教的人生活在伊斯蘭國家裡，但穆斯林在歐洲卻無法生存。此外，在伊斯蘭國家裡，基督教的教堂、修道院林立，似乎不屬於政府權力的管轄範圍，好像是國中之國，享受著穆斯林給予的種種權利，從而出現了一種中世紀歐洲所不能想像的和睦氣氛。猶太教徒與基督徒完全擁有信仰自由，但是，改奉伊斯蘭教之後又背叛教義者必被處死。在東羅馬的拜占庭帝國，凡改奉伊斯蘭教者，則一律處死。

　　當時，在敘利亞從事金融交易的多是猶太人，而巴格達宮中的禦醫多是基督徒。穆斯林與他們混雜在一起，甚至把他們當成朋友，這與倭馬亞王朝時期的宗教對立和種族歧視大不相同。

　　基督教會禁止男女基督徒與外教人通婚，除非對方改奉基督教；伊斯蘭教只是禁止伊斯蘭女子與非穆斯林結婚，男穆斯林可以同保持原有宗教信仰的基督教或猶太教的女子結婚。穆斯林男子與猶太教、基督教女子結婚生育之後，這些女子有的皈依了伊斯蘭教，有的仍信奉原來的宗教，這也是穆斯林與基督徒和猶太教徒密不可分的一個主要原因。關於此事，《古蘭經》第五章中有這樣的經文：「今天，准許你們吃一切佳美的食物；曾受天經者的食物，對於你們是合法的；你們的食物，對於他們也是合法的；通道的自由女，和曾受天經的自由女，對於你們都是合法的。」

　　西元9世紀，阿巴斯人和東羅馬拜占廷帝國的關係有所緩和，交通暢通，商旅發達，國庫充實，為翻譯古代希臘、羅馬、波斯、印度的文化典籍提供了經濟基礎和國際環境。到了馬蒙任第七代哈里發的西元813年至833年期間，譯書事業達到頂峰，從而有了中世紀著名的「翻譯運動」。

　　據傳說，馬蒙在夢中見到古希臘哲人亞里斯多德，並提出一連串問題。問：什麼是美？答：美在智慧。問：還有呢？答：美在法律。問：還有呢？答：美在民眾。問：還有呢？僅此而已。這個夢表明了馬蒙對於古希臘文明的神往之情，同時也促成了「翻譯運動」的蒸蒸日上。西元830年，馬蒙專門在巴格達建立一座被稱為智慧宮的綜合性學術機構，用阿拉伯文大量翻譯古代希臘、羅馬、波斯、印度的哲學、文學、醫學及其他著作，同時大力發展阿巴斯帝國的經注學、聖訓學、教義學、法學哲學、科學、文學的研究工作。也許是歷史的巧合，西元8世紀，源自中國的造紙術傳入阿拉伯，大大便利了記錄、謄抄、校正、詮釋、著作、翻譯等工作，對阿拉伯——伊斯蘭文化的迅速發展，發揮了巨大作用，並且為歐洲的文藝復興運動積累了寶貴的文化遺產和文化資源。

　　總之，在阿巴斯王朝時代，來自世界各地的外來文化和外來宗教已經滲入到廣大穆斯林的社會生活之中，成為伊斯蘭—阿拉伯文化中的有機組成部分。如果與倭馬亞王朝作一比較，就會發現阿拉伯帝國的擴張和伊斯蘭教的傳播，大都是在倭馬亞王朝完成的，阿巴斯王朝並沒有為擴大伊斯蘭世界的版圖做出太大的貢獻，而是在大規模的文化交流和宗教融合方面做出了不可磨滅的貢獻。正如美國歷史學家希提在1937年出版的《阿拉伯通史》中所說，歐洲人幾乎完全不知道希臘的思想和科學之際，這些著作的翻譯工作已經完成了。當拉西德和馬蒙在鑽研希臘和波斯的哲學的時候，與他們同時代的西方的查理大帝和他的伯爵們，還在邊寫邊塗地練習他們自己的姓名呢。講阿拉伯語的各國人民是一神教的發展者，是與西方分享希臘——羅馬文化傳統的人民，是在整個中世紀時期高舉文明火炬的人物，是對歐洲文藝復興做出

慷慨貢獻的人們。[43]

　　已故美國前總統尼克森在絕筆之作《抓住時機》中也曾經表示說：當歐洲還處於中世紀的蒙昧狀態的時候，伊斯蘭文明正經歷著它的黃金時代，幾乎所有領域裡的關鍵性進展都是穆斯林在這個時期裡取得的。當歐洲文藝復興時期的偉人們把知識的邊界往前開拓的時候，他們所以能眼光看得更遠，是因為他們站在穆斯林世界巨人們的肩膀上。

第六節　十字軍東征的前因後果

　　西元324年，羅馬皇帝君士坦丁戰勝了東羅馬皇帝李錫尼，從政治上統一了羅馬帝國，並將古希臘的殖民地城市拜占庭改名為君士坦丁堡。325年，君士坦丁親自出面召集近300名羅馬各地的主教，在尼西亞召開基督教歷史上的第一次「基督教普世主教會議」，開啟了由羅馬皇帝裁決宗教爭端的先例。329年，羅馬皇帝狄奧多西以羅馬帝國的名義正式宣布基督教為國教。359年，狄奧多西將帝國分給兩個兒子，東羅馬帝國以君士坦丁堡為首都，又被稱為拜占庭帝國；西羅馬帝國以羅馬為首都。羅馬教皇與君士坦丁堡普世牧首的權位之爭，也由此拉開帷幕。

　　西元455年，日爾曼民族中的汪達爾人洗劫了羅馬城，西羅馬帝國滅亡，野蠻落後的日爾曼人由此登上歷史舞臺。496年，據說因祈求上帝保佑而在戰爭中反敗為勝的法蘭克國王克洛維改信天主教，並且在兩年後率領3000名將士接受洗禮。以此為開端，日爾曼人的諸多國王紛紛皈依天主教，天主教的國教地位在

---

[43]　[美]希提著，馬堅譯《阿拉伯通史》上冊，商務印書館，1979年，368頁。

歐洲大地得到確認。

東羅馬帝國又被稱為拜占庭帝國，它的疆土大部分在歐洲東部以外的亞洲和非洲，由於擁有人力、物力、資源十分充沛的小亞細亞地區，再加上君士坦丁堡三面環水易守難攻，在長達1000年的歷史中擊退了一次又一次的外來入侵，同時也導致了東羅馬的固步自封和長期停滯。在伊斯蘭教早期的聖戰擴張中，拜占庭帝國雖然喪失了幾乎全部的殖民地，帝國本土卻相對穩定，成為歐洲大陸與伊斯蘭世界之間的最大屏障。

西元756年，羅馬教皇與法蘭克國王的篡位者丕平建立緊密的政治同盟，丕平把羅馬城周圍的大片國土貢獻給教皇，由此形成歐洲大陸第一個基督教神權國家。正是在羅馬教皇國的鼎盛時期，先後出現了歐洲中世紀最為黑暗可恥的十字軍東征和異端裁判所。

十字軍東征並不是一個偶然事件，而是有著某種客觀必然性的歷史過程。隨著基督教的廣泛傳播，上帝之道深入人心，前往《聖經·新約·啟示錄》中所說的「從天而降的聖城耶路撒冷」，親自在「城的光裡行走」，成為基督徒的最大心願。於是，西元1065年出現了由一位主教帶領7000多個日爾曼信徒組成的朝聖隊伍。不過，此時的耶路撒冷不僅僅是猶太教和基督教的聖地，同時也是伊斯蘭教的聖地。被命名為「夜行」的《古蘭經》第十七章中，有真主阿拉「在一夜之間，使他的僕人，從禁寺行到遠寺」的介紹，禁寺就是麥加的天房克爾白，「遠寺」就是耶路撒冷的禮拜聖地，阿拉的「僕人」就是穆罕默德。

據經注家介紹，穆罕默德布道第十二年——也就是西元621年即伊斯蘭教曆7月27日——的前夜，睡在麥加禁寺附近的穆罕默德，被天使吉卜利里喚醒，乘天馬飛抵耶路撒冷，在那裡升上

七層天，會見了阿丹、葉哈雅、爾撒、優素福、易德里斯、哈倫、穆薩和易卜拉欣。他在率領眾先知禮拜之後又幾次祈求真主，受命每日禮拜5次，於黎明時分返回麥加。這就是伊斯蘭教關於穆罕默德「登霄」的「聖訓」傳說，今天的耶路撒冷猶太人的哭牆，就是穆罕默德「登霄」的起點，耶路撒冷因此與麥加和麥迪那並列為伊斯蘭教的三大聖地，穆斯林還把伊斯蘭教曆的7月27日稱為「登霄節」。

西元637年，阿拉伯人佔領耶路撒冷，在聖殿山修建禮拜寺岩石殿，也就是今天的阿克薩禮拜寺，從此以後，耶路撒冷在大多數的歲月裡都處在信仰伊斯蘭教的阿拉伯人的控制之下。好在伊斯教對基督教並沒有太多的敵意，基督教朝聖者也沒有奪取它的打算，最初的基督教徒朝聖活動並沒有受到限制。

隨著西班牙和北非分別於西元8世紀中葉和9世紀初相繼脫離巴格達的中央政府，並且建立起兩個獨立的哈里發國家──後倭馬亞王朝和法蒂瑪王朝──伊斯蘭教世界形成三足鼎立之勢。各行省的總督和其他地方政權也紛紛效法，先後建立許多的地方公國，這些地方政權只在形式上承認阿巴斯王朝哈里發的宗主權。西元945年，布維希人佔領巴格達，建立置阿巴斯王朝哈里發於傀儡地位的布維希王朝。1055年，塞爾柱突厥人攻佔巴格達，建立同樣置阿巴斯王朝哈里發於傀儡地位的塞爾柱王朝。1077年，正在猛攻拜占庭帝國的塞爾柱突厥人派兵佔領耶路撒冷，通過向朝聖者徵收高額費用來應付前線的軍費開支。到了1085年，日爾曼基督教徒前往耶路撒冷聖地的道路被完全切斷。

西元1095年，已經橫掃拜占廷帝國的塞爾柱突厥人因大蘇丹去世而土崩瓦解，拜占廷皇帝阿列克修一世向羅馬教皇烏爾班二世求助，希望對方幫助徵募雇傭軍，烏爾班二世也想趁機實現

統一基督教的夢想。恰好在1087年至1095年間，西歐各國連續7年發生大饑荒，大批貧苦農民負債累累，為組織發動大規模聖戰提供了充分的人力資源。1095年11月，羅馬教皇烏爾班二世在法國克萊蒙召開會議，向在場的宗教人士和普遍民眾發出聖戰號召：「積極加入出征行列，以贖清自身的罪孽，永保天國不朽的榮譽！一切有封爵等級的人，乃至所有的騎士、士兵、富人和窮人，都必須迅速地給予東方基督教徒以援救！」

1096年8月，由法蘭西和義大利兩國的王公貴族組建的以騎士為核心的十字軍陸續出發，總人數在25000至30000之間，經過連續奮戰，十字軍於1099年夏天攻佔耶路撒冷，隨後以搶劫屠殺來歡慶聖地的收復，共屠殺城中居民7萬多人，並按照法蘭西帝國的封建模式建立了耶路撒冷拉丁王國。

第一次十字軍東征的勝利使得整個歐洲一片歡騰，一些參加聖戰的騎士帶著大量搶掠來的財物回到家鄉，受到英雄凱旋般的歡迎；更多的聖戰騎士留在當地，成為4個十字軍國家的統治者。正如一個隨軍的修道士所介紹：「在歐洲只擁有一個村莊的騎士，現在成了一座城市的領主；原來只有幾個同伴的，現在成了大富翁。在這裡應有盡有，誰也不願回歐洲了。」

十字軍搶劫屠殺的對象並不限於伊斯蘭教徒，還包括他們出兵時聲稱要給予援助的東正教教徒。每一個騎士在得到土地的同時，還把當地信仰伊斯蘭教的穆斯林連同基督教的東正教徒，變成他的奴隸。造成這一現象的原因其實很是簡單：幾乎所有的聖戰者都不是善良之輩！關於此事，羅馬教皇烏爾班二世另有說法：「讓那些十分兇狠地因私事同別人爭鬥的人，現在為了上帝去同異教徒鬥爭吧！讓那些過去做過強盜的人，現在去為基督而戰吧！讓那些過去與自己的親朋和兄弟爭鬥不休的人，現在去同

那些褻瀆聖地的蠻族戰鬥吧！讓那些為了微薄的工資而拼命勞動的人，在東方的征途中去取得報酬吧！」

西元1096年十字軍第一次東征時，阿巴斯王朝已經名存實亡。1127年，伊馬頓丁・贊吉建立贊吉王朝，領導伊斯蘭軍隊在伊拉克境內的摩蘇爾地區抵抗十字軍，並於1130年攻克十字軍佔領的敘利亞城市阿勒頗。1169年，贊吉王朝國王努爾丁派遣希爾庫率軍進入埃及，協助法蒂瑪王朝抗擊十字軍入侵，努爾丁的侄子薩拉丁因戰功卓著而出任法蒂瑪王朝的首相，並於1171年廢黜法蒂瑪王朝哈里發，自任阿尤布王朝蘇丹。1174年，贊吉王朝國王努爾丁去世，薩拉丁乘機北上，在大馬士革成立薩拉丁帝國。1175年，薩拉丁向十字軍發起進攻，佔領耶路撒冷和沿海各商業城市。1189年，薩拉丁同第三次東征的十字軍展開激戰，並於1192年迫使擔任十字軍主帥的英國「獅心王」理查一世簽訂休戰條約，伊斯蘭帝國因此出現了短暫的中興景象。

十字軍東征中最離奇的現像是童子軍的出現。1212年，法國的10歲牧童斯特凡宣稱喬裝成朝聖者的基督耶穌在夢中向他顯靈，並且讓他轉交一封給法國國王的書信，要求收復聖地耶路撒冷。於是，斯特凡前去向國王傳達這一據說是基督耶穌的要求，一路上吸引了許多像他一樣大的孩子。最後，一共有30000多名男女兒童在斯特凡帶領下來到馬賽港，準備橫渡大海前往耶路撒冷，一些孩子因為沒有看到當初摩西帶領以色列人出埃及時出現海中之路的奇跡而失望回家，另一些被奴隸販子騙上海船在大風暴中葬身海底，僥倖生存的則被賣到埃及的奴隸市場。與此同時，德國科隆也出現了20000名兒童組成的童子軍，他們在義大利境內失散後，只有一少部分來到羅馬見到了教皇英諾森三世。童子軍的悲劇促使這位教皇於1213年召開了第十二次基督教普世

主教會議，要求各國國王立即休戰4年，以便再次組織第五次十字軍東征。也正是在這次會議上，確定了教皇政教合一的專制地位，直接導致十字軍由外戰轉為內戰的嚴重後果。到了1229年，羅馬教皇舉行土魯斯會議，決定禁止沒有擔任聖職的任何平民信徒購買並擁有《聖經》，除非教皇允許，禁止使用民族語言翻譯《聖經》，同時還宣布成立製造宗教恐怖的異端裁判所，歐洲中世紀最黑暗的200多年由此開始。

繼薩拉丁帝國之後，在中亞地區也就是中國西部的西域地區崛起了另一個伊斯蘭教國家花剌子模，都城位於今天的土庫曼斯坦共和國境內的尼亞烏爾根奇。西元1215年，花剌子模蘇丹阿拉丁・穆罕默德派遣使團來到東方，刺探在東亞草原迅速崛起的蒙古國的實力，蒙古國王成吉思汗也派出使團回訪花剌子模。1218年，成吉思汗派出以當地穆斯林為主的龐大商隊，攜帶致花剌子模蘇丹阿拉丁・穆罕默德的信件前往中亞地區，在今天的烏茲別克斯坦塔什干附近一個叫訛答剌的邊境城市被扣押，阿拉丁・穆罕默德得到消息，命令沒收貨物並殺掉商人。成吉思汗派出三個使者前往花剌子模要求賠償，為首的使者被阿拉丁・穆罕默德處死，另外兩個被剃去鬍鬚後驅逐出境。成吉思汗得到消息，於1219年統帥20萬大軍親征花剌子模。1220年2月，成吉思汗率軍抵達不花剌城，守軍棄城逃走，當地的教長和紳士獻城投降。成吉思汗入城後，乘馬直驅禮拜寺，大擺宴席慶功狂歡，蒙古軍隊用保存《古蘭經》的經箱當馬槽，並把《古蘭經》拋棄在地上縱馬踐踏，內城中不願投降的3萬多人，更是被殘酷殺害。關於蒙古軍隊長達半個世紀的西征，《多桑蒙古史》介紹說：「蒙古兵多用詐術，不惜為種種然諾，誘敵開城，城民之過於輕信開城乞降者，蒙古軍則盡屠之。雖然先發重誓，許城民不死，亦然。凡

大城皆不免於破壞，居民雖自動乞降，出城迎求蒙古兵之悲憫者，仍不免於被屠。蓋蒙古兵不欲後路有居民，而使其有後顧之憂也。此輩不重視人命，僅見有立時之鹵獲，與其畜群之牧地而已。」

　　成吉思汗的兒子蒙哥繼位後，派遣弟弟旭烈兀向西推進，於1258年2月10日攻克巴格達，阿巴斯王朝第三六代哈里發穆斯塔辛出城投降。11日，蒙古軍隊入城燒殺搶掠，死難者達80萬人。20日，哈里發穆斯塔辛被處死，阿巴斯帝國澈底滅亡。

　　蒙古軍隊對於阿拉伯國家和伊斯蘭世界的毀滅性打擊，並沒有阻止伊斯蘭教的傳播，不少蒙古人反而先後皈依了伊斯蘭教，被蒙古軍隊徵用的大批穆斯林工匠和穆斯林軍人，隨蒙古軍隊來到中國大陸四處作戰，又形成了元代中國以回族為主體的伊斯蘭教民族共同體。

　　蒙古軍隊東歸後，穆斯林軍隊於1291年攻克十字軍在巴勒斯坦地區的最後一個據點阿克城，十字軍東征澈底失敗。1299年，原屬塞爾柱王朝的突厥部落奧斯曼人建立奧斯曼帝國，以伊斯蘭教的聖戰精神向外擴張，相繼征服小亞細亞、東南歐、埃及、敘利亞、伊拉克和北非等地，成為繼東羅馬帝國之後的又一個橫跨亞、非、歐的超級大帝國。1922年，奧斯曼帝國被凱末爾革命所推翻，1924年又廢除政教合一的哈里發──蘇丹制度，代之而起的是今天的土耳其斯坦共和國。

第十四章
伊斯蘭教在中國

　　伊斯蘭教的興起是一件改變世界歷史的重大事件，西元七世紀，原始落後的阿拉伯人在伊斯蘭教的旗幟下迅速崛起，建立了橫跨西亞、北非和歐洲部分地區的哈里發帝國，伊斯蘭教也因此成為與基督教、佛教平分秋色的世界三大宗教之一。由於伊斯蘭教興起於被中國人稱為「大食」和「天方」的阿拉伯半島，並為中國的回回民族所信仰，伊斯蘭教又被稱為「大食法」、「回回教」、「天方教」。

第一節　唐宋兩代的天方聖教

　　早在伊斯蘭教誕生之前的西元前2世紀，漢武帝就派遣張騫出使西域，打通了中國與西域各國進行政治外交和商貿往來的陸上通道，這就是舉世聞名的「絲綢之路」。古稱西域的新疆周邊地區從此成為聯結東西方文明的中轉站。古代絲綢之路像一條綴珠聯璧、五彩斑斕的彩帶，以長安為起點，經過甘肅的河西走廊進入新疆，翻越帕米爾高原經過波斯到達君士坦丁堡，然後向歐洲大陸延伸。與此同時，中國東南沿海地區的「香料之路」，也逐漸成為中華民族與世界各國進行友好交往的海上交通要道。絲路花雨霏霏，香路芬芳漫漫，貫通了中華民族與阿拉伯民族的友好往來。

　　在伊斯蘭教形成和哈里發帝國崛起的同時，中國社會正處於由戰亂走向統一的隋末唐初，先知穆罕默德曾發布過一條著名聖訓：「學問雖遠在中國，亦當往求之。」遵從聖訓的穆斯林商人、外交官和宗教人士，通過海上「香料之路」和陸地「絲綢之路」，把伊斯蘭教文明帶到了中國大陸地區。

　　福建泉州是一座擁有2000多年歷史的文化名城，早在漢代就已經成為海上香料之路的第一站，唐宋時期更是「雲山百越路，市井十州人」的國際化港口城市。位於泉州東郊靈山風景區的兩座阿拉伯風格的塔式石墓，是中國現存最為古老的伊斯蘭教聖跡之一。

　　明代《閩書》的作者何喬遠根據「回回家言」記載，唐朝武德年間（西元618-626年），穆罕默德派遣四大賢徒來到中國，一賢傳教廣州；二賢傳教揚州；三賢四賢傳教泉州，三賢四賢去世後安葬靈山，這就是靈山聖墓的由來。靈山聖墓坐北朝南，靠山的東、北、西三面有馬蹄形帶簷回廊，被考古專家鑒定為唐代遺物。回廊外側石壁上鑲嵌有元、明、清碑刻，正中一方的元代碑刻用阿拉伯文記載了修繕聖墓的起因與經過。西側一方碑刻是明代航海家鄭和第五次下西洋時行香祭海的碑文。聖墓周圍還有歷代伊斯蘭教徒的石棺墓，上刻伊斯蘭教常用的「雲月」圖案和阿拉伯文《古蘭經》語錄。

　　在廣州城外流花橋畔，有一座俗稱響墳的先賢古墓，傳說是來廣州傳教的第一賢人宛葛思的墓葬。據民國著名學者陳垣考證，這座古墓始建於唐永徽三年即西元652年。

　　到了西元851年也就是唐玄宗大中五年，阿拉伯商人蘇萊曼‧斯拉菲在《中國印度見聞錄》中寫道：「中國商埠為阿拉伯商人聚集者，是康府，這裡有回教教師一人，教堂一所，……一

切皆能依《古蘭經》、聖訓及回教習慣行事。伊拉克商人對此頌聲載道。」

　　蘇萊曼所說的康府就是現在的廣州，他所提到的回教教堂，可能是位於廣州珠江古河畔的懷聖寺。據傳說，懷聖寺是由宛葛思主持修建的，懷聖就是懷念伊斯蘭教先知穆罕默德的意思。步入寺門，頭門門額是用阿拉伯文書寫的「清真寺」，二門門額寫有「懷聖光塔寺」，中門門額寫有「教崇西域」。寺內有一座俗稱光塔的阿拉伯風格磚塔，既是清真寺的宣禮塔，又是古代的航海燈塔，引導著遠涉重洋的穆斯林商人的往來路徑和宗教信仰。

　　1980年，考古工作者在江蘇省揚州市北郊發現了一座壓在漢墓上的唐代殘墓，出土瓷器上的綠色彩繪花紋，由阿拉伯文的贊主辭「真主至大」勾勒而成，為唐代穆斯林在揚州地區的經商和傳教活動，提供了實物證據。

　　位於揚州東郊的普哈丁墓，又稱回回堂和巴巴窯，相傳是穆罕默德16世裔孫普哈丁的墓址，實際上是宋、明兩代穆斯林的公墓，古墓旁還建有供穆斯林禮拜真主的禮拜堂和水房。與廣州懷聖寺、泉州清淨寺、杭州鳳凰寺並稱為四大古寺的揚州仙鶴寺，據說是由普哈丁創建的。這些文獻記載和實物證據充分證明：早在唐、宋時期，中國的東南沿海已經出現了穆斯林商人和宗教人士的聚居區。

　　中國古代文獻中沿用古波斯人的稱呼，把阿拉伯人的哈里發帝國叫做大食國，據《舊唐書‧大食傳》記載，西元651年也就是唐高宗永徽二年，阿拉伯帝國第三任哈里發奧斯曼，派遣使節來到長安，在大明宮觀見唐高宗時專門介紹了伊斯蘭教的「真主獨一論」，從而在伊斯蘭教文化與中國文化之間，建立起溝通交流的官方通道。從這一年到西元798年的148年中，阿拉伯帝國派

遣使節達39次之多，這些使節大多由從事商貿活動的商人充當，目的在於通過向唐王朝貢獻奇珍異寶來換取豐厚的商業利益。

唐代的都城長安，也就是現在的陝西西安，是經海陸兩路來到中國的穆斯林商人、外交官、宗教人士最為集中的地區。來自大食國的穆斯林商人連同來自西域各國的商人，在西安化覺寺、大學習巷清真寺一帶廣設店鋪，銷售來自中亞、西亞和非洲地區的象牙、犀角、香料、珠寶等外來商品，《貞觀政要·慎所好》中甚至有「長安胡化極盛一時」的說法。唐代大詩人李白筆下的「胡姬貌如花，當壚笑春風」；「落花踏盡遊何處，笑入胡姬酒肆中」的胡姬，就是來自大食、波斯以及西域各國的美貌女子。1957年在西安出土的唐三彩駱駝載樂陶俑中的歌舞演員，全部是深眼睛、大鬍子的胡人，為唐代中國與西方的大食、波斯等國的文化交流提供了實物證據。

西元751年，唐朝的安西四鎮節度使高仙芝，率領軍隊在怛羅斯城與大食等國的軍隊作戰時失敗，被俘虜的中國士兵中有掌握造紙術的工匠，中國的造紙術從此傳入西方的伊斯蘭教國家以及更加遙遠的歐洲國家，為全人類的文化事業做出了重要貢獻。6年之後的西元757年，唐肅宗為了平定安祿山、史思明的安史之亂，從朔方、安西、回紇、南蠻、大食等國借兵二十萬，一同參與收復長安和洛陽的戰役。戰爭結束後，唐肅宗允許包括大食兵在內的外籍士兵在中國定居，並與中國婦女通婚，從而有了第一批正式加入中國國籍的穆斯林。英國學者威爾斯在《世界簡史》中，對歐洲中世紀和中國的盛唐進行比較時說過：「當西方人的心靈為神學所纏迷而處於蒙昧黑暗之中時，中國人的思想卻是開放的，兼收並蓄而好探求的。」

宋代是中國歷史上商品經濟和國際貿易更加發達的時期，

宋朝政府在廣州、寧波、杭州、泉州等地專門設有管理對外貿易的市舶司。在唐宋王朝的允許下，被稱為蕃客的穆斯林商人在廣州、泉州、福州、寧波、杭州、揚州、長安、開封、太原、大同等大中城市久居不歸，以清真寺為中心形成被稱為蕃坊的穆斯林聚集區。廣州的蕃坊以懷聖寺為中心，聚集在今天的光塔街一帶，泉州的蕃坊以清淨寺為中心，集中在便於出海的通淮街附近。據《泉州府志》記載：「終宋世，向其利。胡賈航海蹞至，富者貲累巨萬，列居郡城南。」

由於早期穆斯林以經商為主，伊斯蘭教只在穆斯林聚集區世代相傳，與中國主流文化之間並沒有產生正面的碰撞和融合。回族、維吾爾族等信仰伊斯蘭教的民族共同體的正式形成，是元代以後的事情。

第二節　元明兩代的回回民族

從1219年成吉思汗統帥20萬大軍親征花剌子模開始，蒙古軍隊經過半個多世紀的戰爭，先後征服了中亞、西亞、東歐幾乎所有的國家和地區。特別是在1258年征服阿拉伯帝國的阿巴斯王朝之後，蒙古統治者把幾十萬穆斯林編入「探馬赤軍」，徵調到東方參加征服中國的戰爭。在元代文獻中，把色目人中來自阿拉伯、波斯和西域各國的穆斯林通稱為回回。這些穆斯林儘管來自不同的種族，社會地位也各不相同，卻有著共同的生活經歷：他們是在蒙古軍隊的強迫下遠離故土來到中國的，既是侵略戰爭的受害者和參與者，同時又是給中華民族帶來伊斯蘭教文明的文化使者，而且積極主動地接受了中華民族的固有文化。

1348年，楊受益在定州《重建禮拜寺記》中介紹說：「回

回之人遍天下，而此地尤多，朝夕不廢禮，……今近而京城，遠而諸路，其寺萬餘，俱西向以行拜天之禮。」《明史・撒馬爾罕傳》中也有「元時回回遍天下」的記載。

元朝末年，面對蒙古統治者的殘酷壓迫，回回穆斯林和漢族人民並肩戰鬥，出現了「十大回回保朱明」的歷史壯舉。由於常遇春、胡大海、藍玉、沐英等回回將領，都是朱元璋手下的開國功臣，明代統治者對穆斯林採取懷柔政策，一方面任用穆斯林上層人物在朝廷中擔任重要職位，另一方面對穆斯林實施同化政策，允許回漢通婚，在穆斯林經堂教育中有意識地滲透中國本土的儒教文化，從而通過伊斯蘭教文化與儒教文化的交叉整合和融會貫通，逐步形成了今天被稱為回族的既信仰伊斯蘭教又使用漢語言文字的民族共同體。

從唐代到明代中葉的800年間，伊斯蘭教在中國內地教義不明、教名未定，只是一種僑民的宗教，著名清真寺的阿訇和毛拉，大都由來自阿拉伯、波斯和中亞各國的伊斯蘭學者擔任，普通穆斯林聚居區只能通過阿訇世家手抄口傳的家庭教育來進行宗教文化的沿襲傳承。明朝中葉以後採取「片板不許下海」的閉關鎖國政策，外國穆斯林進不來，中國穆斯林出不去，直接造成中國伊斯蘭教的宗教職業人士後繼乏人。為了在廣大穆斯林中更加廣泛地傳播和普及伊斯蘭教義，明末清初的穆斯林學者開始注重和發展伊斯蘭教的文化教育事業。

西元十六世紀，中國內地開始出現較為正規的經堂教育，首創者是陝西鹹陽渭城人胡登洲（1522-1597年）。他目睹伊斯蘭教「經文匱乏，學人寥落」，慨然立志興學，先在自己家中招收弟子，後來又利用清真寺開展經堂教育。這種經堂教育對中原和西北的廣大地區產生了深遠影響，各地清真寺紛紛在寺內興辦學

堂，由穆斯林共同負擔「海里凡」的學習費用，從而培養出一代
又一代「經漢兼用，回而兼儒」的中國本土宗教學者，使天方聖
教在中國大地雖歷遭劫難而迄今不衰。

　　與北方的經堂教育幾乎同時出現的，還有江南地區用漢語
言文字宣傳伊斯蘭教義的漢文譯著活動，影響較大的有王岱輿的
《正教真詮》、《清真大學》，馬注的《清真指南》，劉智的
《天方性理》、《天方典禮》，馬複初的《四典要會》。漢文譯
著被中國穆斯林尊稱為「漢克塔布」，也就是用漢文寫成的伊斯
蘭教經典。從事漢文譯著的穆斯林學者大都是學通四教、中阿兼
通的回儒，他們依據中國傳統的儒教思想來解釋伊斯蘭教義，從
而形成具有中國特色的伊斯蘭教哲學體系，促進了天方聖教中國
化的歷史進程。

第三節　新疆地區的伊斯蘭文化

　　新疆地處亞洲腹地，自古就是東西方經濟、文化交流的主
要通道，這一特殊的地理位置，使新疆成為多民族聚居地區和多
種宗教並存地區。自秦漢以來，新疆與中原地區就保持著密切聯
繫。與回族、撒拉族、東鄉族、保安族的穆斯林通過伊斯蘭教信
仰結合成為民族共同體不同，新疆維吾爾族穆斯林是先有民族共
同體而後才逐步皈依伊斯蘭教的。

　　維吾爾族在不同歷史時期的漢文書籍中曾經出現過「袁紇
（he）」、「回紇」、「回鶻」、「畏兀爾」等多種稱呼，1934
年才由中華民國新疆省政府正式採用統一的漢譯稱謂「維吾
爾」。據文獻記載，新疆維吾爾族的先民最初信仰的是包括薩滿
教在內的原始宗教，最早傳入新疆的外來宗教是古代波斯的襖

教，隨後又有佛教、道教、摩尼教和景教傳入。大約在10世紀初，伊斯蘭教開始傳入喀剌汗王國所在的喀什噶爾地區。西元960年，隨著20萬帳約80萬突厥人集體皈依伊斯蘭教，伊斯蘭教成為喀剌汗王國的國教。為傳播伊斯蘭教，薩圖克・布格拉汗還在喀什城區的恰普街建立了中國第一所高等經文學院——「沙其麥德里斯」。

《福樂智慧》、《突厥語大詞典》和《真理的入門》三部名著的相繼問世，標誌著突厥語傳統文化與伊斯蘭文化相結合的突厥伊斯蘭文化初步形成。玉素甫・哈斯・哈吉甫是喀剌汗王朝傑出的伊斯蘭學者，他於西元1069年用阿拉伯和回鶻兩種文字寫成長達13290行的敘事詩《福樂智慧》，在維吾爾族民間長期流傳。新疆喀什的玉素甫・哈斯・哈吉甫聖墓麻紮，至今還是當地穆斯林朝拜的宗教聖地。

伊斯蘭化的喀剌汗王國與信奉佛教的高昌回鶻王國和于闐王國，是中國宋代新疆地區的三大割據勢力。14世紀後期，佛教在新疆衰落，後來居上的伊斯蘭教，逐漸成為維吾爾族人的共同信仰，從而在新疆地區形成了以伊斯蘭教為主，佛教、道教、基督教、天主教、東正教共同存在的多民族、多宗教格局。18世紀上半葉，新疆地區的柯爾克孜族開始信仰伊斯蘭教，信仰伊斯蘭教的塔塔爾族於19世紀初遷入新疆，哈薩克族、烏孜別克族、塔吉克族也先後信仰伊斯蘭教。新疆各民族穆斯林在宗教信仰方面最為突出的特點，就是對突厥文化中的薩滿教信仰的兼收並蓄。南疆綠洲的喀什、和田地區和北疆的伊犁河谷的麻紮禮拜，是伊斯蘭教文化與薩滿教文化相互融合的結果，在當地穆斯林心目中，對聖徒、聖墓的朝拜，類似於對伊斯蘭教聖地麥加天房的朝拜。這裡雖然有外來的伊斯蘭教什葉派和蘇非教派的神祕主義成份，

最為原始的底蘊還是薩滿教的多神崇拜傳統。哈薩克牧區的穆斯林在信仰真主的同時，還殘存著對於天地、日月、星辰、水火加以崇拜的痕跡，在當地的薩滿教跳神儀式中，也要加上「阿拉至大」之類的贊主辭。新疆穆斯林載歌載舞、熱烈奔放的生活方式，更是深受儒教及伊斯蘭教文化陶冶影響的內地穆斯林所沒有的。

第四節　中國穆斯林的獨特貢獻

千百年來，歷經唐、宋、元、明、清、中華民國等多個時代的發展演變，伊斯蘭教已經成為中國的回族、維吾爾族、哈薩克族、柯爾克孜族、塔吉克族、塔塔爾族、撒拉族、東鄉族、保安族共10個少數民族的宗教信仰，中國穆斯林人口超過2000萬，遍布全國各地。中國的伊斯蘭文化，早已成為中華民族傳統文化中既不可分割也不可替代的組成部分，並以鮮明的中國特色在國際伊斯蘭文化中獨樹一幟。

在全世界穆斯林的心目當中，最具權威地位的伊斯蘭教經典，是真主阿拉通過先知穆罕默德降示人間的《古蘭經》。珍藏於北京東四清真寺圖書館的一部抄寫於元延祐五年（1318年）的阿拉伯文《古蘭經》手抄孤本，是中國國內最早的《古蘭經》版本之一。青海薩拉族自治縣的穆斯林，另有一部羊皮手抄本《古蘭經》傳世。明末清初的漢文譯著「漢克塔布」，只是對於《古蘭經》的片斷摘譯。1862年，雲南回族反對清朝統治者的起義領袖杜文秀，發起刊印中國第一部木刻版《古蘭經》，所採用的依然是阿拉伯語原文。清末的穆斯林經師馬複初，是最早致力於《古蘭經》漢文通譯的先驅者，《古蘭經》漢文譯本的出版發

行，是20世紀新文化運動以後的事情。從1927年至1990年，正式出版的《古蘭經》漢文通譯本有鐵錚、姬覺彌、王靜齋、劉錦標、楊仲明、時子周、馬堅、林松、仝道章、周仲羲十位學者的12種譯本，近年來由買買提・賽來翻譯的維吾爾文譯本和由哈再孜、馬哈什合作翻譯的哈薩克文譯本，在新疆穆斯林當中大受歡迎。儘管信仰伊斯蘭教的各民族穆斯林大都有自己的語言文字，他們在宗教活動中仍然堅持使用阿拉伯語誦讀和書寫《古蘭經》。

伊斯蘭教是追求兩世吉慶的宗教，世俗生活既是享受真主的恩賜，又是在為後世進入天堂做準備。《古蘭經》對於穆斯林的教導是：「你應當借真主賞賜你的財富而營謀後世的住宅，你不要忘卻你在今世的定分。你當以善待人，像真主以善待你一樣。」穆罕默德在「聖訓」中也鼓勵穆斯林積極參與現實社會的生產生活。這種兩世吉慶的宗教信仰規定了穆斯林公正、寬容、堅忍、順從、虔誠、廉潔的行為準則，促使中國穆斯林在社會生活各方面做出了傑出貢獻。

在新疆吐魯番鬱鬱蔥蔥的綠州地帶，隨處可見一堆堆順坡而下的圓土包，錯落有致地連接著一種複雜的地下水道灌溉系統，這就是新疆穆斯林與當地各族人民共同開發的坎兒井。維吾爾族集繪畫、編織、刺繡、印染等各種技藝於一體的織毯業，從元代起就聞名於世。

宋代穆斯林學者馬依澤主持制訂的《應天曆》，在中國曆法中首次引進星期制度，為中國曆法與伊斯蘭教曆之間的對應換算奠定了基礎。到了元代，穆斯林在中國天文曆法方面做出了更加全面的貢獻，阿拉伯數字和歐幾里得的《幾何學原理》，就是通過穆斯林天文學家的介紹而傳入中國的。元代最著名的天文學

家箚馬剌丁，不僅負責籌建了元上都的天文臺，製造出了代表當時先進水準的天文儀器，而且編訂了一部萬年曆。正是在箚馬剌丁等人的直接影響和啟發下，元代數學家郭守敬推算出了中國曆法史上施行最久的《授時曆》。穆斯林建築學家也黑迭兒丁是元大都宮城宮殿的設計者和工程組織者，他以太液池和瓊華島為中心、以鐘鼓樓為中軸線的城市整體規劃布局，為故宮和整個北京城的建設發展奠定了基礎。

中國歷史上著名的航海家鄭和，出生於雲南回族穆斯林家庭，原姓馬，名文和，字三保，鄭和是永樂皇帝朱棣賞賜的姓名。鄭和的父親米里金在元朝末年以馬為姓，被授予雲南行省的參知政事，生前曾到麥加天房朝覲過，雲南晉陽鄭和公園的「馬哈只墓」，是鄭和的父親和祖父的陵墓，哈只是對於朝覲過麥加天房的穆斯林的尊稱。從西元1405到1433年的28年間，鄭和率領龐大的皇家艦隊7次下西洋，訪問了亞洲和非洲的30多個國家，在中國海外交通史和世界航海史上，譜寫了輝煌的一頁。1433年鄭和第七次下西洋到達沙特吉達港時，選派7名懂阿拉伯語的回族穆斯林到麥加朝覲，這是中國歷史上第一次官方組織的朝覲活動。被明代茅元儀收入《武務志》卷240的《鄭和航海圖》，是中國地圖史上最早的一份遠洋航海圖。鄭和同時還是一位宗教事業的熱心贊助者和參與者，他在永樂11年（1413年）主持重修了西安大學習巷清真寺；永樂13年（1415年）出使西洋路過泉州時又奉旨修繕了全國最大的媽祖廟天妃宮；宣德五年（1430年）他又奏請朝廷重修了南京城南的淨覺寺。

明代回族思想家李贄（1527-1602）是泉州晉江人，他以舉人身分歷任國子監博士、刑部主事、雲南姚安知府，40歲時開始接觸佛經，讀《金剛經》領悟到「無欲就能無私，心地光明」的

道理，讀《心經》獲得「五蘊皆空，本無生死可得」的視死如歸人生觀。據《泉州李氏族譜》介紹，嘉靖39年李贄得到父親去世的消息，從南京回泉州奔喪，恰好遇到倭寇侵犯，他「率子侄登城禦守，雖矢石交加而無懼」。隨著《焚書》、《續焚書》、《藏書》、《續藏書》等三十多種著作的寫作傳世，李贄成為中國文化史上率先挑戰正統儒教、提倡思想解放的先驅人物。他的思想觀點在當時引起很大反響。李贄被迫自殺前在獄中寫下《遺言》，堅持按照伊斯蘭教傳統安排自己的喪葬：「用予在身衣服即止，不可換新衣，⋯⋯加以白布巾單，總蓋上下，⋯⋯寂寂抬出，⋯⋯板複抬回以還主人。」

　　中國文學史上第一位穆斯林作家是五代十國時期的花間派詞作家李珣，人稱李波斯。他的妹妹李舜弦，是前蜀國後主王衍的昭儀，也是中國文學史上第一位穆斯林女詩人。《樂府》曲牌中的「菩薩蠻」，指的就是波斯美女，用波斯美女充當宮廷後妃，是五代十國時期的一種時尚。來自阿拉伯、波斯和西域各國的胡琴、興隆笙等樂器以及被稱為「回回曲」的樂曲，是元雜劇的演出形式得以確立的必要條件。回族作曲家馬九皋和維吾爾族作曲家貫雲石，分別為元雜劇和南戲海鹽腔做出過重要貢獻。《西廂記》作者王實甫的母親阿嚕渾氏，是色目人種的穆斯林，《聊齋誌異》作者蒲松齡的先祖，也是來自阿拉伯半島的穆斯林。新疆穆斯林的民族歌舞，甘肅、寧夏、青海地區漢族、東鄉族、撒拉族、保安族的民間歌曲「花兒」，都是中國文藝百花園中獨具特色的藝術奇葩。1949年之後湧現出的穆斯林表演藝術家中，比較著名的有以「活曹操」著稱的京劇藝術家侯喜瑞，馬派創始人馬連良，相聲大師馬三立，話劇表演藝術家李默然，音樂指揮家李德倫，影視演員王剛、達式常等。

　　1949年之後，中國大陸地區的伊斯蘭教事業進入前所未有的新局面。1952年5月11日，由包爾汗・沙希迪、楊靜仁、達浦生、馬堅、龐士謙等各族穆斯林知名人士發起的中國伊斯蘭教協會宣告成立，這是中國大陸地區第一個空前統一的全國性伊斯蘭教組織。從1995年起，中國伊斯蘭教協會每兩年舉辦一次全國性的《古蘭經》誦讀比賽和臥爾茲演講比賽，由中國各地伊協分會和清真寺推選男女選手到北京參加比賽，優勝者還被推選參加沙特、埃及、馬來西亞等國舉辦的國際比賽，推動了中國伊斯蘭教的發展，加強了與世界各國穆斯林的文化交流。中國伊協主辦的《中國穆斯林》雜誌於1957年創刊，包括漢文和維吾爾文兩種版本，印數高達40000多冊，受到廣大穆斯林讀者的普遍歡迎。中國伊協主辦的中國伊斯蘭教經學院，是中國最高的伊斯蘭教學府，創立於1955年，擔負著培養新一代伊瑪目和伊斯蘭教專門人才的重任。該學院設立的大型圖書館，是全國唯一的伊斯蘭教專業圖書館，收藏有各種版本和手抄本的伊斯蘭教經典及相關學科的書籍。除中國伊斯蘭教經學院之外，全國另有瀋陽、鄭州、昆明、蘭州、寧夏、青海、新疆、北京、河北等9所省市級伊斯蘭教經學院，在校學生1千多名，在各地清真寺主辦的回族經堂接受教育的「海里凡」，至少有2萬5至3萬名。近年來隨著國際交流和國際貿易的日益增多，全國各地還開辦有越來越多的民間阿拉伯語經文學校。

　　在先知穆罕默德生前，伊斯蘭教世界是一個沒有政治派別和宗教學派的政教合一共同體，穆罕默德去世後才產生了遜尼派、什葉派、哈瓦裡吉派三個相互對立仇殺的宗教派別。阿巴斯王朝時期在教律方面又產生了哈乃斐、馬立克、沙菲爾、罕百里四大教派。中國穆斯林在信仰上屬於遜尼派，在教法上遵從哈乃斐學

派，他們在《古蘭經》經文和中國傳統文化的長期影響下，形成了清真和順、寬容謙讓、廉潔自律、奉公守法的共同美德。自明末清初以來，中亞、西亞的蘇菲主義教義不斷傳入中國的西北地方，逐漸形成了西北地方的門宦教派和新疆地區的依禪派，為中國伊斯蘭教教派增添了新的內容。中國穆斯林儘管存在著不同的教派和門宦，基本上能夠在平等、團結的社會環境中從事各自的宗教活動，並且共同致力於中國社會的現代化建設。

第十五章
基督教在中國社會的矮化變異

2007年下半年，中國社會科學院的于建嶸教授申請了科技部關於基督教調查的軟科學課題，並且邀請我列名為課題組成員。課題組成立後，我先後參與了河南、浙江、湖南、湖北、四川、安徽、山東、河北、廣東等地的實地調研。課題結題之後，我依然在關注中國的基督教尤其是中國農村社會的基督教信仰活動。這裡所記錄的是我自己的一些調研思考，這篇文章已經被我反復修改過十多次。

第一節　農村社會的歷史與現狀

無論是談中國農村社會的任何問題，都應該對它的歷史與現狀有一個基本認識。在我看來，廣大農村主要存在以下三個方面的嚴重問題。

第一方面是城鄉二元化的制度設計尤其是戶籍管理的制度安排，造成了所謂非農業人口與農業人口之間難以逾越的隔離鴻溝。

1949年以後，執政黨建立了一整套歧視性的戶籍隔離制度，其中最為重要的功用，就是把本國人民隔離成為兩個地位懸殊的等級類別：農業戶口與非農業戶口。

在農業戶口與非農業戶口的戶籍制度背後，是被稱為城鄉二元結構的制度設計。擁有非農業戶口的主要是城市中人，他們可

以比較充分地享受所謂的社會主義制度的優越性，也就是由政府職能部門負責安置相應的工作，或者統一提供相應的社會福利。在發洪水的時候，政府職能部門優先保護的是城市和工礦企業，農村社會所充當的是被拋棄、被犧牲的對象。在發生大饑荒、大疫情的時候，政府職能部門優先保護救濟的同樣是城市和工礦企業的非農業戶口人員；農村社會的農業戶口人員，在享受保護救濟的時間和力度方面，是遠遠落後於非農業戶口人員的。對於擁有非農業戶口的個人及家庭的最為殘酷的懲罰，並不是定罪判刑後的關進監獄，而是下放農村接受所謂的勞動改造。我的父親、母親曾經是河南省禹縣一所農村中心小學的校長和教師，他們當年顯然不明白戶籍制度的重要性，1962年的時候，他們因為遭受排擠主動響應中央政府的號召下放農村，結果是把整個家庭的所有成員變成了這個國家最為低賤的賤民。

在大洋彼岸的美國，隨著國會先後於1964、1965、1968年連續通過三個被統稱為「第二次解放黑奴宣言」的民權法案，從法律層面澈底結束了種族隔離和種族歧視制度。在當下的中國社會，非農業人口與農業人口之間的歧視性隔離制度，雖然在一些方面已經趨於緩和，在另一些方面卻又在明顯加劇。

2003年3月17日，農村長大的大學畢業生孫志剛，因為沒有辦理暫住證，而被廣州警方強制收容，然後被活活打死在廣州收容人員救助站裡。當時的北京警方也在每年的敏感時段，把沒有辦理暫住證的外地人特別是農村人抓到各種各樣的工地上強制勞動。孫志剛慘案發生後，對於外來人口的強制收容管理制度被初步廢除，但是，農業人口在異地就業、異地購房尤其是子女異地入學方面，與當地的非農業人口之間依然存在著歧視性的隔離與差別。

　　進城務工的外地農民從事的是最苦最累的工種，得到的是最為低廉的工資收入和勞動保障，農民工的子女很難像城市子弟一樣讀書就業。作為城市裡的二等居民，農民工時時處處都遭受著比美國黑人更加嚴重的身分歧視和戶口隔離。譬如在北京，一個城市戶口沒有幾十萬元的灰色交易是很難辦到的。沒有北京戶口的外地人，拿不出幾萬元、幾十萬元的贊助費，其子女是不可能進入相對優質的幼兒園和中小學讀書學習的。

　　第二方面是土地產權與土地經營權的被集體化。

　　中國現行法律規定，城市土地歸國家所有，農村土地歸集體所有。但是，人類社會迄今為止只有國家及其政府法人的公有制與個人及民間法人社團的私有制，既不是公有制也不是私有制的集體所有制，事實上是根本不存在的。中國特色的集體所有制，並不是西方工商業法人社團中的股份共有制，股份共有制說到底是可以股權量化並且可以隨時退出的個人私有制。中國特色的土地集體所有制完全是一個自欺欺人的偽命題，它實際上是國家權力以及政府機關的部門權力，對於農民私有土地變相掠奪的產物，說到底還是政府公有。

　　特別需要指出的是，假如沒有嚴格遵守個人自由、契約平等、法治民主、限權憲政、大同博愛的普世價值的一整套法律程式和憲政制度，在公共領域與私人領域之間築起一道切實保障個體人權的防火牆，少數服從多數的所謂「民主」，是很容易演變成為多數人利用公共名義侵犯個體人權的暴民專制的。舉一個簡單的例子，在沒有明確產權的情況下發生土地交易，同一個村子中的十戶人家只要有九戶舉手同意，就可以通過集體表決的民主公決，把另外一戶人家的土地和宅基地公然出賣，而無視這戶人家的正當權利和生死存亡。假如這一戶人家不接受、不服從其他

九戶人家的所謂的民主公決，就會被貼上釘子戶之類的妖魔化標籤。當年「打土豪，分田地」的所謂「土地改革」，就是通過宣傳煽動少數服從多數、個人服從集體的暴民專制來強制推行的。現在的大拆大建大變樣的所謂「新農村建設」，同樣是通過宣傳煽動少數服從多數、個人服從集體的暴民專制來強制推行的。現代文明國家的人權保障的邏輯起點，是從切實保障所有個人的自利自利的個體人權和私有產權起步的，或者說是從保障釘子戶的合法人權起步的。英國歷史上的著名典故「風能進，雨能進，國王的千軍萬馬不能進」的磨坊主人，就是人類歷史上最偉大的人權釘子戶。

事實上，現行的土地徵用制度，連九戶人家舉手錶決犧牲出賣其他一戶人家的民主公決程式都是不存在，往往是代表政府利益的村支書或村主任以被他們擅自代表的村民集體的名義，強行出賣所謂的集體土地給政府職能部門以及官商一體的開發商。政府徵用村民的土地只需要付出幾萬元的代價，轉手倒賣給開發商就是幾十萬甚至於幾百元萬的價格。按照陸學藝的調查統計，中國現在至少有6000多萬城郊農民處於失地失業狀態。應該以中間人或仲裁者身分保障本國居民合法權利的國家機關及其政府職能部門，卻變成了公然與本國人民爭奪利益的官商寡頭。

包產到戶之後，農民雖然擁有了一部分的土地經營自主權，卻沒有得到土地的最終處置權，或者說是私人財產所有權。就當下的制度環境來看，土地承包權長久不變是一項很有智慧的政治決策。有了這樣的政策，政府以後徵用農民的土地就應該付出比較高的成本。因為政府不可以再通過若干年糧食收入的計量方式補償農民。長久不變就意味著一個家庭的幾代人可以耕種同一塊土地，那麼幾代人的糧食收入應該值多少錢呢？

　　話又說回來，雖然說是長久不變，農民依然沒有得到土地的最終處置權特別是抵押買賣權，當農民遭遇政府職能部門的強制徵用時，依然不能依法予以拒絕和抵制。政府依然可以藉著國家利益或集體所有的名義，隨時強迫任何一戶農民交出土地和房屋，農民很難與政府官員坐在一起進行甲乙雙方平等協商、意思自治、自願選擇、良性合作的討價還價。農民打算離開農村時，也沒有辦法把長久不變的土地承包權變現成為進城務工安家的資本金。

　　第三方面是社區自治權的缺失。

　　1949年建立的國家全能主義集權包辦制度，逐步取消了土地改革時期的農會組織，從而把農民完全置於被代表、被集體、被包辦、被隔離、被歧視、被剝奪甚至於被出賣、被拋棄的無助狀態。《村民組織法》頒布之後，農民雖然在字面上擁有了社區自治權，由於黨支部以及上級黨委的強勢操縱，村民的民主選舉和政治參與一直處於畫餅充饑的虛假狀態。現在許多地區強力推行的村支部書記與村委會主任一肩挑，本身就是對於《村民組織法》的公然踐踏；由上級黨委及政府任意下派的所謂大學生村官，更是對於《村民組織法》的肆意違背。

　　直到現在，在人大代表與政協委員中很少見到農民的身影，30%以上的兩會代表是企業家，50%以上是政府公職人員。在美國選民已經可以公開選舉出黑人總統奧巴馬的情況下，中國政府還有什麼理由在民主選舉與地方自治方面，繼續歧視占本國人口大多數的廣大農村居民呢?!

　　第四方面是農業稅費及涉農補貼。

　　早在中國農民免交農業稅之前，世界上已經有90%以上的國家不僅免除了農業稅，而且出臺了許多補貼保護農業生產與農村經濟的政策措施。在WTO談判中，美國方面主動提出，中國政

府可以適當補貼本國的農副產品出口，中國政府卻拒絕了此項建議。如今的中國農民雖然擁有了免交農業稅的權利，農村社會的教育、醫療、環境衛生、道路交通、文化娛樂方面的公共福利、社會保障和基礎設施，都嚴重匱乏。包括計劃生育、殯葬火化在內的各種形式的收費罰款，依然繁重。城市居民中已經較為普及的醫療保險和退休養老制度，在農村社會已經是形同虛設。

除此之外，中國農民還面臨著另外兩種日益嚴峻的人權危機，那就是生態環境的安全與糧食蔬菜的食品安全。我2004年第一次到美國時，有一位朋友問我對於美國的第一個印象是什麼？我的回答是：第一個印象是回到了我的童年時代。在改革開放之前，我在農村的家鄉雖然吃不飽飯，空氣是乾淨的，水資源也是既乾淨又充足的。我和小夥伴們拿著一把鐵鍬到村邊窪地隨便挖個土坑，就能夠挖出清澈的泉水。當時的農村院落裡還有許多果樹，到處是鳥語花香。現在的中國農民雖然吃飽了飯，卻永遠失去了乾淨的空氣和水源，甚至於連糧食蔬菜都只能使用污染的水源進行灌溉。我所看到的美國社會既享受著現代化的物質富裕又享受著乾淨美好的生態環境。這樣的國家才是我心目當中的人間天堂，號稱是小康盛世的當今中國，離這樣的人間天堂分明是越來越遠而不是越來越近。

第二節　基督教信仰的乘虛而入

一般來說，基督教主要分為三大派系：天主教、東正教、新教。這裡所說的基督教指的是天主教和東正教之外的基督教新教，中國民間也稱之為耶穌教。從英國人馬禮遜1807年來華傳道算起，基督教進入中國並且融入中國的文化傳統，已經長達200多年。

　　對於30多年來的中國農村來說，基督教的擴張是可以用「乘虛而入」來加以形容的。總會有一些學者對於老一代農民和他們的或者大學畢業或者進城務工的子女，滿懷深情懷念毛澤東時代的階級鬥爭和人民公社大惑不解；在我這個農村人看來，大多數農民是完全有理由緬懷毛澤東時代的。

　　我1964年出生於河南省禹縣（現禹州市）的一個光棍村，童年記憶中最為深刻的一是飢餓、二是鬥人。毛澤東時代以鬥爭包括地主、富農、反革命分子、右派分子以及巫婆神漢、投機倒把、小偷小摸之類壞分子為代價，給大多數農民提供了集體狂歡的特殊權利。這樣的集體狂歡是建立在少數人的血淚與屈辱之上的，它所激發的是人性中最為黑暗邪惡的本能。對於大多數農民來說，儘管狂歡之後依然是貧困和飢餓，儘管光棍村裡的青壯年依然要孤身一人，他們在飢餓與痛苦之餘畢竟還有集體狂歡的精神潤滑劑，他們畢竟可以從鬥爭和迫害別人的集體狂歡中，體驗到一些當家作主人的幸福感和榮耀感，從而憑藉別人的血淚屈辱淡化轉移自己的饑渴痛苦，同時還可以不負責地獲得生產被包辦、思想被統一、權利被代表、收入被分配、生活被安排的集體安全感。

　　包產到戶之後，人民公社的集體生活宣告破產，以前一直通過掌握農民的口糧「抓革命，促生產」的鄉村政權，再也不能發揮令行禁止的社會職能。以前承諾給農民的按勞分配、多勞多得的社會主義，以及更加神聖美好的按需分配、各取所需的共產天堂，也於突然間宣告終結。已經習慣於被包辦、被統一、被代表、被支配、被奴役的公社社員，一下子變成了從物質生活到精神生活都無依無靠的雙重孤兒。

　　對於這種前文明社會的奴役與被奴役現象，恩格斯在《反

杜林論》中解釋說：「無論自願的形式是受到保護，還是遭受踐踏，奴役依舊是奴役。甘受奴役的現象發生於整個中世紀，在德國直到三十年戰爭後還可以看到。普魯式在1806年戰敗之後，廢除了依附關係，同時還取消了慈悲的領主們照顧貧、病和衰老的依附農的義務，當時農民曾向國王請願，請求讓他們繼續處於受奴役的地位——否則在他們遭受不幸的時候誰來照顧他們呢？……無論如何，我們必須認定，平等是有例外的。對於缺乏自我規定的意志來說，平等是無效的。」

我1980年參加高考時是16歲，體重只有38公斤，相當於我兒子10歲時的體重。當時的農村雖然實現包產到戶，基本上解決了溫飽問題，營養不良現象依然嚴重，持續幾十年饑寒交迫的男女農民當中，有許多人患有慢性疾病。一個家庭一旦出現重症病人和意外災害，馬上就會陷入走投無路的生存絕境。而在此前的人民公社時代裡，喪失勞動能力的病人依然可以從集體所有制的大鍋飯裡分到一份基本口糧，得到一份最低保障，並且可以從鄉村的赤腳醫生那裡免費領取一些廉價藥品。

更加重要的是，每一位個人都是精神生命體，或者說是需要集體生活和精神信仰的社會動物。農民與城市人一樣，除了溫飽還需要精神上的充實與滿足。「文化大革命」期間「讀毛主席的書，聽毛主席的話，按毛主席的指示辦事」的政教合一，無論如何不文明、不人道，畢竟起到了統一思想、安定人心的作用。鄉村政權因為自廢武功而喪失權威之後，相關的公共管理和公共服務一下子陷入癱瘓狀態，毛澤東思想再也起不到統一武裝所有個人的頭腦的神奇作用，農民自發組織農會的權利意識又被執政黨及其政府部門強力禁錮，在這種情況下，農村社會的精神文化生活便出現了空虛狀態。乘虛而入的並不是幾乎沒有公共關懷的

佛教、道教，也不是門檻較高的天主教與作為民族宗教的伊斯蘭教，而是以傳播耶穌基督的人人平等的博愛福音為主要使命的基督教，以及號稱能夠健身治病的各種神功神醫。

在我就讀農村中學的1978年前後，經常會看到村幹部到處追逐從事基督教地下聚會的農村婦女，這些農村婦女要麼是精力旺盛卻找不到機會發揮其聰明才智的相對強勢者，要麼是患有病症、孤立無助、家庭不和的相對弱勢者。直到現在，農村基督教依然是以所謂四多——第一是病人多，第二是老人多，第三是女人多，第四是文盲多——為其顯著特點的。50%以上的農村基督徒家庭信仰基督教的最初契機，是因為他們本人或家人患上重病後醫治無效，然後在走投無路的絕境中得到基督徒的登門祈禱，並且出現了病情好轉的種種「神跡」。

我們在湖南湘潭調查時，遇到一位經銷醫藥用品的女商人，她的媽媽是基督徒。她們母女熱心地帶領我們參加了一位朱姓退休女教師在郊區農戶家裡舉行的講道活動。這位朱老師屬於「三自」系統，她卻不顧「三自」教會的阻撓，自發組織了四個家庭聚會點，並且每週用兩天時間到遭遇生活困境或者發生家庭糾紛的教友家裡探訪慰問。這位女商人在為我們提供幫助之後，卻對基督教表示了自己的否定性意見。她的理由是：信仰基督教的人大多數是文化素質很低的老人、病人和文盲，基督教宣傳的不用吃藥開刀就可以治病是愚昧迷信的表現。我當時反問了她一句：假如一個人貧困到住不起醫院，應該提供最低限度的福利救濟的政府職能部門又不肯提供福利救濟，有幾個基督徒主動上門為病人祈禱祝福並且提供力所能及的幫助，難道不是在替政府承擔社會責任嗎？難道你作為藥品商人，願意並且能夠無償捐贈醫藥用品治病救人並且給予精神安慰嗎?!

第三節　基督教的博愛福音與社會和諧

　　追根溯源，基督教原本是一次又一次失去故土家園的猶太人的民族宗教，也就是被壓迫、被侵略的弱勢民族的苦難宗教。經過耶穌基督的受難救贖以及中世紀以來的宗教改革，基督教的信仰門檻越來越低，通俗易懂的《聖經》文本中既有形而下的世俗關懷又有形而上的精神超越，其中的核心基調是靈魂救贖的博愛福音而不是戰無不勝的聖戰暴力。在現有的世界性宗教中，基督教是最貼近於大同人性也最有利於社會和諧的。乘虛而入的基督教文化在中國社會的擴張發展，既考驗著執政黨的寬容度和自信心，也考驗著中國文化的寬容度和自信心。

　　從人類學的角度進行分析，基督教特別是農村基督教得以乘虛而入迅速發展的第一個原因，是國家及其政府職能部門不作為甚至於反作為的失職瀆職。

　　其一，國家及其政府部門的公權力在由人民公社大集體轉向包產到戶、自主經營的過程中，沒有及時轉變角色，變統治管理者為公共服務者；民間社會又不被允許自由組織農會及其他民間社團，甚至於農村的中共黨員也很少集中學習，從而導致廣大農村大面積喪失有組織的集體生活。

　　其二，毛澤東作為中國社會大一統的政教合一、至高無上的精神偶像的坍塌倒臺，導致大多數農民失去了精神依附和精神崇拜的神聖標的。中國民間現有的包括基督教、天主教、儒教、佛教、道教、伊斯蘭在內的宗教信仰，在1949年之後無一例外地遭到高度意識形態化的政府公權力的毀滅性打擊。中國傳統文化的元氣大傷、缺乏活力和農村社區公共性文化娛樂活動的嚴重匱

乏，留給廣大農民的是無依無靠、精神空虛的孤獨感。

其三，剛剛實現溫飽的底層農民，很容易跌破貧困線陷入走投無路卻又逆來順受的生存絕境。政府當局不僅不給走投無路者提供最低限度的底線救濟，他們的野蠻收費、野蠻攤派、野蠻罰款、野蠻拆遷、野蠻征地，更是公然突破了廣大農民能夠容忍的最低限度的底線正義。

其四、彼岸臺灣的蔣經國為了維護中國文化的均衡和諧，曾經有意識地扶持慈濟、佛光山等佛教及道教團體，參照基督教平等博愛、政教分離的普世教義和公正透明的組織模式，自覺主動地實現現代化轉型。中國大陸地區的領導人迄今為止都沒有表現出這種世紀偉人式的文化自覺和文化自信，中國政府的各級宗教局所熱衷的是與寺廟的主持和道觀的道長一同分享香火錢。中國各地的宗教局長乘坐的小汽車，大部分是用寺廟道觀的香火錢購置的。2008年「512」汶川大地震之後，臺灣的慈濟、佛光山等宗教團體，與來自世界各地的基督教團隊，一起出現在抗震救災第一線。在中央電視臺的宣傳畫面中，從來沒有出現過中國大陸地區的局長和尚、處長道士帶領自己的團隊親臨抗震救災第一線的場景。

農村基督教乘虛而入迅速發展的第二個原因，是人本身基於人性本能的精神動力。

馬克思在《〈黑格爾法哲學批判〉導言》中說過一句以人為本的經典話語「人本身是人的最高本質」。所謂人本身，就是精神生命體的個人本身，或者說是大同人類中既不可能唯物也不可能唯心的靈肉一體的個人本身。從人類祖先開始精神性創造活動的一剎那開始，人類社會已經實現了每個人都是精神生命體的人類大同。所有撇開這個人類大同基本點的天下為公、共產公有的

彼岸天堂，都是自欺欺人的癡心妄想。但是，作為精神生命體的脆弱個人，迄今為止依然不能夠完全擺脫對於超人間的上帝、天主之類的神聖主宰，以及他們所代表的陽光天堂、真空家鄉的精神依賴；各種各樣的宗教信仰，註定是一部分人群的精神生活當中的重要組成部分。

　　從信仰需求的角度來說，中國自古就有多神教或者說是泛神教的信仰傳統，傳統戲曲中最常用的口頭禪就是「三尺之上有神明」。「戲不夠，神來湊」，更是中國傳統戲曲最為基本的編劇套路。1949年之後，執政黨為了樹立共產主義唯物論和無神論的意識形態，採取各種方式限制打壓本國民眾對於傳統宗教文化的信仰。但是，傳統宗教文化的有形部分雖然遭受嚴重敗壞，潛伏於人性深處的鬼神崇拜、靈魂救贖、精神超越的宗教訴求，並沒有也不可能被澈底根除。在毛澤東時代有偉大領袖至高無上的神聖偶像充當宗教信仰的替代品，等到毛澤東的神聖偶像坍塌倒臺之後，中國大陸地區便出現了全民性的信仰真空。

　　在中國大陸地區現有的幾種宗教信仰中，堅持上帝面前人人平等的靈魂救贖、精神超越、大同博愛的基督教，不僅具有精神信仰方面的號召力，在教會內部更有一整套公正透明、分權制衡的制度規則。傳播靈魂救贖的博愛福音，是耶穌基督復活升天時頒布的神聖使命，所有信徒都應該廣傳福音，將耶穌基督的「見證」和「神跡」講述給人類社會的所有個人的基督教義，更是為基督教乘虛而入的迅速擴張，提供了一種符合人性的精神動力。

　　由於農民一直沒有獲得組織農會的正當權利，掌握公共資源和公共權力的政府部門又一直處於包而不辦的失職瀆職狀態，原本屬靈的農村基督教會，便在熟人社會裡發揮了城市教會所少有的社區功能。在農村熟人社會裡，一旦有某個家庭發生變故而

陷入困境，特別是出現久治不愈、無法承擔高額醫療費用甚至於家破人亡的極端困境，登門關愛的往往不是掌握公共權力並且以「為人民服務」自居的政府官員，而是傳播福音的基督教徒。信教者雪中送炭的真誠祈禱，連同他們所提供的力所能及的世俗幫助，確實能夠緩解當事人肉體上的痛苦與精神上的絕望，從而給病人及其家屬帶來最後的一線希望。不少人因此奇跡般振作精神並恢復健康，又給農村社會提供了活生生的真實「見證」，使得許多當事人以及周邊的村民切實感受到了基督教的神奇力量，於是在某些地方出現了紛紛皈依受洗的群體現象。

農村基督徒大多是熟人社會的鄉鄰親友，有了基督教信仰的精神紐帶，他們幾乎每天都可以抽出時間聚在一起交流情感、誦讀聖經，並且可以通過極富感染力的聖歌來感動自己並影響別人，從而在生活貧乏單調、缺乏文化娛樂活動的農村社會，形成了一道難能可貴的文化風景線。

基督教會的存在，在充實農村基督徒的精神文化生活的同時，也一定程度上彌補緩解了公共服務的匱乏缺失，從而促進了農村社會的和諧融洽。舉一個現實的例子。我有一位記者朋友叫高戰，他的另一身分是江蘇省新沂市窯灣鎮農村發展協會會長、陸口村名譽村主任和陸口村村發展互助基金會發起人，我自己也給這個基金會捐贈過500元錢。這個基金會從2004年正月初三正式啟動以來，已經吸納了幾個村莊的數百個儲戶，周轉資金達到180萬元，為許多需要小額貸款的村民解決了燃眉之急。高戰帶領大學生志願者先後在陸口村組織過入戶調查、村民體檢、捐款助學等鄉村實驗，並且用基金會的利息給農村街道安裝過電燈，資助過村民劇團演出柳琴戲。幾年下來，高戰花掉了自己僅有的私人積蓄，農協和基金會的活動卻一直遭受當地政府的高度

警惕與防範，村民的精神生活和精神面貌也沒有發生明顯改變。高戰的父親曾經是村幹部，母親是當地小學的退休教師。兩位老人一方面千方百計支持配合高戰的公益活動，另一方面又提心吊膽，害怕惹出什麼麻煩。我在他們家裡住過幾天，每天都會聽到兩位老人的爭吵抱怨。2008年上半年，高戰告訴我說，我們這些人在陸口村進行社會調查時忽略了教會和教堂的存在。當地基督徒在鄰近自然村的廢棄荒地上自發修建了一座容納200多人的鄉村教堂，這個教堂隸屬於基督教三自愛國協會的體系，周圍幾個村子的基督徒都到這裡做主日禮拜。自從高戰的媽媽信仰基督教之後，很快成了教會中的骨幹成員，她在教堂裡讀了聖經唱了聖歌，回到家裡照顧腿部靜脈曲張的老伴時就變得更加細心周到，對待親友鄰居也更加和藹可親。由此可以看出基督教對於中國農村的文化事業與社會和諧的獨特貢獻。

再舉一個小例子，我們在湖南長沙調研時，一位姓徐的家庭教會牧師告訴我，他主持的教會裡面有一位同工是大學教師，校方找這位同工談話說，你是中共黨員，為什麼還要信仰基督教呢？這位同工表態說：要不然我就申請退黨吧！校方急忙拒絕說：你千萬不要退黨，只是以後參加教會活動時注意影響就可以了。無論是站在黨的立場還是站在基督教的立場上看，這種現象都是不正常的。但是，這樣的妥協所達成的恰恰是現實社會所需要的均衡和諧。

第四節　中國基督教的大鍋飯

在基督教內部，每個月的第一個主日禮拜會有領餅（聖體）、領杯（聖血）的聖餐儀式，基督徒分享了象徵耶穌基督的

血肉的聖餐，就得到了來自耶穌基督的神聖祝福。我們在河南的嵩縣、浙江溫州的樂清、浙江紹興的柯橋、浙江杭州的蕭山、浙江寧波的餘姚等地調查時，發現一個極具中國特色也極具人情味的現象：無論是家庭教會的基督徒還是三自教會的基督徒，只要有足夠的場地，都會為參加主日禮拜的弟兄姊妹提供大鍋飯，他們自己稱之為愛宴。

我到美國的城市和鄉村專門考察過基督教的主日禮拜，並且諮詢過研究基督教歷史的專業人士。歐美國家的基督教會雖然有分享聖體、聖血的聖餐儀式，卻沒有大張旗鼓共用愛宴的傳統。在教會裡面共用大鍋飯，應該是基督教在中國社會特別是中國農村本土化的一種表現。

在我看來，中國的共產主義大鍋飯並不僅僅是從蘇聯照搬過來的，而是幾千年來一直徘徊在溫飽線上下的中國人，根深蒂固的一種集體意識。《禮記·禮運篇》中孔子講給子游的「大道之行也，天下為公」；《詩經·小雅·北山》中「溥天之下，莫非王土；率土之濱，莫非王臣」；老子《道德經》中的「天之道損有餘而補不足，人之道則不然——損不足以奉有餘」；陳勝、吳廣所講的「苟富貴，勿相忘」；東漢末年黃巾軍宣揚的「人無貴賤，皆天所生」；「積財億萬，不肯救窮周急，使人饑寒而死……與天為怨，與地為咎，與人為大仇」；「蒼天已死，黃天當立，歲在甲子，天下人吉」；《水滸傳》裡的「大塊吃肉，大碗喝酒」；李自成的「闖王來了不納糧」；洪秀全所謂的太平天國；所貫穿的都是這樣一條原始共產主義的天下為公、共產公有的理想追求。從1952年開始，執政黨在全國範圍內強制性地開展農村互助和初級合作化運動，逐步將農民的私有土地轉換成為「被集體化」的「集體土地」。1958年前後強力推行的號稱「共

產風」的人民公社大躍進，借助於執政黨全面滲透的國家強權，在中國歷史上第一次大規模實現了「溥天之下」吃大鍋飯的共產集權制度。

1958年大躍進以來，中國農村的社會主義改造主要經歷了四個階級。第一個階段是集體生產大鍋吃飯的共產風，其直接結果是幾千萬農民活活餓死的人道災難。我的爺爺和大爺爺就是在1959年的春夏之交被活活餓死的。我的伯父在此之前因為信仰一貫道被判處死刑緩期，反而在住滿15年監獄後活著走了出來。由此可知，在中國社會裡，有時候當農民比關監獄還要恐怖。經常有人問我說話寫文章怎麼會那麼大膽，我的回答是：我已經當過農民了，還會害怕什麼呢？

中國農村的社會主義改造的第二個階段，是劉少奇在代替毛澤東主持中央工作期間實施了短時間的包產到戶及耕種自留地的政策，把全國農民從大面積飢餓狀態中初步解脫了出來。

第三個階段是文化大革命期間的集體生產小鍋吃飯，也就是由人民公社的生產隊集體安排社員下田勞動，然後把口糧相對平均地分配到每家每戶，由每家每戶自己生火做飯。這種分配方式恰好違背了社會主義制度的按勞分配、多勞多得的空頭支票，其結果只能是大家集體怠工然後再集體餓肚子，膽子大一點的農民就千方百計地到集體農田裡偷盜一切可以充飢的東西。

在我的童年記憶裡，最讓我興奮的事情是一年一度的春節和隔幾個月就會有一次的憶苦思甜大鍋飯，也就是每家每戶的婦女把自己最拿手的野菜湯和雜麵饅頭湊在一起，讓大家敞開肚皮一起分享。憶苦思甜過程中由村幹部宣講的舊社會生活如何苦、新社會生活如何甜的政治謊言，幾乎沒有人真正相信，每個人關心的只是終於可以吃上一頓集體狂歡的大鍋飯。

　　中國農村的社會主義改造的第四個階段，是包產到戶、自主經營之後，村民之間除了婚喪嫁娶的禮尚往來之外，幾乎再沒有機會聚在一起吃大鍋飯。

　　像當年的共產主義大食堂那樣強迫老百姓成年累月吃大鍋飯，肯定是違背均衡和諧的自然人性的；但是，像基督教會那樣按照自願原則，以每週一次的週期聚在一起吃大鍋飯，又分明是合乎人性的。像北朝鮮那樣由金正日一個人包辦全國人民的一切自由和一切權利，肯定是違反人性的；但是，像西歐國家那樣在保護私有財產和私有經濟的前提下，由政府為全體公民提供必要的社會福利，又顯然是合乎均衡和諧的自然人性的。

第五節　基督教在中國的矮化變異

　　中國歷史上有法家更有法術，或者說是人治之術和治人之術；但是，嚴格遵守個人自由、契約平等、法治民主、限權憲政、大同博愛的普世價值的法律程式和制度框架，在中國大陸地區的歷史傳統當中，是從來沒有出現過的。制度是由人設計和創造出來的，制度的問題歸根到底是人本身的問題。

　　就整個人類歷史來看，第一個在世俗層面初步提倡個人自由、契約平等、政教分離、大同博愛的普世價值的，偏偏是基督教歷史上的耶穌基督。耶穌基督對於全人類的文明貢獻，主要表現在相輔相成的三個方面。

　　第一是自我擔當、自我犧牲的自由意志和救贖精神，也就是以犧牲自己的肉體生命為代價，自覺自願地為全人類承擔罪責，從而在上帝與人類之間締結新一輪的上帝面前人人平等並且寬恕一切人類罪惡的福音契約。《聖經》中的所謂「新約」，就是這

樣得名的。基督教的福音契約的價值所在，並不是甲乙雙方在實質性內容方面的平等協商、精誠合作，而是在於契約一旦成立，即使是至高無上、全知全能的耶和華上帝，也要與人類社會中的每一位個人一樣，共同遵守既定的契約條款與契約規則。在中國歷史上，從來沒有一個人想到過要以自我擔當、自我犧牲的自由意志和救贖精神，與超人間的天神上帝——也就是民間俗稱的「老天爺」——簽訂一份上帝面前人人平等並且寬恕一切人類罪惡的福音契約。

　　第二是上帝面前人人平等，以及與之相配套的甲乙雙方相互協商、精誠合作、博愛共贏；也就是以上帝的名義，突破游牧農耕社會等級森嚴的身分歧視、身分奴役和身分特權，從而在人類歷史上第一次吶喊出人與人之間相互平等、博愛共贏的文明意識和契約規則。隨著基督教作為世界性宗教的廣泛普及，現代工商契約社會最為基本的甲乙雙方產權私有、意思自治、平等協商、誠實守信、良性合作、違約受罰的契約平等，才得到最具普世性的貫徹落實。

　　第三是公共領域內形而下的政府權力和國家權威，與形而上的宗教信仰、靈魂追求之間政教分離、各守邊界的契約規則。也就是耶穌在《馬太福音》第22章中所說的「凱撒的物當歸給凱撒，上帝的物當歸給上帝」。

　　正是基於個人自由、契約平等、政教分離、大同博愛的普世性規則，擁有足夠多的健全個人的西方社會，繼耶穌基督之後逐步在公共領域內確立完善了立法、行政、司法三權分立的法治民主、限權憲政的法律制度和制度框架，從而為每一位個人最為基本的人身自由權、精神自由權、私有財產權提供了以人為本的制度保障。作為世界性宗教的救世教主，耶穌基督與前文明社會

的主宰者、統治者之間的根本區別就在於：他是以承擔罪責的第三方中間人和擔保者的角色，為作為乙方的全人類在作為甲方的神聖上帝面前贖罪犧牲；而前文明社會的主宰者、統治者的最高追求，卻是借助於至高無上的天神上帝的名義，壟斷包辦人世間的奉天承運、替天行道、天下為公、唯我獨尊的專制權力，借用《詩經‧小雅‧北山》中的詩詞，就是要充當「普天之下，莫非王土；率土之濱，莫非王臣」的真命天子、孤家寡人。

一個現代意義上的文明社會，是每一位個人都可以自私自利，並且要明確保障所有個人的自私自利的社會；而不是提倡甚至於強制每一位個人都要大公無私、無償奉獻的社會。正是天下為公、大公無私的道德天理或者說是道德騙局，為中國歷史上一個朝代又一個朝代公天下、救天下、打天下、搶天下、坐天下、治天下、私天下的專制統治及暴力革命，提供了神聖藉口和操作空間。

需要特別說明的是，對於中國人來說，基督教所提倡的上帝面前人人平等，以及由此而來的甲乙雙方平等協商、精誠合作的博愛雙贏，絕對不是讀了《聖經》、受了洗禮就可以做得到的。以孫中山為例，他與同鄉好友陸皓東於1883年底在香港受洗成為基督徒，教名為「日新」，後來又改為「逸仙」。1884年5月26日，18歲的孫中山與17歲的盧慕貞結婚。1891年10月20日，盧慕貞為26歲的香港西醫書院四年級學生孫中山生育了長子孫科。同樣是在這一年，孫中山經香港西醫書院同學陳少白介紹，與19歲的教友陳粹芬在屯門基督教堂（美國紀慎會）相識並開始同居。父母雙亡的陳粹芬，在此後將近20年的時間裡，一直追隨比自己大七歲的孫中山從事革命活動，成為革命先驅孫中山的第一位革命情侶。孫中山與陳粹芬的婚外同居，明顯違背了基督教提倡的

一夫一妻制。作為一名基督徒，孫中山在中國特色的一夫多妻與基督教提倡的一夫一妻之間，所選擇的顯然是前者而不是後者。

孫中山當上臨時大總統之後，很快便以「天下為公」的神聖名義拋棄了一直為他赴湯蹈火的小妾兼教友陳粹芬。等到孫中山去世之後，在一黨訓政的國民黨極力推行黨魁崇拜和黨魁專制的背景下，他反而成為比漢高祖劉邦、明太祖朱元璋更加神聖不可侵犯的專制偶像，這種現象與基督教嚴格禁止政教合一、偶像崇拜的基本教義，是背道而馳、格格不入的。借用胡適寫在《新文化運動與國民黨》一文中的話說，就是「上帝可以否認，而孫中山不許批評。禮拜可以不做，而總理遺囑不可不讀，紀念周不可不做」。

有趣的是，孫中山的接班人蔣介石，分明是比孫中山更加虔誠的基督徒，他幾乎每天都要單獨或者與宋美齡一起向上帝祈禱；但是，他提倡中西合璧的「親愛精誠」加「禮義廉恥」的所謂新生活運動的主要目的，卻是奠定自己「一個主義，一個政黨，一個領袖」的專制獨裁。

基督教在孫中山、蔣介石身上所發生的這種矮化變異現象，在1949年之後的中國大陸地區更是發展到一種極致。在當今中國，可以依據與政府當局的關係把基督教會劃分為兩種主要類別。

第一種是政府正式承認並且直接插手管理的號稱是「自治、自養、自傳」的兩會加堂點的「三自教會」。兩會指的是基督教三自愛國運動委員會和基督教協會，三自會是中國境內基督徒的愛國愛教組織，協會是中國境內基督教教會內部的教務組織。堂點指的是教堂和聚會點。一般而言，在城市是基督教堂，在農村以聚會點居多。按照現行宗教體制，兩會是官方承認的合法的宗教團體，堂點是官方承認的合法的宗教活動場所。

　　第二種是政府沒有依法承認也沒有完全禁止的「家庭教會」。家庭教會內部的管理模式主要分為兩種。其一是聯邦式的長老會體制。這種類型的家庭教會往往有聚會處（小群聚會）背景，深受倪柝聲的「地方教會」思想的影響，教義上是福音派立場，強調分權制衡，強調教會自身的獨立主權。主要分布於北京、上海、廣州等現代化大都市以及江蘇、浙江、福建等東南沿海地區。其二是家長集權式的團隊模式：這種類型的家庭教會主要是靈恩派，主要分布於河南、安徽等中部省區。

　　據估計，中國三自教會的人數在1800萬至3000萬之間，家庭教會的人數在2000萬至4000之間。北京最大的兩個家庭教會是守望與錫安。守望教會的教友人數最多時超過1000人。錫安教會的人數也接近於1000人。由於政府當局對於宗教信仰的長期壓制，無論是三自教會還是家庭教會，都不再可能像鴉片戰爭之後進入中國的外籍天主教與基督教人士那樣，通過創辦現代化的醫院與現代化的學校，來具體落實耶穌基督承擔罪責、造福人類的博愛福音。

　　三自教會與家庭教會在開展宗教活動方面都存在著嚴重矮化變異的現象，主要表現在既高度自律又高度封閉。基督教中最具有中國特色的大鍋飯，只是教友之間相互聯絡感情、傳達愛心的一種方式，無論是三自教會還是家庭教會，對於教會之外的公益慈善事業都表現得比較克制和冷漠，從而在很大程度上違背了基督教所提倡的自覺承擔罪責造福社會的犧牲奉獻精神和人人平等的大同博愛精神。基督教所宣導的政教分離並且馴服於當權者的基本教義，為許多基督徒放棄最低限度的大同博愛的人文關懷，提供了一種自我矮化的教義藉口。我和許多教會內朋友談到過這一點，他們基本上都認同於我的這一判斷。

　　關於這一點，我感觸最深的2010年6月在浙江餘姚泗門鎮進行的實地調查。泗門鎮是民營企業十分發達的地區，許多當地居民以及外來務工人員都是開著汽車到三自教堂做禮拜的。教堂門口的最顯眼處，釘著由寧波市民族宗教事務局頒發的「平安宗教活動場所」的銅牌子。作為陌生人，我在三自教堂既見證了基督徒們對於耶穌基督的真誠敬畏、對於教會堂點的慷慨奉獻，也感受到了一種大家庭式的其樂融融的溫暖愛意。但是，在教堂門口就橫著一條污染極其嚴重並且直通大海的臭水溝，北邊不遠處的水面上，鋪著一層厚厚的苔蘚。在南邊不遠處的公路橋洞下，住著一個以船為家、衣衫襤褸、滿身污垢的拾荒者。由此可知，浙江餘姚泗門鎮教堂的基督徒們的博愛福音，基本上是走不出教堂大門的。當然，假如發生了汶川大地震之類的天災人禍，這個教堂也會像社會各界一樣去奉命捐款和奉命慈善的。

　　在參與宗教調查之前，我十分善意地猜想號稱「三自」——也就是自治、自養、自傳——的官方教會，應該形成了一整套相對獨立也相對完善的制度框架，可以有效地限制和減少內部腐敗。隨著調查的深入，我發現在窮困偏遠地區的三自教會，反而會相對清廉一些，譬如河南嵩縣的三自教會特別是農村的傳教堂點，教友之間就能夠充滿愛心地相互幫助，浙江溫州的三自教會與家庭教會內部，卻充滿了涉及購置房產、巨額奉獻的利益爭奪。在有利可圖的城區教堂裡，三自教會往往扮演著很不光彩的食利角色。應該說，中國官場裡面的所有弊端，在基督教三自教會裡面同樣存在，甚至於表現得更加陰暗也更加敏感。

　　2009年3月24日上午，我和于建嶸教授到鄭州市郊區的一個基督教堂進行實地調查。我雖然不是基督徒，對於自己的親眼所見依然感到觸目驚心，以至於情不自禁地說出了兩個字：「叛教。」

　　這個教堂的堂址原來屬於郊區農村，幾年前才被納入近郊城區。舊教堂拆遷後，當地政府補償給教堂3.2畝建設用地。當地的基督徒沒有足夠資金建造新教堂，該市「三自」教會的會長覺得有利可圖，便開始插手運作。他先是強行剝奪區級「兩會」對於該教堂的管轄權，改由市級「兩會」直接管轄；然後把該教堂及其生活樓的建設施工，全部交給自己兒子經營的建築公司。在基督徒心目中神聖美好的新教堂，被這個家族企業建造成了到處有牆體裂縫的一座危房。教堂旁邊的生活樓，則被建造成超大面積的商業住宅，私自分配給一些政府官員和「三自」教會內部的管理人員。直到分到房子的住戶開始裝修入住的時候，該教堂的堂委會和眾多信徒才發現自己上當受騙。他們出面阻止裝修並且強行收回房屋，事情因此陷入僵局。這位會長乾脆利用手中掌握的政治資源，推動權力部門抓捕勞改了多名基督徒。在此之前，這位「三自」教會的會長為了壟斷控制這個教堂的施工權，還假借2000名信徒要求上街示威遊行的名義，要脅過當地的政府機關。一名「三自」教會的會長，竟然窮凶極惡到殘害教友、並且直接褻汙基督徒心目中的神聖殿堂，這是無論如何都不應該被容忍和原諒的。

　　在全國各地的「三自」教會內部，逆淘汰現象非常嚴重。我們在浙江溫州、湖南長沙、河南鄭州、四川成都等地的實地調查中，都發現了這種現象。「三自」教會及教堂的貪汙腐敗、爭權奪利的現象，導致教職人員中一部分信仰純正的年輕人，主動選擇離開「三自」體系去組織家庭教會，或者乾脆選擇出國進修以至於移民不歸。一些信仰純正的基督徒也會隨著自己所尊敬的教職人員離開「三自」教堂去參加家庭教會。這對於中國基督教事業的健康發展，顯然是非常不利的。

第六節　中國社會的座標定位與價值取捨

　　總而言之，當今的中國大陸地區的基督教尤其是農村社會的基督教，所表現出來的最為顯著的特點是：第一，乘虛而入的博愛福音，以及教會內部吃大鍋飯式的週期性的集體生活。第二，對於社會公共福利和公共慈善事業漠不關心的矮化變異。

　　在我看來，由於個人權利尤其是土地產權的被集體、被公有、被代表、被剝奪的弱勢命運沒有得到根本性改善，除去科技進步所帶來的物質財富和生活便利之外，當今的中國農村從物質生活到精神生活的自由空間，遠遠沒有恢復到1949年之前的傳統狀態，更談不上與已經高度現代化和充分全球化的國際社會正常接軌。要想真心實意地建設安居樂業、均衡和諧的農村社會，掌握公共資源和公共權力的中國政府當局除了轉變職能，充分強化自身的服務意識之外；還必須做到以下兩點：其一是在世俗的物質技術層面上，把原本就歸屬於農民的土地所有權歸還給農民，並且充分保障農民在公共領域內從事地方自治的民主選舉和組織農會的政治權力；其二是在宗教信仰的精神層面上，充分保障農民信仰與不信仰某一種宗教文化及意識形態的個人自由。

　　需要特別指出的是，在現代工商契約及民主憲政社會裡，作為第一產業的農業生產，在社會財富的創造方面已經遠遠落後於第二產業的工業製造和第三產業的綜合服務，農村、農業與農民對於整個社會最為重要的貢獻已經不再是創造財富，而是在保障農民安居樂業的前提下，維護食品供給和生態環境的安全潔淨。像微軟、聯想那樣的高科技公司，幾十個人或幾百個人所創造的產值和利潤，就可以超過上百萬人的農業大縣的產值和利潤。水

稻專家袁隆平一個人的科技貢獻率，就可以超過上千萬農民的簡單勞動。生活在鄉村社會的大多數沒有科技文化素質的農民們，最為現實的需要並不是像城市居民那樣富裕奢侈，更不是由國家權力來強行推進所謂的「城鎮化」，而是均衡和諧地享受安居樂業的寧靜生活。

中國農村的前途命運如果僅僅限定於城鎮化，農村社會的生活品質將永遠落後於城市社區的生活品質。而在事實上，農村社會擁有城市生活所不可替代的獨特魅力，這種獨特魅力就在於農村熟人社會的溫暖親情和田園風光。對於一部分城市人，特別是喜歡環境安靜和溫暖親情的退休老人來說，農村生活應該比城市生活更加具有吸引力。這就需要讓願意創造更多財富的相對年輕的農村居民，自由便捷地離開農村進入城市；同時讓願意追求寧靜生活或者願意奉獻於農村社會的城市居民，自由便捷地離開城市落戶農村。明確了現代農村社會的這一座標定位，再有人使用硬指標要求縮小城鄉之間的貧富差距，已經屬於自作多情的肆意妄為。在沒有經商營市辦企業的外部環境的內陸地區大肆佔用耕地招商引資並且強迫農村大拆大建大變樣，更是禍國殃民的瀆職犯罪。

作為一名並沒有皈依基督教的學術研究者，我本人是堅決主張宗教信仰以及其他文化信仰共同生存、共同發展的，所以我從來不主張由基督教或者儒教、佛教、道教、伊斯蘭教過多承擔世俗性的公益慈善和社團組織功能。在我看來，中國基督徒的總人數很難超過執政黨7000多萬的黨員人數，而且也不具備執政黨無所不在的普遍性。基督教信仰相對集中的區域，只有浙江、福建的沿海區域和河南、安徽、江蘇、山東四省交界的淮河流域。儘管如此，為了維護農村社會的均衡和諧，由農民自願組織的農

會以及其他非政府的民間社團來承擔更多社會功能，才是切實可行的最佳選擇。假如大陸地區的中國政府及其職能部門願意承擔歷史使命的話，就應該像臺灣的蔣經國先生扶持慈濟、佛光山一樣，在信仰自由並且公開透明的前提下適度扶持中國大陸地區佛、道兩教的現代化轉型；而不是有意無意地防範打壓具備國際化背景的基督教和伊斯蘭教。

關於大陸地區的中國社會的座標定位和價值取捨，我個人的基本觀點是：對於公權力要做減法，對於私權利要做加法。早在2014年12月，我就在美國的《民主中國》網站公開發表過一篇《給習近平說幾個「不」》，其中主要談到以下幾個方面的價值取捨：

其一，不再禁止言論自由，尤其是不再搞網路封鎖和強制洗腦，不再刪帖封號、設定敏感詞。包括七常委在內的所有黨國領導人，都必須虛心接受所有中國居民的公開批評和反批評。

其二，不再限制信仰自由和不信仰的自由，尤其是不再強迫在校學生信仰所謂的馬克思列寧主義、毛澤東思想、鄧小平理論、江澤民三個代表、胡錦濤科學發展觀。

其三，不再堅持自己所在黨派的領導權，不再干涉本國居民結社組黨、自由選舉的自治權力。相對於國家利益來說，任何執政以及不執政的黨派，所代表的只能是一黨一派的私利私心而不是公利公心，更不是所謂的全中國人民的集體意志和共同利益。

其四，不再動用黨派內部的秘密機關違法抓人，而是改由相對獨立的司法機構正大光明地逮捕審判犯罪嫌疑人。無論是針對政治異議人士，還是針對執政黨內部的貪汙腐敗分子，都不可以由一黨一派私設刑堂加以祕密關押和暗箱審訊。

其五，不再區分所謂的大產權和小產權，不再動用公共權力強行圈地、強制拆遷，而是依據法律程式平等公正地保障所有居

民的私有財產尤其是私有地權。除了直接涉及國家利益和國家安全的公共專案，不得再以國有土地的名義徵收和拍賣民商業界的所有土地。

其六，不再破壞地方政府的自治權力，不再任意向地方政府空降下派任何官員，尤其是不得擅自向農村及鄉鎮委派所謂的大學生村官，而是改由當地居民依據相關的選舉和授權程序，一人一票地選舉和聘用本地官員。

其七，不再祕密從事金錢外交，不經議會批准和全民公示，不得給包括朝鮮、美國、俄羅斯、巴基斯坦、坦桑尼亞、香港、臺灣在內的所有國家和地區，提供巨額經濟支援。中央政府的外匯儲備，優先運用於改善教育和衛生方面的國計民生。

現在看來，我的這幾個方面的公共建議，不僅沒有得到部分採納，當今的中國社會反而在走向公然背道而馳的大倒退，彌漫在包括基督徒在內的大部分城市中產者之間的，是一種近乎絕望的悲觀情緒。

後記
大同神話中的美好人性

　　本書是通俗易懂且生動活潑的人類宗教學著作，而不是宣揚某一種神話傳說和神道信仰的宗教文本。書中所要講述的大同神話，主要取材於同根同源的三大宗教：猶太教、基督教、伊斯蘭教，其文獻依據主要是《聖經》故事和《古蘭經》故事，以及與這些宗教故事直接相關的神話傳說和歷史記錄。寫作過程中汲取了考古發掘和田野考察中的一些學術成果，並且專門闡述了作者對於中國社會的宗教生態的追蹤調研與理性思考。書中所尋求的，是既保留於前文明社會的神聖傳說，又貫穿於現代文明社會的集體意識及集體無意識之中的生生不息且永不磨滅的人性火花。

　　1982年至1987年在河南農村充當英語教師的過程中，我曾經有意識地收集閱讀過英文《聖經》的精彩片斷。1989至1992年在中國藝術研究院研究生部攻讀戲劇學研究生期間，我已經初步認定曹禺的《雷雨》、《日出》、《原野》、《北京人》與大多數的中國傳統戲曲傳奇一樣，是信奉「頭上三尺是神明」的多神信仰的高度宗教化的文藝作品。當年的許多禮拜天，我是在距離恭王府不遠的西什庫天主教堂度過的，雖然沒有受洗成為廣義基督徒當中的天主教徒，卻在西什庫教堂讀到了完整的《聖經》文本。2004年我第一次到美國訪問時，又專門從一家旅館「偷」了一本英文版《聖經》，本書中的一部分聖經故事，我是認真查證過英文版《聖經》的。

最近幾年來，在網路尤其是相對私密的微信圈子當中，經常會看到一些基督徒朋友轉發挑釁攻擊所謂無神論的文章。我個人認為，所謂的中國人主張無神論，是某些基督徒惡意製造的一個謊言騙局。

我的本職工作是從事戲劇學研究，1949年之前的中國戲曲傳奇和民間小說，大部分都是信奉「頭上三尺是神明」的多神信仰的文學虛構。在我童年時代的河南農村，我奶奶一輩的老人家，整天給我講的依然是神鬼故事。文化大革命前後所謂的破除封建迷信，只是強制性地要求中國人把偉大領袖大救星擁戴為像上帝一樣的獨一真神，而且是耶穌基督式的人間神。換句話說，是執政黨的宣傳機器強制性地用對於偉大領袖大救星的個人崇拜和個人迷信，來替代中國民眾對於儒、釋、道三教合流的天神地祇的宗教迷信，同時也替代更加邊緣的基督教信仰者和伊斯蘭教信仰者的神聖崇拜。一部分中國基督徒的最大誤區，就是不懂得政教分離的文明邊界，時至今日依然迷信於會有像耶穌基督那樣的大救星來拯救中國；進而抓住在學理上完全不能成立的所謂的唯物主義和唯物辯證法，來針對所有中國本土的所謂無神論者展開自以為絕對正確的抹黑攻擊。這種極端偏執的現象，在美國的白人教會裡面是很少存在的。

我2004年和2006年在美國的都市和鄉村遊歷調研期間，專門走訪過幾十家白人及黑人的基督教教堂，那裡的教會人士並沒有因為我主動表示自己是不信仰基督教的無神論者，而表現出驚訝和歧視。

我已經反復強調過，我個人是廣義的有神論者和狹義的無神論者。在我看來，所謂的唯物和唯心，本身就是中國特色的翻譯者對於西方學術概念的誤讀誤譯。人之為人的本質特徵就是既精

神又物質的精神生命體，宣揚所謂唯物主義的人，正在從事的恰恰是一種精神性活動，而不僅僅是物質性活動。唯物的人和唯心的人，從來都沒有存在過。把唯物論等同於無神論，把唯心論等同於有神論，更是一種牽強附會。在人類社會當中，自古以來確實有大多數人是相信既超人卻又人格化的神靈存在的。但是，撇開人類主觀創造的精神性存在，在非人類的所有物種以及所有的時空當中，確實是沒有辦法證明神靈是確實存在的；全知全能無所不在的上帝，更是子虛烏有。換句話說，是前文明社會的既野蠻又脆弱、既樸素又盲目的原始人類，集體創造了至高無上、絕對神聖的上帝，而不是上帝創造了人類。前文明社會與文明社會的決定性的分界點，就是耶穌基督對於「上帝面前人人平等」的博愛觀念和「上帝的歸上帝，凱撒的歸凱撒」的政教分離觀念的明確主張。

　　我個人堅持認為：宗教信仰自由至少應該包括自由選擇宗教信仰和自由拒絕宗教信仰的雙向自由。在沒有辦法用人力來加以證實的情況下，信仰某種宗教的朋友，應該到自己所信仰的或天神或上帝或真主或佛主那裡去尋求真理和答案，而不是強求別人承認你的宗教信仰的正確性，更不應該強求別人和你保持同一種宗教信仰。不信仰某種宗教的朋友，也沒有權力要求別人和自己一樣地不信仰。凡是出於主體個人的自由意志的信仰和不信仰，都是值得尊重的文明行為，強制別人信仰某種神聖宗教和強制別人不信仰某種神聖宗教，都是不人道和反人道的罪惡行徑。在宗教信仰之外，還存在著更加符合於大同人性的對於自由、平等、民主、憲政的博愛信仰。

　　曾經有朋友針對我的觀點給出了這樣的批評意見：「上帝的絕對性、創世性不能被瑣碎的相對性所包裹和毀損。造物主和超

越性特徵常常被科學、理性的世俗化認知庸俗化甚至虛無化。」

我當場反問說：「每一個普通正常人都是相對的和世俗的，誰有資格知道上帝的絕對性、創世性呢？假定自己知道上帝的絕對性、創世性的人，又有什麼權力讓別人必須承認你的宗教假定呢？神學之所以被稱為玄學，就在於它的神祕莫測、不可實證。在這種情況下，最好的辦法應該是你信仰你的宗教上帝，也應該允許我不信仰你的宗教上帝；信仰與不信仰的人，相互之間不得歧視抹黑，更不得挑釁攻擊。」

在這裡，我要特別奉告那些以中國特色的紅衛兵心態信仰基督教，並且動不動就要挑釁攻擊所謂無神論的某些中國人：你們自以為信仰了基督教的上帝便等同於找到了真理，而且是唯一正確的神聖真理的想法，是幼稚的，也是邪惡的。基督教本身並不等同於真理，基督教的可貴之處在於糾錯而不在於無錯。耶穌基督所主張的上帝面前人人平等，其實就是對於猶太教的《聖經・舊約》中的上帝選民意識的一種糾錯和超越。耶穌基督作為最優秀的猶太人，恰恰是被壟斷《聖經・舊約》解釋權的一部分猶太教徒給出賣和謀殺的。中世紀的基督教會也曾經犯下過許多罪惡，馬丁・路德和加爾文的基督教改革，就是對於中世紀的羅馬天主教會的一種糾錯和超越；這種糾錯和超越，還一度陷入從一種極端走向另一種極端的反人性的謬誤之中。從另一方面來看，人類歷史上最為殘酷邪惡的大規模殺戮，正是自以為擁有絕對正確的神聖信仰的某些人煽動實施的。基督教的十字軍東征、希特勒的納粹主義即國家社會主義、洪秀全太平天國的拜上帝會、文化大革命的堅決捍衛偉大領袖大救星，都是如此。以紅衛兵心態信仰基督教的中國特色的基督徒，並不是在榮耀上帝並且成就自己，反而是在敗壞基督教最低限度的博愛教義。

　　在本書寫作過程中，我曾經邂逅一位藏族學者，他給在場的朋友講述了一則關於宗教信仰的故事，說是一位日本財閥在西藏旅遊時遇到一位高僧活佛，活佛問財閥說：「你有信仰嗎？」財閥回答說：「沒有信仰。」活佛當頭棒喝道：「你沒有信仰，還算人嗎?!」

　　對於這位藏族學者和他所說的高僧活佛，我是堅決不予認同的。道理很簡單，純正意義上的佛教經典，講究的是慈悲為懷的普渡眾生，而不是中國特色的「存天理，滅人欲」式的當頭棒喝。這種通過當頭棒喝來壓倒別人抬高自己的所謂「禪悟」，是對於現代文明社會的信仰自由以及不信仰自由的嚴重敗壞。宋代理學家周敦頤把同為精神生命體的普通人等比作污泥，把孤芳自賞的自己比作蓮花的《愛蓮說》，其實是某些中國人阿Q般自我膨脹的精神勝利法和民族劣根性的典型表現。在人類歷史上，宗教信仰只是人類精神生活當中的一個組成部分，而精神生活又是極其豐富多彩的人類生活當中的一小部分。人之為人的根本大同，只在於每一位個人都是能夠從事精神創造的精神生命體，借用馬克思的經典表述，就是「人本身是人的最高本質」。[44]

　　在現代文明社會裡，真正意義上的信仰自由，是包括不信仰的自由的。無論是信仰任何一種神道宗教的個人或團體，都不具備強迫別人信仰自己所信仰的宗教神道的權力，更不具備裁定別人的自由信仰是否正宗絕對的權力。世界三大宗教中的基督教、佛教和伊斯蘭教，之所以具有一定程度的普世性，主要原因就在於它們植根於大慈大悲、博愛大同的美好人性。

　　我是一個沒有單一的宗教信仰的個人主義者，同時也是一名

---

[44]　《黑格爾法哲學批判‧導言》，《馬克思恩格斯選集》第1卷，人民出版社，1972年，第15頁。

致力於以現代文明的普世價值和大同人道來循序漸進地置換取代前文明的宗教神道的人類學者。如果非要讓我回答有沒有信仰的問題，答案應該是這樣的：我個人肯定是有自己的精神信仰的！我是信仰以人為本的自由自治、契約平等、民主法治、限權憲政、大同博愛的普世價值和大同人道的一名普通個人，而不是信仰以神為本的宗教神道的宗教人。不過，信仰普世價值和大同人道，並不意味著要抹殺否定幾乎是與人類社會如影隨形、與生俱來的宗教神道。以人性來替代神性、以人道來替代神道的人類歷史，迄今為止還遠遠沒有走到盡頭；世界三大宗教中的基督教、佛教和伊斯蘭教，恰恰又是促進人類社會逐步走向現代文明的一部分的精神動力。正是在這個意義上，我有時候也以自願奉獻於人類社會的一部分的公益事業的文化基督教自居。

在世界三大宗教中，最為晚出的伊斯蘭教應該是最具宇宙意識和歷史精神的一種宗教信仰，伊斯蘭教的《古蘭經》也被稱為集人類宗教歷史之大成的最後經典。以韻文形式翻譯《古蘭經》的林松教授，在他參與編寫的《古蘭經故事》的《前言》中寫道：「常聽到讀者們提出這樣的問題：《古蘭經》中的故事，特別是人物故事，不少情節都與《聖經》中的故事雷同相近，《古蘭經》是否源於《聖經》？或者是否局部『抄襲』了《聖經》？」[45]

針對這樣的疑問，林松教授解釋說：這一問題的答案，就存在於《古蘭經》的文本之中。按《古蘭經》本身的記載和伊斯蘭教觀點剖析，它承認在穆罕默德傳教以前歷代的先知，承認有一些先知亦曾被啟示過經典，這本是一脈相傳的。這些經典的內容有某些相似、相近以至相同之處，也很自然，不足為奇。尤其

---

[45] 《古蘭經故事》，楊連愷、林松、李佩倫、白崇人編寫，外國文學出版社，1997年，第6-7頁。

是歷史人物、傳聞軼事，在各地區、各民族中都會有古文獻或口碑資料為據，如果呈現許多大體相同或小有差異的故事，也是正常現象；更何況從歲月發展上看，《聖經》在前，《古蘭經》在後，源流同宗，承先啟後，並非抄襲而是沿襲。

《古蘭經》與《聖經》之間的傳承關係，已經被歷代學者所反復證實，《古蘭經》文本中也明確認定真主阿拉降示給猶太人的《討拉特》、《引支勒》和《宰逋爾》，是與《古蘭經》一樣的「天經」。《古蘭經》中絕大多數的宗教故事，都是對於《聖經》故事的重新整合。在對於《古蘭經》與《聖經》進行跨學科、跨宗教的對照閱讀和綜合考察中，重新發現這些美妙動人的大同傳說，既是一種不可多得的審美享受，更是一種不可替代的精神洗禮。

學術文本與宗教文本的實質性差異就在於：前者主要訴諸於人類的理性智慧，後者主要訴諸於人類的神聖情感。前者充分意識到人本身的創造能力和認識能力的有限性，從而以人人平等的平常之心，一方面承認可以用事實和常識加以證明的一切存在；另一方面把不能夠予以確證的形而上的神道傳奇懸而不論。而後者儘管認識到大同人類的有限性，卻習慣於通過形而上的絕對正宗的神聖信仰來武裝自己相對有限的脆弱心靈，甚至於借助超人力的天主上帝的絕對權威，居高臨下地實施神道設教、替天行道、天誅地滅、改朝換代的宗教罰罪和暴力征服。

作為一名人文學者，我願意把美國同行房龍先生寫在《聖經的故事‧前言》中的一段話，奉獻給廣大的讀者朋友：「我不是在對你們說教。我既不擁護也不反對某種說法。我只不過是想說說你們應該知道的事情（是我個人的想法——我要求別人做的事，上帝可能並不允許！），明白了這些道理，你們就會為善

良、美好、神聖的事物而奉獻，你們的生命就會充滿更多的理解、寬容和仁愛。」[46]

本書在寫作過程中直接參考借鑒了以下書籍的部分成果：

1、《聖經》，簡化字與現代標點符號和合本，南京愛德印刷有限公司印製發行。

2、《基督教千問》，樂峰、文庸著，紅旗出版社，1995年。

3、《破譯〈聖經〉》，[美]蘇拉米·莫萊著，方晉譯，吉林攝影出版社，1999年。

4、《聖經的故事》，[美]亨德里克·威廉·房龍著，張穆譯，河北教育出版社，2002年。

5、《聖經的故事》，[美]亨德里克·威廉·房龍著，龍啟文、彭進編譯，新疆人民出版社，2002年。

6、《基督教小辭典》，卓新平主編，上海辭書出版社，2001年。

7、《古蘭經》，馬堅譯，中國社會科學出版社，1981年。

8、《古蘭經韻譯》，林松譯，中央民族學院出版社，1988年。

9、《伊斯蘭教小辭典》，金宜久主編，上海辭書出版社，2001年。

10、《阿拉伯—伊斯蘭文化史》，[埃及]艾哈邁德·愛敏著，納忠譯，商務印書館，2001年。

11、《伊斯蘭宗教故事選》，[埃及]阿卜杜·哈米德·薩哈爾著，楊林海、張亮、梁玉珍譯，世界知識出版社，1987年。

---

[46] 《聖經的故事》，[美]亨德里克·威廉·房龍著，張穆譯，河北教育出版社，2002年，第2頁。

12、《古蘭經的故事》。[敘利亞]穆罕默德・艾哈邁德・賈德・毛拉著，關俙、安國章、顧正龍、趙竹修、王永芳譯，新華出版社，1983年。

13、《古蘭經故事》，楊連愷、林松、李佩倫、白崇人編寫，外國文學出版社，1997年。

14、《伊斯蘭與中國文化》，楊懷中、餘振貴主編，寧夏人民出版社，1995年。

15、《伊斯蘭教基本知識》，哈吉・希拉倫・陳廣元著，宗教文化出版社，1997年。

16、《中國的伊斯蘭教》，馮今源著，寧夏人民出版社，1991年。

17、《伊斯蘭與國際熱點》，金宜久、吳雲貴著，東方出版社，2001年8月。

18、《中國清真女寺史》，水鏡君、[美]瑪利亞・雅紹克著，生活・讀書・新知三聯書店，2002年。

這些參考書目中的伊斯蘭經典，大多是中國伊斯蘭教協會的張廣麟先生免費提供的，在此向他表示感謝。另有一部分文獻資料，是我從各個網站陸續下載的，具體出處已經難以查考，這實在是非常抱歉的一件事情。

本書的相關插圖，主要是由我讀研究生期間的老同學、老大姐、南京藝術學院的美術史家耿劍教授和她的學生幫助收集整理的；另有幾幅圖片是高國傑先生和李曉娟女士收集提供的。成書過程中，劉一川、楊玉玲、高國傑、胡月光、陳忠、楊承民、王小明、郭學明、薑永海、馬俊、楊毅敏、李紅兵、王麗君、戴黛、高蔭平、陳世和、羅小剛等諸多師友，也給予了一些實質性幫助，在此表示感恩之情。

　　聶聖哲先生是從美國學成歸來的一名基督徒企業家，他所創辦的德勝（蘇州）洋樓有限公司的總部，是直接從美國複製過來的波特蘭小街。波特蘭小街裡面最為溫馨的所在，是一座並不從事宗教禮拜活動的微小而精緻的基督教教堂，名字叫做德勝堂。擁有德勝堂的德勝公司，被經濟學界稱譽為中國大陸有教堂的市場經濟的典範樣板。從2007年以來，我的學術研究一直得到聶聖哲先生的強力支援；我身上的一些文化基督徒式的公益情懷，在很大程度上也是受到了聶聖哲先生的感染激發，這是我要特別表示感謝的。

　　本書和我同時出版的另一部《民初命案：陳其美的黑道傳奇》，以及由田保榮教授翻譯的《列寧的一生》的出版事宜，是由我和西安知無知文化空間的諶洪果先生共同策劃的。適當的時候，我們還將推出一系列的「知無知文化叢書」。

　　本書初稿的寫作過程中，曾經查勘對照過英文版《聖經》的相關章節和字句。這次修改書稿，我的眼睛已經是高度近視，而且被醫生警告隨時會有視網膜脫落的危險，我因此再也沒有勇氣閱讀過於細小的英文字母。書稿中的錯謬之處在所難免，敬請方家批評指正。

　　　　　　　　　　　　　　　　2004年3月24日一稿
　　　　　　　　　　　　　　　　2006年8月10日二稿
　　　　　　　　　　　　　　　　2015年11月2日三稿

Do思潮39　PC0581

伊斯蘭與基督教的大同神話

作　　者／張耀杰
責任編輯／杜國維
圖文排版／楊家齊
封面設計／蔡瑋筠

出版策劃／獨立作家
發　行　人／宋政坤
法律顧問／毛國樑　律師
製作發行／秀威資訊科技股份有限公司
　　　　　地址：114 台北市內湖區瑞光路76巷65號1樓
　　　　　電話：+886-2-2796-3638　傳真：+886-2-2796-1377
　　　　　服務信箱：service@showwe.com.tw
展售門市／國家書店【松江門市】
　　　　　地址：104 台北市中山區松江路209號1樓
　　　　　電話：+886-2-2518-0207　傳真：+886-2-2518-0778
網路訂購／秀威網路書店：https://store.showwe.tw
　　　　　國家網路書店：https://www.govbooks.com.tw

出版日期／2016年5月　BOD一版　定價／430元

|獨立|作家|
Independent Author

寫自己的故事，唱自己的歌

伊斯蘭與基督教的大同神話 / 張耀杰著. -- 一版.
 -- 臺北市：獨立作家, 2016.05
  面； 公分. -- (Do思潮；39)
 BOD版
 ISBN 978-986-93153-0-2(平裝)

 1. 基督教與回教

218.4   105007249

國家圖書館出版品預行編目

讀者回函卡

感謝您購買本書，為提升服務品質，請填妥以下資料，將讀者回函卡直接寄回或傳真本公司，收到您的寶貴意見後，我們會收藏記錄及檢討，謝謝！如您需要了解本公司最新出版書目、購書優惠或企劃活動，歡迎您上網查詢或下載相關資料：http:// www.showwe.com.tw

您購買的書名：_____

出生日期：_____年_____月_____日

學歷：□高中 (含) 以下　　□大專　　□研究所 (含) 以上

職業：□製造業　□金融業　□資訊業　□軍警　□傳播業　□自由業
　　　□服務業　□公務員　□教職　　□學生　□家管　□其它_____

購書地點：□網路書店　□實體書店　□書展　□郵購　□贈閱　□其他

您從何得知本書的消息？

　　□網路書店　□實體書店　□網路搜尋　□電子報　□書訊　□雜誌

　　□傳播媒體　□親友推薦　□網站推薦　□部落格　□其他_____

您對本書的評價：(請填代號　1.非常滿意　2.滿意　3.尚可　4.再改進)

　　封面設計____　版面編排____　內容____　文／譯筆____　價格____

讀完書後您覺得：

　　□很有收穫　□有收穫　□收穫不多　□沒收穫

對我們的建議：_____

_____

_____

_____

11466
台北市內湖區瑞光路 76 巷 65 號 1 樓
獨立作家讀者服務部　　　收

....

（請沿線對折寄回，謝謝！）

姓　　名：_____　　年齡：_____　　性別：□女　□男

郵遞區號：□□□□□

地　　址：_____

聯絡電話：(日) _____ (夜) _____

E-mail：_____